PLAIDOYER POUR LE QUÉBEC

DU MÊME AUTEUR

CHEZ LE MÊME ÉDITEUR

Québec 2001. Une société refroidie, 1976.

Le Manuel de la parole. Manifestes politiques, 1977.

Une société de l'ambiguïté, 1979.

L'Art de la thèse, 1988.

Le Bazar. Des anciens Canadiens aux nouveaux Québécois, 1990.

Réponse à un ami canadien, 1990.

Politique et société au Québec, 1993.

CHEZ D'AUTRES ÉDITEURS

La Méthode des scénarios, La Documentation française, 1976.

Le Processus électoral au Québec, Hurtubise-HMH, 1976.

Un premier mandat, L'Aurore, 1977.

Atlas électoral du Québec, Éditeur officiel, 1979.

Le Système politique québécois, Hurtubise-HMH, 1979.

Le Québec à la remorque des transports, Québec science, 1980.

Canada and Quebec, University of Toronto Press, 1986.

Perforated Sovereignties and International Relations, Greenwood Press, 1988.

Allaire, Bélanger, Campeau et les autres, Québec/Amérique, 1991.

Le Virage, Québec/Amérique, 1992.

Daniel Latouche

PLAIDOYER POUR LE QUÉBEC

Préface de Claude E. Forget

Boréal

Les Éditions du Boréal sont inscrites au Programme de subvention globale du Conseil des Arts du Canada.

Conception graphique: Gianni Caccia
Illustration de la couverture: Daniel Sylvestre

© Les Éditions du Boréal
Dépôt légal: 2ᵉ trimestre 1995
Bibliothèque nationale du Québec

Diffusion au Canada: Dimedia
Diffusion et distribution en Europe: Les Éditions du Seuil

Données de catalogage avant publication (Canada)

Latouche, Daniel, 1945-

    Plaidoyer pour le Québec

    ISBN 2-89052-709-3

    1. Québec (Province) - Histoire - Autonomie et mouvements indépendantistes. 2. Démocratie - Québec (Province) 3. Fédéralisme - Canada. 4. Relations fédérales-provinciales (Canada) - Québec (Province). I. Titre.

FC2925.9.S4L38 1995   971.4'04   C95-940763-4
F1053.2.L38 1995

C'est en écoutant les chansons de Richard Desjardins me parler de liberté que j'ai eu l'idée de rédiger ces pages. Il n'aimerait sûrement pas qu'on lui dédie un livre sur la politique. Alors je ne le ferai pas.

J'appelle démocratique la société qui associe le plus de diversité culturelle possible avec l'usage le plus étendu possible de la raison.

N'en appelons surtout pas à une revanche de l'affectivité sur la raison, de la tradition sur la modernité ou de l'équilibre sur le changement.

ALAIN TOURAINE, *Qu'est-ce que la démocratie?*, Paris, Fayard, 1994, p. 197.

PRÉFACE

Daniel Latouche nous annonce dans son introduction son intention de formuler un «plaidoyer raisonné» en faveur d'institutions politiques permettant d'affirmer l'identité québécoise par le biais d'un espace démocratique qui lui est propre. De fait, il nous présente dans ces pages un plaidoyer exempt de toute étroitesse, de tout ressentiment, de tout racisme et montre une utile connaissance des faits, une bonne intelligence des situations, une démarche raisonnable et critique. En d'autres termes, il tient sa promesse de raisonner avec son lecteur pour l'amener à accepter ses conclusions.

Cette insistance pour une démarche où prime la raison invite le lecteur à conclure que, dans cette affaire, la passion est superflue. Quand on connaît l'auteur avec son sens du ridicule, un certain scepticisme souriant dont il ne se départit jamais et son affection pour les formules et les tournures de phrases ironiques au sujet de tout ce qui sent l'enflure et l'absence de sincérité, une telle préférence pour la raison n'étonne guère.

Toutefois, si la raison suffit pour parler du projet que propose l'auteur, la raison seule ne me semble pas suffisante pour réaliser concrètement le projet. La raison est certes indispensable, mais il faudra bien davantage. L'un des mérites de ce livre est de nous le faire constater. La raison a ses droits, mais elle a aussi ses limites.

Daniel Latouche nous fait l'aveu qu'il a perçu à la veille du référendum de 1980, à travers le Livre beige publié à cette époque par le Parti libéral du Québec, le signe d'une convergence entre certains fédéralistes et certains souverainistes de l'époque. C'est là un aveu que les purs et les durs d'un côté comme de l'autre n'étaient certes pas prêts à assumer à l'époque. Pourtant, aujourd'hui, il est plus facile de percevoir cette convergence entre la souveraineté associée à une citoyenneté commune, une monnaie commune et même des institutions politiques communes, et l'un des multiples avatars *d'un fédéralisme évolutif incorporant la formule de «société distincte» et autres symboles d'affirmation identitaire. D'un côté comme de l'autre, on maintient, semble-t-il, un certain flou créateur, une imprécision vaporeuse qui permet toutes les interprétations et ouvre de nombreuses portes. Encore aujourd'hui, on trouve de part et d'autre les avocats d'une vision polarisée.*

En conséquence, la convergence entre le fédéralisme renouvelé et la souveraineté association ne peut pas faire l'objet d'une démonstration irréfutable. Elle demeure une hypothèse, mais je suis malgré tout porté à y voir une caractéristique fondamentale de la scène politique du dernier quart de siècle : un pari commun de faire évoluer nos institutions politiques canadiennes et québécoises — soit par la menace, soit par la persuasion — dans le sens conforme à cette vision raisonnée de ce qu'elle devrait être mais de ce qu'elle n'est pas et refuse de devenir. Je dois ajouter : un pari commun et un échec commun, jusqu'ici tout au moins. Cette polarisation n'est pas sans imposer des coûts à notre démocratie. J'ai déjà fait part de mes craintes quant aux lendemains de veille de ces choix polarisés que nous imposent les exercices référendaires. Ces coûts sont inscrits dans la nature même du processus démocratique. Mais il y a un coût plus important et qu'on a tendance à oublier, celui de notre obsession pour tout ce qui touche l'État, son organisation, ses pouvoirs et ses finances.

Ce livre fait une place très importante à la notion de démocratie. Daniel Latouche suggère que ce qui fait la légitimité d'un gouvernement, c'est le consentement des citoyens. Un consentement que les Québécois n'accorderaient pas inconditionnellement aux institutions fédérales ainsi qu'à une certaine pratique du fédéralisme. Ce raisonnement repose à la fois sur une question de fait, à savoir si oui ou non les Québécois accordent ou refusent ce consentement, mais il repose également sur une certaine interprétation du principe démocratique. Il me semble que l'interprétation à laquelle implicitement l'auteur fait référence ressemble d'assez près à la théorie du Contrat social *de Jean-Jacques Rousseau. C'est une vision légitime, mais il faut aussi en percevoir les limites. Il serait merveilleux de pouvoir définir des institutions politiques pour le Canada qui correspondent parfaitement à la volonté collective des Canadiens et des Québécois de manière que chacun d'entre eux puisse signifier son consentement sans réserve et sans aucune contrainte. La difficulté de cette façon de voir les choses est ce qui constitue depuis deux siècles la faiblesse de la théorie du contrat social, qui ne laisse guère de place à la coexistence entre la démocratie et une minorité. C'est un faux dilemme que de prétendre que, s'il existe un groupe placé en minorité et par définition insatisfait, la démocratie est viciée ou même n'existe pas. Les choses sont beaucoup plus complexes. L'existence d'une minorité n'est pas antinomique à celle de la démocratie. D'ailleurs, Daniel Latouche semble le reconnaître d'emblée, car la démocratie qu'il nous présente est une démocratie d'action. Il veut des résultats. Or, l'un des résultats de tout acte démocratique est précisément de créer une majorité et une minorité.*

Il y a une autre définition moins exigeante de la démocratie, une définition instrumentale, qui repose sur quelques éléments : une règle de décision, un mécanisme de contestation légale du pouvoir et une règle de succession. L'État qui correspond à cette définition plus modeste de la démocratie ne peut guère servir de véhicule pour définir l'identité d'un peuple ; à peine peut-il servir de véhicule de transmission pour une identité qui se définit ailleurs, qui peut s'exprimer par ce moyen mais aussi autrement et qui non seulement permet la diversité, mais la considère même comme un postulat. Faire reposer notre identité et le pluralisme entièrement sur des mécanismes et des procédures démocratiques me semble en retrait par rapport aux nouvelles réalités. On ne peut remettre à l'État seul la responsabilité de gérer les questions identitaires. Après tout, c'est de notre identité qu'il s'agit.

Sur un plan plus concret, l'importance que l'auteur attribue à l'État dans le contexte particulier du Québec et du Canada me semble un peu en désaccord avec la réalité des institutions politiques telles que nous les voyons évoluer à notre époque. Pour les Québécois, leur État s'est révélé un instrument fort imparfait, et cette imperfection tient à bien d'autres choses qu'à la limitation de ses pouvoirs. Il suffit pour s'en convaincre d'examiner d'un œil quelque peu critique la performance de ces États qui ne connaissent pas de telles limitations. Quand on examine aujourd'hui la gestion des affaires publiques réalisée depuis un quart de siècle au Québec, qu'observe-t-on sinon une gestion molle, un épuisement des ressources, des processus de recrutement douteux aux postes supérieurs et une indifférence générale quant à la qualité de la performance ? Ceux qui connaissent l'auteur savent qu'il est fort capable d'appliquer son esprit critique à ce volet de la réalité, volet qui, pour être plus concret, est néanmoins extrêmement pertinent à l'analyse de ce livre. Voilà bien une thématique sur laquelle il devrait appliquer son goût du raisonnement décapant.

L'appareil gouvernemental du Québec a connu des soubresauts de modernisation et a vécu des poussées d'innovation : des phénomènes qui ont eu et continuent d'avoir valeur de symboles. Toutefois, l'indifférence chronique face à la gestion — y compris la gestion financière — réduit aujourd'hui à peu de chose la force de ces symboles et leur valeur en soi pour permettre au gouvernement québécois d'assumer les responsabilités que voudrait lui attri-

buer l'auteur. On ne peut vivre éternellement en gérant ces symboles du passé. D'ailleurs, si on avait agi ainsi en 1960, on en serait encore, au Québec, à célébrer le retour à la terre.

Peut-être, en définitive, cet appareil gouvernemental québécois avec ses imperfections est-il un fidèle miroir du peuple qui en a le contrôle. Même dans le monde des affaires, les Québécois réussissent des transactions brillantes ; souvent, pourtant, ils ont moins de succès (probablement parce qu'ils en ont moins le goût) pour la gestion quotidienne des affaires. Notre héritage de coureurs des bois semble plus lourd que notre héritage paysan et nous fait préférer la gloire des trophées de chasse à la satisfaction plus prosaïque de récolter ce que l'on a semé. Et si on regarde la moisson en ce qui concerne notre système de sécurité sociale, de développement industriel, de recherche scientifique et surtout d'éducation et d'enseignement, on a raison de se montrer inquiet. Faut-il rappeler à ce sujet notre bien triste performance au chapitre du décrochage scolaire. Il y a dix ans, j'ai tenté d'alerter mes compatriotes — de raisonner avec eux, pour employer l'expression de Daniel Latouche — sur l'urgente nécessité de revoir l'enseignement secondaire. Je continue de croire que c'est là un des passages obligés de notre entrée dans le prochain siècle. Or, les chiffres nous confirment que la situation n'a fait que se dégrader. La raison et le raisonnement, comme je le rappelais au début, ne suffisent pas toujours. Et s'il est besoin d'une preuve supplémentaire, nous n'avons qu'à regarder ce que nous avons fait et continuons de faire avec notre enseignement secondaire.

Raisonner oui, mais encore faut-il raisonner sur l'ensemble des problèmes qui se posent à nous et non pas seulement sur ceux avec lesquels on est plus familiarisé.

Je me joins donc à l'auteur pour conclure que nous avons besoin d'une transformation profonde, presque d'une révolution, et je la situe avant tout dans la culture du peuple, alors qu'il semble la voir surtout dans les institutions politiques. Il est vrai que, dans un cas comme dans l'autre, il y a encore beaucoup de travail à accomplir.

Claude E. Forget,
Conseiller en gestion.

INTRODUCTION

La raison a toujours
ses droits

Voici donc revenu le temps des épîtres et des sermons. Celui des excommunications ne doit pas être loin.

On a déjà publié un livre pourfendant les illusions de la souveraineté, un autre suggérant que nous n'en avons pas les moyens et un troisième nous informant, chiffres à l'appui, que le Québec risque de se retrouver «la queue entre les jambes» en cas d'un oui au référendum. Il y en aura sûrement d'autres pour rappeler une certaine Conquête et répondre par la bouche de notre PNB.

Ainsi va la vie de l'esprit en période de luttes partisanes. Les années de guerre sainte — on devrait le savoir — ne sont guère propices à la réflexion.

Tout a-t-il été dit sur le fédéralisme, la souveraineté et l'avenir constitutionnel du Québec? Probablement. Les temps sont-ils favorables à la tenue d'un débat éclairé? Sûrement pas. Trop de passion dans l'air. Trop de comptes à régler. Trop de retournements de situation. Faut-il insister? Très certainement. La raison s'use à force de ne pas servir. Et lorsqu'elle disparaît, l'émotion finit à son tour par s'épuiser.

C'est précisément lorsque tout a été dit — et deux fois plutôt qu'une — qu'il faut prendre la parole, non pour convaincre mais plutôt pour mettre de l'ordre dans les discours. Ce qui comprend aussi le sien, celui-là même dont on est si fier.

Dans le brouhaha actuel, bien peu de voix se sont élevées pour nous forcer à prendre ce recul indispensable. C'est que, après trente ans de débats, rares sont ceux et celles qui peuvent encore se prétendre au-dessus de la mêlée. Je ne le ferai donc pas. Seuls les ignorants et les indifférents ont encore cette prétention. Leur ignorance devrait les condamner au silence, alors que ce sont précisément ces apôtres de la bêtise qui insistent pour répéter jour après jour que la constitution n'intéresse personne et ne met pas de pain sur la table. C'est aussi ce que Staline et Hitler répondaient à ceux qui, bien timidement, osaient leur rappeler que l'ordre juridique avait encore son importance.

Alors, il faut parler, mais pour dire quoi?

Ce livre se veut un plaidoyer raisonné, une conversation sur l'avenir du Québec. Il importe en effet de démontrer que la raison a toujours sa place et que la vraie liberté — la plus importante peut-être — est encore celle du bon sens, cette forme de raisonnement qui rend libre d'explorer même les détours et de s'arrêter là où l'on veut bien. Mais, pour avoir un débat d'idées, encore faut-il en avoir, des idées.

Que peut bien signifier «un plaidoyer raisonné» à une époque où les «grands textes» n'ont plus leur place et où l'Histoire elle-même semble tirer à sa fin? À défaut d'une ligne de conduite partisane, peut-on au moins se donner une ligne de conduite intellectuelle, celle-là même sur laquelle se fonde la pensée? J'inscris à mon programme les quatre qualités que je considère comme indispensables à tout plaidoyer raisonné.

Premièrement, il faut tout d'abord être convaincu que la *connaissance* constitue encore une valeur sûre. Savoir de quoi on parle? Quelle curieuse idée en cette fin de siècle! J'entends déjà certains me dire tout leur mépris pour les «logues» de toutes espèces, cette race de lettrés et de pédants uniquement bonne à faire des «shows de chaise». Ce sont les mêmes qui radotent sur la mort du livre et sur la victoire de l'électronique et de son inforoute. Ce qu'on veut aujourd'hui? Des opinions et si possible des opinions extrêmes que l'on se chargera par la suite de neutraliser par des opinions contraires tout aussi extrêmes. Et surtout n'obliger personne à écouter. Pourtant, le savoir n'est pas l'ennemi de l'opinion et encore moins celui du jugement. Trouver le point exact où l'on quitte le terrain de la science et du connu pour celui de l'hypothèse et du peut-être, voilà le propre d'un plaidoyer raisonné[1]. C'est ce passage qui permet le débat et, pour y arriver, je revendique pleinement non seulement mon statut d'intellectuel, mais aussi celui de spécialiste. J'ai passé trente ans de ma vie à étudier ces questions. Je ne ferai donc pas semblant d'avoir un esprit tout à fait neuf. J'ai ma propre idée sur l'avenir du Québec et sur le type de relations que nous devrions avoir avec les autres sociétés politiques d'Amérique du Nord. Je ne vois pas pourquoi de telles opinions m'empêcheraient par ailleurs de raisonner.

Je me suis souvent demandé pourquoi il fallait avoir l'air de ne rien connaître pour pouvoir commenter librement l'actualité. Pourquoi une telle insistance sur les comportements d'idiot savant? Comme bien d'autres, j'en suis venu à réduire au minimum ma consommation d'informations sur la «crise» constitutionnelle et sur les grandes manœuvres référendaires. Mais ce que j'entends le plus souvent est tellement désolant qu'il m'a bien fallu réagir. Tel est le drame de l'espace médiatique. Même si on le «zappe», cet espace continue d'exister en dehors de nous, comme si de rien n'était. Par une sorte de magie qui tient sans doute à l'électromagnétisme, la bêtise, même silencieuse, se sent. Elle dégage ses propres ondes. Elle envahit l'air. Elle vous le pompe littéralement. Même lorsqu'elle est éteinte, la télévision vous donne souvent envie de hurler.

Mais tout cela est une autre question.

Deuxièmement, un plaidoyer raisonné est aussi un plaidoyer *intelligent*, ce qui est bien différent de la connaissance dont je parlais plus haut. Celle-là implique qu'on ait tenu compte de l'Histoire — la grande et la petite —, qu'on ait regardé ce qui se passait ailleurs et qu'on ait tourné le problème dans tous les sens. C'est ce qu'on appelait à l'époque «faire ses devoirs». L'intelligence exige quant à elle de mettre les choses en contexte en tissant des liens entre des arguments parfois bien éloignés les uns des autres.

La question du Québec et de ses relations avec la fédération canadienne se prête merveilleusement bien à un tel exercice d'intelligence, à condition évidemment qu'on veuille s'y appliquer. À l'échelle planétaire notre cas n'est pas unique. Il est suffisamment différent cependant pour exiger que l'on apporte des nuances aux jugements à l'emporte-pièce calqués sur ce qui se passe ailleurs. Nous sommes à la fois la règle et l'exception, et il suffit de regarder autour pour réaliser que ces choses qui nous arrivent méritent qu'on tente de les comprendre. Le Québec n'est pas seulement une question, c'est aussi une réponse et on pourrait dire la même chose du Canada. Reste à déterminer la réponse que nous voulons. Se voir comme une réponse, n'est-ce pas là aussi une forme de souveraineté?

Notre entrée dans l'universel et dans l'ère de la mondialisation passe par cette capacité de tenir, ici et entre nous, un débat civilisé sur la meilleure façon d'organiser notre vie politique. Peu de sociétés ont la chance de démontrer qu'il est possible de remodeler leur ordre politique tout en renforçant la qualité de leur vie démocratique. Cette chance unique qui s'offre aux Québécois, il ne faudrait pas la laisser passer sous prétexte que trop de choses nous divisent. Je le dis dès maintenant : ce n'est pas tant ce que le «reste-du-Canada» dira ou ne dira pas qui m'intéresse, mais bien ce que les Québécois et les Québécoises nous disent présentement.

Troisièmement, un plaidoyer raisonné a aussi de bonnes chances d'être *raisonnable*. Du moins est-on en droit de l'espérer. Être raisonnable, voilà bien une qualité qui semble avoir disparu du vocabulaire politique. Pourtant, quel plaisir merveilleux que celui d'éviter l'exagération. Et c'est tellement moins épuisant. Ne pas aller trop loin dans la satanisation de l'adversaire. Reculer juste avant l'excommunication. Battre en retraite. On oublie trop souvent que la descente, celle des montagnes comme celle des arguments, est l'aspect de la marche sinon le plus facile, du moins le plus satisfaisant. On a le temps de regarder et de respirer. Cela permet aussi de voir venir. Une bonne idée mérite toujours qu'on la retienne un peu et qu'on y pense à deux fois, question de faire durer le plaisir.

Comme on pourra le constater, j'accorde beaucoup d'importance à cette idée de raisonnable que je différencie — avec bien d'autres — de l'idée-sœur de rationnel[2]. Dans le langage de tous les jours, on dira d'une personne, d'une attitude ou d'une proposition qu'elle est tout à fait rationnelle, mais que néanmoins elle n'est pas raisonnable. Dans la vie politique, le rationnel est une qualité qui appartient avant tout au sujet — que ce soit un parti ou un simple citoyen — ainsi qu'aux raisons et aux valeurs qui sous-tendent sa proposition. Sans entrer dans les détails, on dira de celle-ci qu'elle est rationnelle dans la mesure où il y a concordance entre l'analyse et l'action, entre la parole et le geste. Bref, elle «fait» du sens. Cette concordance est évidemment matière à appréciation. La rationalité de l'un est souvent l'irrationalité de l'autre.

Le raisonnable est souvent rationnel, mais pas toujours. Nous connaissons tous de ces arguments de «gros bon sens» que nous n'arrivons pas toujours à justifier de façon rationnelle. Il s'agit cette fois non pas de «faire du sens», mais d'en avoir. Le caractère raisonnable d'un argument ne tient pas tellement aux raisons qui le motivent qu'à la place qu'il fait aux arguments opposés. L'argument raisonnable doit permettre le dialogue et il n'est possible que s'il existe au préalable un espace public où dominent les idées de réciprocité et d'honnêteté (au sens anglais de «fairness»). L'argument rationnel est attentif aux détails de sa propre logique. La proposition raisonnable serait plutôt attentive aux autres qu'elle considère comme des égaux.

Mais la politesse de l'esprit et le civisme des arguments exigent-ils un respect absolu envers tous ceux qui prétendent contribuer au débat? À quoi sert de répondre par l'affirmative quand je me sais bien incapable de remplir ma promesse. Je m'en excuse donc à l'avance, avec plus ou moins de sincérité. Et puis, l'impertinence a parfois bien meilleur goût. C'est du moins ce que je découvre depuis bientôt sept ans dans les pages du *Devoir*. Il ne faut cependant pas en abuser car toute impertinence n'est pas bonne à dire. Ce n'est pas le Québec qui me tue — avec mes excuses à Hélène Jutras —, mais la pauvreté des discours que j'y entends. D'où peut donc venir cette obsession du plus petit dénominateur? N'avons-nous de commun que cette course à la grisaille et au nivellement par le bas? Quelle faute originelle nous a ainsi condamnés à la médiocrité et au misérabilisme? La démocratisation, celle de nos débats politiques et de nos institutions d'enseignement, nous impose-t-elle un tribut d'ignorance? Faut-il être imbécile pour être heureux? Je me refuse à le croire.

Être raisonnable, soit. Mais pas lorsque la bêtise est en cause. Heureusement, cela laisse encore beaucoup de place.

Quatrièmement, le plaidoyer raisonné est nécessairement un plaidoyer *critique*. Cela découle avant tout de la civilité que nous nous devons les uns aux autres, mais aussi de la nécessité de garder le contrôle de sa propre argumentation, surtout lorsqu'on la croit juste et convaincante. Le principal plaisir que procure l'argument est la découverte de ses failles. Les discours étanches sont toujours des discours religieux. Ils ne peuvent déboucher que sur l'admiration et l'extase. Le problème avec les religions, toutes les religions, c'est qu'elles exigent d'être prises au sérieux. Toujours. Pourtant, sans critique et sans humour, il devient impossible de se libérer de la pire des tyrannies, celle d'avoir raison et d'en être convaincu. Et dans un débat qui dure depuis maintenant plus d'une génération, les occasions d'avoir eu tort n'ont pas manqué. Être critique, cela veut aussi dire conserver une distance avec une certaine actualité et je n'aurai finalement que peu à dire sur la stratégie référendaire, sur la date ou sur la «question». Comme bien d'autres, j'ai mon idée sur ce que le gouvernement devrait ou ne devrait pas faire et sur l'environnement stratégique qui, au fil des mois, s'est mis en place. Mais on ne peut pas tous être, et en même temps, des gérants d'estrade. Il faut aussi des spectateurs dans les gradins.

J'ai écrit ces pages en étant bien conscient que j'allais sans doute décevoir les partisans de la pensée magique et surtout indisposer les défenseurs de tous les *statu quo*[3]. Je ne m'en cache pas : c'est précisément ce que j'ai voulu faire. Leur façon de penser n'est pas la mienne et je ne m'attends pas à les convaincre. D'ailleurs, ils ont placé la barre tellement haut qu'aucun argument ne saurait les atteindre. Par exemple, ils exigent qu'on leur démontre que le régime fédéral canadien est l'équivalent d'un empire totalitaire avant d'accepter de remetttre en question leur vérité révélée. En vertu de quelle logique faudrait-il d'abord démontrer qu'un régime politique est un enfer dictatorial avant de proposer de le changer? Faut-il vraiment toucher le fond du baril avant de décider d'en sortir? Ceux qui tiennent ce genre de discours me font penser à certains souverainistes de la première heure, ceux-là mêmes qui revivaient chaque jour la bataille des plaines d'Abraham et qui exigeaient du fédéralisme canadien qu'il efface jusqu'à l'existence de cette fichue bataille avant de lui donner leur adhésion. C'est ce qu'on appelle ne prendre aucun risque avec les arguments de l'adversaire. Le refus de ces gens est total, pour ne pas dire totalitaire.

Et puis, pourquoi m'en cacher? Il est probable que si la position de certains défenseurs de l'union fédérale était aussi tolérante et fondée, aussi raisonnée devrais-je dire, qu'elle l'était en 1980, il est probable donc que je n'aurais pas rédigé ce livre. Mon intention n'est pas de les stigmatiser mais, ayant constaté que leur position mérite beaucoup mieux que les arguments de basse-cour qu'on utilise parfois en leur nom, j'ai cru bon d'intervenir. Une façon comme une autre de se faire plaisir intellectuellement. Comme bien d'autres, je constate cependant que si, en 1978 et dans les mois qui ont précédé le référendum de 1980, le fédéralisme et la possibilité de le renouveler en profondeur suscitaient une certaine furie intellectuelle, ce n'est plus le cas aujourd'hui. La souveraineté par contre, celle proposée par Jacques Parizeau, Mario Dumont et Lucien Bouchard, est toujours une idée qui dérange. C'est la seule qui fait encore cet effet. On nous dit même qu'elle a des coûts. Elles sont rares, ces idées qui ont un prix. Quoi de plus naturel d'organiser ma réflexion autour de cette idée qui, d'une façon ou d'une autre, peu importe le résultat du référendum, risque bientôt de disparaître. Profitons-en pendant qu'elle passe.

À ce sujet, j'avoue être consterné par la suffisance et l'arrogance de plusieurs des arguments que j'entends autour de moi. Faudrait-il répondre avec des arguments du même ordre et revenir à l'époque où les partisans de la souveraineté avaient fait du mépris un véritable art? Je n'en ai pas l'énergie.

Ce livre ne s'adresse donc pas aux partisans ni à ceux qui sont en paix avec leur option politique. Il est plutôt la continuation d'une conversation, parfois animée, parfois interrompue, commencée il y a bientôt trente ans alors que, jeune étudiant, je débarquais à Vancouver et qu'on m'inscrivait, sans trop me demander mon avis, au séminaire du professeur Donald Smiley. Peu de gens le connaissent au Québec et, pourtant, il fut le premier à suggérer qu'un pays et une constitution se comprennent avant tout sous l'angle de la communauté politique. Et qui dit communauté, aimait-il à répéter, dit aussi une certaine conception de l'engagement moral où doit primer l'adhésion librement consentie. Je ne l'ai jamais oublié et cela me conduit aujourd'hui à faire de la démocratie et de la liberté le double fil conducteur de ce livre.

Quel plaisir par la suite de continuer cette conversation avec Daniel Drache de l'université York à Toronto, Édouard Cloutier de l'Université de Montréal ainsi qu'avec les membres du Groupe de recherches sur les institutions et la citoyenneté, notamment Alain-G. Gagnon, Guy Laforest, François Rocher, Daniel Salée, Yolande Cohen, Pierre-Paul Proulx, Daniel Turp, Christian Dufour, Claude Bariteau, Alain Noël, sans oublier tous mes collègues de l'Institut national de la recherche scientifique[4]. À chacun sa tribu, comme on l'a déjà si bien dit, et la mienne est universitaire. Ainsi, cette réflexion portera nécessairement l'empreinte de ce milieu d'origine. À une époque où l'université est attaquée de toutes parts — ce qu'elle mérite bien parfois —, il importe de rappeler que c'est encore un milieu propice à la réflexion. Mais le statut d'universitaire ne confère aucune autorité, surtout pas celle de dire n'importe quoi sous prétexte qu'on voudrait poser les bonnes questions. Ce statut ne comporte qu'une seule obligation, celle de raisonner.

Ce rappel du rôle de l'universitaire et de 1980 me donne l'occasion d'évoquer un souvenir, seule contribution autobiographique à ce livre. Si je la propose, c'est qu'elle explique d'où je viens.

En 1980, j'occupais le poste de conseiller pour les Affaires constitutionnelles et canadiennes au bureau du premier ministre. Un soir de janvier, j'en étais à ma troisième tentative de formulation pour faire comprendre à monsieur Lévesque que le Livre beige renfermant les propositions constitutionnelles du Parti libéral du Québec (à l'époque il importait encore de différencier les deux partis libéraux) définissait à peu près ce que nous pouvions espérer d'une négociation postréférendaire réussie. En jumelant cette analyse des adversaires avec les recommandations de la commission Pépin-Robarts sur l'unité canadienne, nous avions en effet un bon aperçu de ce que le Québec obtiendrait. On aura compris que la tâche d'annoncer une telle nouvelle au premier ministre n'était pas facile et qu'il importait de trouver le ton juste.

Ce n'était pas la première fois que je me trouvais dans une situation pour le moins embarrassante. Par exemple, pendant que les « gens d'en face » pensaient l'avenir postéférendaire du Québec, nous nous amusions, question de gagner du temps, à dresser la liste des revendications traditionnelles du Québec. La consigne était claire : il fallait en trouver au moins une pour chaque premier ministre, mort ou vivant.

Sacré Adélard Godbout, ce qu'on a pu suer pour lui trouver au moins une petite revendication traditionnelle.

Le plus ironique, c'est que les libéraux d'alors ne se gênaient pas pour nous remercier d'avoir ainsi publié toutes ces études sur les revendications traditionnelles du Québec et sur les inégalités engendrées par le fédéralisme canadien. Ils y trouvaient la matière première de leur réflexion. À l'occasion, j'avais même l'impression de travailler pour eux. Le nombre de fois qu'on m'a appelé au téléphone pour me demander des précisions sur l'une ou l'autre de ces études ! J'étais peut-être, sans le savoir, un cas d'*intelligence avec l'ennemi*. Et puis l'intelligence, on la prend où on la trouve.

Peu satisfait de la qualité de mes critiques sur le Livre beige et convaincu que je ne pourrais jamais faire mieux, je me mis plutôt à la rédaction de ma lettre de démission. De toute évidence, je n'étais pas fait pour ce métier. À ma grande déception, cette démission ne souleva aucune vague et ne me valut qu'un commentaire amusé du premier ministre : « Vous avez raison. Vous êtes probablement beaucoup mieux à l'université. » Il ne croyait pas si bien dire. Si j'avais su que ce Livre beige disparaîtrait aussi rapidement de la carte politique, je me demande ce que j'aurais fait.

J'ai cependant conservé beaucoup d'amis de cette époque. J'admire ceux qui travaillent dans un tel contexte d'animosité et de partisanerie. Ils sont les véritables acteurs de notre vie démocratique. Sans eux, tout ne serait que façade et immobilisme. Ils insufflent un peu de vie dans nos débats et s'assurent que les choses changent, le plus souvent pour le mieux.

Chacun son métier, donc. Celui que j'ai choisi est de raisonner et de plaider en faveur de tels raisonnements. Comme dirait un vieux proverbe chinois, du genre de ceux qu'on peut inventer au bon moment, il n'y a rien de plus utile qu'une bonne théorie.

Les quatorze chapitres de ce plaidoyer ont été regroupés en trois parties. La première examine l'Union fédérale canadienne dans le contexte d'une mondialisation qui oblige toutes les sociétés, les grandes comme les petites, à repenser les fondements mêmes du contrat politique sur lequel elles se sont construites. À une époque où la compétitivité et le marché ont tendance à vouloir occuper toute la place, seule la démocratie peut encore nous donner, à condition qu'on accepte d'en prendre le risque, cette marge de manœuvre essentielle pour résister à l'uniformisation et aux intégrismes qui nous menacent. Le Québec sera une société libre et démocratique, ou il ne sera pas.

Les quatre chapitres de la deuxième partie nous invitent à aller voir ailleurs pour évaluer si le cadre fédéral qui s'est lentement mis en place depuis 1980 est vraiment à même de nous fournir ce supplément de liberté et de modernité sans lequel nous sommes condamnés à sombrer dans la médiocrité. Est-ce vrai, comme nous le disent certains, qu'en dehors du fédéralisme le salut n'existe pas? N'y a-t-il que le fédéralisme, si imparfait soit-il, pour nous empêcher de sombrer dans le gouffre de l'intolérance ethnique et du nationalisme tribal? Sommes-nous vraiment condamnés à la médiocrité constitutionnelle sous prétexte qu'elle est notre dernier rempart contre les pulsions de notre insécurité?

La troisième partie examine la situation au lendemain d'un référendum où le Québec aurait affirmé pour la première fois sa volonté de reprendre en main son destin et d'inscrire sa différence dans un ordre constitutionnel qui a fini par apprendre à se passer de lui. Avons-nous les ressources pour réussir ce passage tout en renforçant notre démocratie? De quoi aura l'air notre «p'tite vie» démocratique dans un Québec qui se sera enfin réconcilié avec lui-même? Peut-on envisager de demeurer encore longtemps une province avec tout ce que ce statut comporte de provincialisme et de petites mesquineries?

Lorsque je pense à LA question, je ne pense pas à celle de 1980 — pour celle-là, j'ai déjà donné — ni à celle de 1995, mais à celle de notre statut de province canadienne. Ce n'est pas le Canada ou même le fédéralisme qui me désespère, mais l'étroitesse d'esprit que nous impose ce statut. Je vais bientôt avoir cinquante ans et j'ai toujours le goût de bouger. Je veux aller voir ailleurs et penser à autre chose tout en sachant qu'il y a quelque part un pays et une démocratie qui se construisent. Est-ce trop demander?

Les pays, les États et les sociétés peuvent être démocratiques et accéder ainsi à l'universel. Les provinces ne peuvent être que... des provinces. *To be or not to be a Province.* N'est-ce pas là le véritable enjeu du prochain référendum? Qu'il porte sur la souveraineté, sur l'indépendance, sur une nouvelle union avec le Canada m'importe assez peu, et j'avoue que les questions de structures et de définitions — même si j'y ai consacré une bonne partie de ma vie professionnelle — me semblent fort secondaires lorsque je les examine avec mes yeux de citoyen. J'ai la conviction qu'il y a autre chose.

Se pourrait-il plutôt que nous ayons à décider non pas du contrôle de nos impôts ou du nombre de députés pour nous représenter mais de notre existence même comme communauté politique?

Parce que je demeure convaincu que le Québec doit assumer pleinement son statut de société plurielle, je souhaite que tous ceux et celles qui souscrivent aux quatre qualités du plaidoyer raisonné aient envie de lire ce livre. Il s'adresse à la fois aux cyniques et aux sceptiques, aux déçus et aux incertains, aux jeunes et aux aînés, aux vieilles souches et aux branches plus jeunes. Tous ceux-là s'y reconnaîtront, et je persiste à croire que nous sommes plus nombreux qu'on ne le laisse entendre.

La complexité croissante de nos sociétés suggère de prêter davantage attention aux débats qui naissent ici et là sur la planète. Ils nous interpellent tous, et nous pouvons même y trouver des éléments de réponse à nos propres interrogations. Ce livre souhaite proposer des pistes quant à la manière de débattre et j'espère que ceux et celles qui ont encore le goût d'apprendre y trouveront des raisons d'espérer.

C'est à eux, surtout s'ils sont jeunes et parfois désespérés d'une histoire qui semble avancer en se servant du rétroviseur, que ce livre s'adresse.

PREMIÈRE PARTIE

CHAPITRE 1

À quoi sert la démocratie?

La souveraineté politique du Québec ne se justifie que si elle enrichit notre tradition démocratique et ajoute à notre espace de liberté. On pourrait en dire autant de notre participation à une nouvelle union politique avec le Canada. Tout le reste est secondaire. Ainsi, s'il devait être démontré que la souveraineté risque de nous faire perdre ce qui est le plus précieux peut-être de tous nos acquis sociaux, il faudrait s'y opposer avec vigueur. À l'opposé, il est temps de s'interroger sur la qualité de notre vie démocratique dans le cadre d'une union fédérale dont on oublie trop souvent qu'elle n'est qu'un outil. C'est donc par le biais de la démocratie que nous aborderons la question et c'est aussi par là qu'il faudra bien un jour conclure.

Compte tenu de l'enflure partisane inévitable dans ce genre de situations, on doit tout de même déplorer ces accusations d'illégitimité et de manipulation antidémocratique qui fusent de toutes parts. On se remet plus facilement d'une défaite, ou d'une victoire, que de ce genre de propos. Si elles devaient se révéler fondées, ces nombreuses invectives auraient de quoi inquiéter.

Mais il ne faut pas désespérer. Après tout, le débat est encore jeune — il n'a commencé qu'en 1965 — et nous avons su à maintes reprises intervenir tardivement dans des débats pour en rajuster le tir.

La vie en démocratie a ses exigences mais aussi ses avantages, dont celui de se faire rappeler à l'occasion que vivre en démocratie, c'est vivre dangereusement. Il est possible, entend-on dire, que certaines idées en apparence inoffensives nous fassent courir le plus terrible des dangers. Il faut tenir compte de ces avertissements tout en se rappelant qu'il y a une limite au-delà de laquelle la démocratie ne saurait aller sans se nier elle-même.

Défendre la démocratie, c'est aussi s'en servir. Heureusement, elle ne demande que cela. Elle exige cependant qu'on sache de quoi on parle et surtout qu'on comprenne jusqu'à quel point elle nous impose de retisser chaque jour les liens de solidarité qui nous unissent.

La démocratie comme efficacité politique

La démocratie a ceci de particulier qu'on peut en mesurer les effets sur le terrain. C'est une idée éminemment concrète, j'allais dire raisonnable. Pour pouvoir en parler avec justesse, il faut donc la voir en action. On peut spéculer sur l'avenir — et je le ferai fort librement plus avant —, mais de telles spéculations n'ont de sens que si on regarde autour de soi pour voir comment les choses se présentent dès à présent.

Depuis la chute du Mur de Berlin, on ne cesse de répéter que la démocratie est devenue incontournable. Chaque année, il se publie même une demi-douzaine d'*États de la démocratie dans le monde* dressant la liste des pays dits «démocratiques», de ceux qui le sont devenus depuis la dernière liste ou de ceux qui ne le sont malheureusement plus. On parle même de «vague de démocratisation» (nous en serions à la troisième, après celle du XIXe siècle et celle des années 1960). Mais on ne peut se contenter de répéter qu'elle a fait la preuve de sa supériorité. Elle mérite mieux que de devenir un autre objet de vénération. À l'heure de la mondialisation, dirons-nous, la démocratie est devenue l'arme secrète de ces sociétés, grandes et petites, qui espèrent tirer leur épingle du jeu dans un contexte où tant les cartes que les règles ont changé.

La démocratie, c'est d'abord cet ensemble de normes, de mécanismes et d'institutions forçant les gouvernements à être redevables à ceux et celles au nom desquels ils prennent des décisions. C'est la définition dite «classique» de la démocratie, celle qui se concrétise à travers une série de pratiques (élection régulière, représentation parlementaire, liberté des partis, séparation des pouvoirs, etc.) et qui définit le quotidien des luttes, des alliances et des renversements. À cet égard, le Québec et le Canada sont particulièrement bien pourvus et ne sont certainement pas en manque de démocratie. La forme la plus connue de cette démocratie est celle qu'on nomme libérale ou constitutionnelle et qui fait de la séparation des pouvoirs exécutif, législatif et judiciaire ainsi que de la protection des droits une priorité absolue. Nous sommes ici dans le domaine du formel et du code.

Mais la démocratie change sous nos yeux. Elle a depuis longtemps quitté les parlements et les constitutions pour se retrouver sur le terrain de l'action. Que peut bien vouloir dire, par exemple, «tenir un débat démocratique» ou «avoir un comportement démocratique» si ce n'est permettre à tous, et pas seulement aux «officiels de la politique», de participer et surtout de contribuer à l'efficacité démocratique, celle qui se mesure sur le terrain. Par un effet d'entraînement apparemment inépuisable, chaque nouvel ajout aux mécanismes et aux procédures officielles amène de nouveaux acteurs et de nouvelles questions. Car la démocratie, c'est aussi la conviction que cet ensemble de normes, de mécanismes et d'institutions doit servir à quelque chose, notamment à créer un espace public dans lequel les enjeux sont définis et où la communauté politique peut se mobiliser et agir sur elle-même, pour le plus grand bien du plus grand nombre. Certes, il n'y a pas de meilleure façon d'atteindre ce double objectif du bien commun et du bonheur individuel que de passer par les institutions et les pratiques décrites plus haut, mais il faut éviter de confondre les moyens avec l'utilisation qu'on en fait.

Pour qu'une telle mobilisation ne dérape pas et ne soit pas à son tour monopolisée par des intérêts particuliers, il importe qu'elle fasse la démonstration, renouvelée chaque jour, que l'avis et les intérêts de chacun ont été considérés et que le résultat final reflète cette prise en compte. Sans une telle démonstration, les décisions libres, si majoritaires soient-elles, deviennent inopérantes parce que inéquitables. Elles sont inefficaces et appellent alors d'autres inefficacités. Elles sont peut-être rationnelles, mais elles ne sont plus raisonnables. Dans un univers de mondialisation et d'interdépen-

dance, une telle inefficacité répétée peut devenir la source de ruptures profondes et d'injustices criantes. Ces injustices coûtent cher
et limitent notre précieuse marge de manœuvre. Bref, s'il est vrai
que la démocratie appelle l'efficacité, alors il ne faut pas se surprendre si le décrochage démocratique annonce des réveils douloureux au chapitre de l'économie, de la culture et de la société.

Nous vivons à une époque où la compétition et le marché
régissent nos vies quotidiennes. On se plaint souvent, à juste titre
d'ailleurs, des excès d'une telle domination. Ainsi, la compétition,
lorsqu'elle se change en idéologie de la compétitivité, prétend éliminer du paysage public toutes les idées concurrentes : la justice, la
solidarité, la coopération, l'équilibre. L'obsession de la compétitivité
ne souffre guère la compétition, et sa prétention à vouloir tout régir
a raison d'inquiéter car elle nous affaiblit tous[1]. À la limite, on pourrait dire que l'ultracompétitivité limite notre meilleur « avantage »
comparatif, celui de la solidarité sociale.

Mais au-delà de cette inquiétude, on doit aussi s'interroger sur
la facilité avec laquelle le marché en est venu à occuper toute la
place. Pourquoi la solidarité et la coopération sont-elles subitement
moins à la mode ? Pourquoi faut-il attendre que le marché ait rendu
son verdict avant de penser à colmater les brèches qu'il laisse
derrière lui ? L'espace public, celui de notre vie en société, est-il
condamné à n'être qu'un espace d'appoint ?

Les avenues sont multiples, mais j'estime que l'une d'entre elles
tient à l'hégémonie envahissante des adjudications décidées par le
marché. Le marché, ça marche ! Il a donc tendance à occuper toute
la place et c'est alors que les choses se gâtent. L'introduction de
rapports marchands dans la sphère culturelle, les fameuses « industries » culturelles, demeure à cet égard l'une des pires inventions de
cette fin de siècle. Le moins que l'on puisse dire, c'est que la vie
culturelle, et je parle ici de la culture avec le plus petit des *c*, n'y
a guère trouvé son compte. Ce qu'on dit moins par contre, c'est
que cette invasion des rapports marchands n'a pas toujours non
plus profité au marché qui souffre de sa propre prétention à tout
régir.

Sur le terrain du marché, nous assistons au choc, parfois brutal,
entre des intérêts particuliers. La réponse du marché est toujours
claire, même si elle est parfois imprévisible et difficile à décoder.

Et elle se fait rarement attendre. Le marché est une véritable machine à produire des gagnants et des perdants. C'est son but et il ne faut pas en attendre autre chose. Il est implacable et ne tolère pas l'indifférence. On ne peut nier son existence.

À mesure que ce marché se mondialise, le calcul des pertes et des gains se fait lui aussi à une échelle de plus en plus grande et concerne tout autant les individus et les entreprises que les sociétés et les gouvernements. Personne n'est à l'abri des calculs des autres, les bons comme les mauvais. C'est ce qu'on appelle l'interdépendance. Paradoxalement, avec la mondialisation, le nombre de ces «autres» ne cesse d'augmenter. Que la Côte-d'Ivoire décide d'abaisser le prix payé à ses producteurs d'arachides et cela aura un impact sur une entreprise de confiserie de l'Est de Montréal à cause d'une multinationale brésilienne qui aura décidé de répliquer à cette décision ivoirienne en réduisant à son tour le prix du sucre. L'usine danoise qui achetait auparavant l'excédent de sirop de sucre de l'usine de Montréal se tournera alors vers un substitut développé grâce à un processus de recombinaison génétique mis au point à Saint-Laurent, dans une usine qui pourra engager certains des travailleurs mis à pied à Montréal-Est, ce qui permettra à certains d'entre eux de faire venir leur famille d'Abidjan.

Les effets de la mondialisation se font toujours sentir localement et ceux qui se prétendent citoyens du monde afin de mieux échapper aux vicissitudes de leur propre localisation feraient mieux de revoir leur géographie. Je connais des Québécois travaillant à l'étranger pour le compte de multinationales américaines et qui ont perdu leur emploi à cause d'événements survenus dans leur patelin d'origine et dont ils avaient choisi de s'échapper pour mieux respirer l'air du large. On ne peut fuir son «local», à moins de vouloir l'échanger contre un autre «local» d'où la vue sur l'universel sera certes différente, mais tout aussi distante. Ce qui nous distingue aujourd'hui les uns les autres, ce ne sont plus tant nos origines ou notre culture que la vision «localisée» que nous avons du monde. Que les économistes découvrent tout juste cette évidence que les écrivains connaissent depuis fort longtemps en dit long sur la myopie d'une profession et la pertinence de l'autre.

Il n'y a plus de société-phare. La Suède et la Californie, longtemps considérées comme des modèles de développement, ont toutes les difficultés du monde à s'ajuster. D'autres sociétés (la Norvège par exemple) semblent avoir le vent dans les voiles tandis qu'à l'intérieur des grands ensembles économiques, certaines régions s'en tirent moins bien que d'autres. De plus en plus, on cherche du côté de la synergie, du fonctionnement en réseaux et de l'innovation concertée pour expliquer le succès des uns et les déboires des autres. Toutes ces explications pointent dans la même direction, celle de décisions prises à la base et qui montent les échelons politiques. Remarquez, on aurait pu y penser. Ce monde fini qui est le nôtre ne saurait prendre de l'expansion que vers le bas et le plus petit. Ceux qui vont dans l'espace ne retiennent-ils pas une chose de leur expérience : la Terre est si petite. Il n'y a plus de société-phare, avons-nous dit, cela signifie que chaque société est amenée à concevoir son propre modèle qui n'aura de valeur que s'il est largement partagé. Après l'avoir longtemps répété sans trop y croire, les économistes découvrent à leur tour que les idées mènent effectivement le monde.

Toutes les sociétés tendent vers le même objectif, soit maintenir un équilibre dynamique entre, d'une part, la valorisation de la réussite et de l'accomplissement individuel et, d'autre part, la sécurité et la satisfaction qu'offre l'appartenance à un groupe. Cet équilibre ne peut être conservé qu'à travers des milliers de décisions d'ajustement, des décisions individuelles et collectives, grâce auxquelles la société se regarde agir. À son tour, cet ajustement continuel n'a de chance de réussir que si l'ensemble des individus a la conviction que les coûts engendrés par ces décisions sont équitablement répartis grâce à des mécanismes de redistribution efficace et qui ne transforment pas la solidarité en dépendance. C'est alors que nous entrons sur le terrain de la démocratie.

Il ne faudrait pas croire que les gouvernements, et les États qu'ils représentent, assistent sans rien dire à cette interdépendance de causes et d'effets qui est le lot de la mondialisation. Ils interviennent à tout instant, plus que jamais même. Sans eux, cette interdépendance ne serait qu'un mythe car le marché, s'il est (peut-être) apte à l'autodiscipline, demeure incapable de se limiter. Le marché ne raisonne pas, il détermine.

Aucun État ne peut se permettre de pratiquer le laisser-faire absolu, car les coûts qu'engendre une mauvaise décision pour les industries et les organisations logeant sur son territoire pourraient être catastrophiques. Plus que jamais, les sociétés ont besoin que les États et leurs gouvernements agissent en leur nom. Le besoin d'État est tel qu'on peut se demander si une société, si distincte soit-elle sur le plan culturel, peut survivre longtemps sans disposer d'un État pour participer en son nom à la chaîne d'interdépendance décrite précédemment. Plus les frontières disparaissent, plus les sociétés ont besoin de savoir orchestrer solidement leurs différences. Elles ne peuvent plus compter sur les tarifs et sur les douaniers pour faire ressortir le fossé qui les sépare des «autres» et ainsi accroître la cohésion et la liberté du groupe.

Contrairement à une idée fort répandue, la moindre décision d'un gouvernement peut être essentielle à la bonne santé d'une économie et d'une culture. On sait que nos gouvernements et nos sociétés n'ont plus la marge de manœuvre qu'ils avaient. Chaque jour, on nous le répète comme s'il s'agissait d'un constat d'abdication et d'un appel à l'inaction. Pourtant, ce devrait être tout le contraire car ce qui reste de marge de manœuvre devient par le fait même névralgique. Il faut l'utiliser de la façon la plus judicieuse, d'autant plus que nous avons de moins en moins les moyens de réparer les erreurs commises en notre nom. Voilà pourquoi la plus petite décision a tendance à se couler elle-même dans le béton, ce qui, à l'âge de l'éphémère et du jetable, est pour le moins paradoxal. Chaque décision devient porteuse de sa propre inertie. Chaque ajustement à la marge, car c'est de cela qu'il s'agit, rend plus difficile celui qui suit. Chaque décision ramène toutes les autres sur la table. On a coutume de dire que les citoyens ont les gouvernements qu'ils méritent. Si tel est le cas, ceux du Québec et du Canada ne sont pas très «méritants». C'est une mince consolation de savoir que nous ne sommes pas les derniers de la classe. En effet, les Italiens, les Nigériens, les Russes ou les Américains sont plutôt mal placés pour nous donner des leçons. Je ne suis pas d'accord avec certains des virages qui sont pris dans ces sociétés. En Pologne, en Autriche, en Espagne — ne parlons pas de l'Algérie — on revient à des discours qu'on croyait oubliés. Se pourrait-il que l'attachement de nos sociétés à la démocratie et aux valeurs de solidarité et d'égalité se trouve dilué au fur et à mesure de leur intégration dans des ensembles économiques de plus en plus vastes ? Se pourrait-il qu'après tout les frontières servent à quelque chose? Je ne suis pas d'accord avec ces changements de cap, mais même à des milliers de kilomètres, je suis capable d'en saisir le sens et d'en décoder les enjeux. Ces sociétés et l'espace politique qui en épouse les formes sont visibles à l'œil nu, à l'œil démocratique. Si petites soient-elles, ces sociétés affirment chaque jour des choix qui leur sont propres et construisent tant bien que mal leur espace de liberté. Plus nombreux seront ces espaces et plus grandes seront nos chances de voir l'économie-monde se transformer en démocratie-monde.

Et nous, les citoyens? Avons-nous encore le droit de juger des gouvernements auxquels nous refusons d'accorder des mandats? À ce titre, le Québec détient sans doute le record de tous les temps. En l'espace de quelques mois, nous avons choisi pour nous représenter deux formations politiques, le Parti québécois et le Bloc québécois, dont il nous sera à peu près impossible d'évaluer correctement la performance. Certes, nous sommes une «société libre de nos choix», mais, à force de refuser de se choisir, notre liberté s'infantilise. Elle devient une liberté de parade.

L'hésitation a encore sa place

Ce n'est pas parce qu'ils sont condamnés à faire de moins en moins que nos gouvernements et nos sociétés hésitent tant à prendre des décisions difficiles. C'est plutôt que celles-ci sont de plus en plus imbriquées dans des enchaînements complexes d'où l'on n'arrive même plus à distinguer causes et effets. Alors on hésite. Faut-il commencer par le projet de société ou par la souveraineté? Doit-on d'abord se donner une constitution ou un cadre juridique pour le faire? Faut-il encore élargir l'Europe ou en faire un nouvel État-nation? Toutes les sociétés politiques connaissent actuellement ces moments d'hésitation comme si elles voulaient figer dans le temps un passé qu'elles savent révolu, mais avec lequel elles sont si familières.

Peut-être le moment est-il venu de réhabiliter l'hésitation et ainsi de mettre en doute le courage de ces décisions qui s'imposeraient d'elles-mêmes. Si effectivement certaines d'entres elles s'imposent, c'est qu'il est probablement déjà trop tard. À quoi peut bien servir une décision lorsque la liberté d'agir est disparue? À célébrer sa propre impuissance? Un pays est-il encore un pays lorsque ses possibilités de choix politiques ont disparu?

À ce sujet, on ne saurait trop insister sur le contraste entre le dernier budget du gouvernement fédéral — celui qu'a présenté le ministre Paul Martin en février 1995 — et l'éventuelle décision référendaire québécoise au sujet de l'accession à la souveraineté.

Dans le cas du budget fédéral, on nous a dit que le gouvernement n'avait plus le choix. On a même, dans certains milieux, félicité le gouvernement d'avoir enfin reconnu qu'il n'avait plus de marge de manœuvre. Le battage médiatique entourant cette fatalité fut tel que le débat public s'est révélé impossible, chaque contestation du budget étant immédiatement jugée inacceptable devant le caractère inéluctable d'une décision qui s'imposait sur le plan collectif. Le bateau coule, semble-t-on dire, et il ne faut pas écouter ces voix discordantes qui font remarquer que certaines parties du bateau s'enfoncent plus vite. «Installez-vous confortablement, nous dit le ministre fédéral des Finances, et appréciez la qualité du jeu de l'orchestre. C'est sa dernière valse.» Pas question non plus d'exiger un vote de la population sur ce qui nous est présenté comme la plus importante réorientation du système politique canadien depuis un demi-siècle. Un tel vote serait soit inutile, puisque la décision budgétaire est incontournable, soit dangereux, car il se pourrait que dans un dernier sursaut d'inconscience, l'électorat canadien refuse d'y adhérer. Il faudra bien qu'un jour un économiste mesure le coût de cette conviction qu'il n'y a plus rien à faire.

Face à leur propre décision, les Québécois quant à eux demeurent divisés sur la nécessité ou non d'accéder au statut d'État souverain. Plus personne ne tient cette souveraineté pour acquise. Pas même les artistes, nous dit-on. Et le pire, c'est que l'on invite tout ce beau monde à étaler son hésitation et ses divisions au grand jour. On les encourage même à le faire. Malgré tous les efforts déployés, les citoyens ne sont toujours pas convaincus de la nécessité de la souveraineté. Ils ne croient pas que ce soit la seule solution et d'ailleurs ils sont loin d'être d'accord pour dire qu'il n'y a qu'une seule définition de la souveraineté et de la meilleure façon d'y arriver. En cela, ils ressemblent d'assez près aux deux grands partis souverainistes. Mais ils ne sont pas davantage convaincus par les arguments leur présentant le fédéralisme et le *statu quo* comme la seule solution viable compte tenu de l'importance de la dette canadienne, de la petitesse de leur nombre et de la faiblesse de leurs moyens.

J'admire ce côté rebelle des Québécois, ce refus des certitudes tranquilles. Sans ces éternels moutons noirs, aurait-on remarqué jusqu'à quel point les autres sont devenus blancs au lavage? Ils sont aussi têtus (les Québécois, pas les moutons) que les faits, prenant ce qui leur convient dans le projet de souveraineté et insistant pour l'intégrer à ce qu'ils apprécient dans le fédéralisme ou même le *statu quo*[2].

On fait souvent des gorges chaudes devant les apparentes contradictions de leurs aspirations. Certains sondages nous indiquent que même les plus souverainistes d'entre eux ne s'objectent pas au partage d'un passeport et d'une identité juridique avec le reste du Canada. D'autres sondages révèlent qu'avec la certitude que la souveraineté entraîne une amélioration de leur situation économique ou de celle de la langue française, les Québécois l'appuieraient massivement. Je connais même un politologue, ardent défenseur du fédéralisme, qui s'est amusé à faire le décompte de toutes les «bonnes» et «mauvaises» réponses des citoyens dans les sondages. Il a conclu que le niveau d'éducation du peuple était vraiment trop bas, dû en bonne partie à la performance tout à fait décevante des souverainistes à son examen de bonne conduite politique. Imaginez-vous donc, il se trouve de nombreux citoyens pour souhaiter que la souveraineté du Québec se traduise par le maintien de l'armée et du dollar canadien. Une telle réponse était immédiatement considérée comme une «mauvaise» réponse sous prétexte qu'on ne peut à la fois exiger le beurre et l'argent du beurre. Mais qui donc, aurais-je le goût de demander, a défini ce fameux beurre dont on parle tant[3]?

Les Québécois insistent pour se faire présenter un choix véritable et il est certain qu'ils ne vont pas se gêner pour punir le gouvernement si ce choix ne leur convient pas. De même, ils sont bien capables de punir l'opposition si celle-ci continue d'affirmer que le «*statu quo* flexible» est la seule solution. Se pourrait-il que la pseudo-indécision proverbiale des Québécois n'ait rien à voir avec leurs origines normandes, mais soit plutôt la conséquence d'un désir obsessif de prendre la bonne décision et de la bonne manière? Se pourrait-il aussi qu'ils recherchent la démocratie avant tout? C'est faux d'affirmer qu'ils n'ont plus rien à perdre et qu'ils n'ont plus le choix. Ce serait plutôt désolant si c'était le cas. Et pour prendre la bonne décision, il faut que les choix offerts se moulent sur leur façon de définir le choix.

Je suis plutôt content de savoir que les Québécois hésitent et qu'ils veulent ainsi protéger leurs acquis. Le contraire m'inquiéterait. À ce titre, je continue d'espérer que le fameux «momentum» dont on a tant déploré l'absence continuera d'être absent. Je ne connais pas de mouvement de foule qui ait donné des résultats particulièrement enrichissants, surtout pour la démocratie. Je m'inquiète aussi de voir que sur bien des questions, moins importantes que la souveraineté j'en conviens, on laisse si peu la chance aux Québécois d'hésiter. Et pourtant, la santé, le travail, l'éducation et la pauvreté auraient bien besoin d'un peu d'hésitation. Cela confirmerait au moins qu'on nous offre de véritables choix. Malheureusement, si les choses continuent ainsi, nous n'aurons plus guère de chances d'hésiter, rejoignant d'ailleurs en cela le reste du Canada. On appelle cela dériver.

Et ce n'est rien. Lorsqu'on aura décidé de la souveraineté, il faudra ensuite décider d'une multitude de choses, des plus anodines aux plus importantes, de l'union économique avec le reste du Canada à la peine de mort et ce, année après année, de débat de société en débat de société! «Ben fatigant.» Espérons seulement que nous en aurons pris l'habitude et, au passage, acquis une certaine expérience. À cet égard, la meilleure raison de voter contre le projet souverainiste demeure toujours de ne pas vouloir être «bâdré» par tous ces débats à faire et toutes ces décisions à prendre. La paix, la sainte paix, celle du cimetière!

L'espace de la démocratie est un espace de décision, celui du marché en est un de détermination, ne l'oublions pas. Les choses vont peut-être changer mais pour l'instant, il n'y a que deux façons de faire reculer les prétentions du marché à tout régir, l'intégrisme religieux et la souveraineté nationale. Entre les deux, ma raison ne balance même pas, même si la dernière n'est plus ce qu'elle était. Heureusement d'ailleurs.

Il faut certes décider, mais quoi et comment? Qu'est-ce que la bonne décision? À quoi la reconnaître? Qui doit décider? Comment faire en sorte que de la complexité des choix ne résulte pas une indécision constamment renouvelée? Comment, à l'opposé, résister à l'attrait du grand spasme décisionnel qui nous ferait en finir une fois pour toutes? Plonger, oui, mais y a-t-il de l'eau dans la piscine? Ces questions demeurent et demeureront toujours.

Voilà donc où nous en sommes. La démocratie véritable, avons-nous dit, exige des décisions, mais des décisions qui sont capitales. L'interdépendance et la mondialisation l'exigent car sans de vraies décisions, il est impossible d'affirmer sa propre différence dans la chaîne de causalité qui unit toutes les sociétés du globe. Sans cette capacité et ce vouloir de décider, on cesse d'être une cause, si légère soit-elle, pour devenir un simple effet.

Or, plus les décisions augmentent en importance et plus l'hésitation s'intensifie. Toutes les raisons, les bonnes comme les moins bonnes, d'attendre que les choses s'arrangent d'elles-mêmes ou que la décision semble inévitable apparaissent alors fondées. Mais dans un tel cas, la décision perd tout pouvoir mobilisateur. Elle se vide de son sens et on revient au point de départ, celui de l'hégémonie du marché. On régresse du statut de cause à celui d'effet. Et une culture qui ne serait qu'une somme d'effets, une culture poubelle, n'a guère de chances de survivre dans le nouvel ordre mondial, surtout si elle est voisine de celle des États-Unis. Son seul avantage est alors de pouvoir se remplir plus rapidement.

La démocratie appartient au domaine de l'action et de la raison, celle qui doit prévaloir lorsqu'on décide d'une voie à suivre. Affirmer, comme certains le font, que la souveraineté fait courir trop de risques à notre vie démocratique révèle qu'ils n'ont vraiment rien compris, pas plus à la démocratie qu'à la décision ou à la raison. Je ne sais pas si les citoyens ont en main tous les éléments d'information leur permettant de décider. Probablement pas, d'autant que les partisans du *statu quo* constitutionnel refusent de mettre sur la table leur propre programme. Mais le *statu quo* est aussi une option et il n'est guère besoin de longues explications pour nous informer de quoi il retourne. J'y reviendrai plus longuement dans les deux derniers chapitres.

Que l'on hésite à trancher ne me trouble pas outre mesure. Que l'on reporte la décision non plus. Ce qui me consterne par contre, c'est d'entendre dire qu'il n'y a plus rien à décider, que tout est déjà réglé, que la page a été tournée. S'il est vrai que la souveraineté et la redéfinition de l'union fédérale ne sont plus, ni l'un ni l'autre, à l'ordre du jour de notre société, alors il y a effectivement lieu d'être découragé. Non pas que ces questions soient les seules qui comptent vraiment et qu'elles méritent d'occuper toute la place. Bien sûr que non. Les générations actuelles, les plus vieilles comme les plus jeunes, ont cependant le droit de voir la question du statut politique du Québec progresser quelque peu. Ils ont le droit, mais aussi l'obligation de faire agir leur démocratie.

«On ne veut pas seulement d'un pays souverain, mais aussi d'un pays libre», disait Richard Desjardins. Et il avait bien raison.

À quoi sert la démocratie ? Mais à décider voyons. Et si j'ai compris quelque chose au débat actuel, c'est précisément ce que nous faisons tant bien que mal.

CHAPITRE 2

La moralité de
notre constitution

Certaines décisions se prennent sans que l'on sache trop pourquoi. D'autres au contraire croulent sous les raisons et les interprétations. Les premières sont souvent prises à la sauvette tandis qu'une certaine noblesse entoure les secondes.

Faut-il s'en offusquer? Jusqu'à un certain point. En effet, les échafaudages politiques construits dans le secret et la contradiction traînent souvent pendant longtemps les séquelles des «péchés», mortels ou non, qui ont présidé à leur enfantement. Il arrive même que les péchés viennent à bout du pécheur. Parfois aussi, la construction politique choisit de se reconstituer sur des bases plus solides. Bref, il en va des pays comme des hommes: c'est à l'usage qu'il faut juger.

Selon Garth Stevenson, un ardent défenseur du fédéralisme canadien qui a, de plus, l'avantage d'avoir passé sa vie à l'étudier, la façon dont on s'y est pris pour décider de l'union fédérale canadienne a eu pour résultat de limiter la participation à un nombre très restreint d'acteurs et d'empêcher une participation, même symbolique, des électeurs de l'époque[1]. Son diagnostic est sans appel: toutes ces manœuvres, conclut-il, contribuèrent à «priver la constitution et la fédération elle-même de toute légitimité démocratique, un problème dont l'acuité s'est accrue avec le temps». Ce ne peut être plus clair comme jugement.

Des souverainistes en concluront qu'une fédération aussi illégitime dans ses fondements ne mérite pas d'être conservée et qu'il ne faut pas multiplier les conditions préalables avant de pouvoir en sortir. C'est un point de vue qui se défend, mais qui a le désavantage de négliger l'essentiel. En effet, le cas de l'Union fédérale canadienne est riche d'enseignements pour ces années de fin de siècle qui sont les nôtres. En 1995, comme en 1867, les résistances au changement sont énormes et le *statu quo*, malgré tout le mal qu'on en dit, n'est pas le *statu quo* pour rien. Changer l'ordre établi, surtout en période de turbulence, n'est jamais une mince affaire, particulièrement lorsqu'il est difficile de déceler la direction du vent.

En 1867, il s'en trouvait encore pour dire que l'avenir appartenait aux empires et que de se «séparer» de l'Empire britannique, le meilleur du moment, relevait de l'hérésie. Il s'agissait alors de remplacer la solidité du lien colonial par un échafaudage politique au contour tellement vague qu'il fallut inventer un nom pour le décrire, le *Dominion*. En 1995, le même type d'argument prévaut à l'égard de la souveraineté et d'une nouvelle union politique avec le Canada. Pourquoi se retirer d'une union politique qui est non seulement la voie de l'avenir, mais qui de plus, comme l'Empire britannique du siècle dernier, fait l'envie du monde? Les États-nations sont en perte de vitesse et le Canada en est la meilleure illustration. Alors pourquoi vouloir en créer un autre? Pourquoi aussi insister sur une redéfinition de nos liens politiques avec le Canada quand ceux que nous avons nous servent si bien?

S'il est une autre leçon que l'on doit tirer de l'expérience canadienne, c'est bien celle du caractère paradoxal de toute entente politique sur laquelle on espère constituer un nouvel espace de décision. La liberté est toujours imprévisible, elle aussi protège toujours ses arrières. C'est ce qu'on appelle le dilemme de la démocratie constitutionnelle: comment signer une entente qui nous affranchit du passé et nous engage pour un avenir qui deviendra à son tour un passé dont les générations futures voudront éventuellement s'affranchir? L'Acte de l'Amérique du Nord britannique créant l'union fédérale canadienne constitue une tentative intéressante de contourner ce dilemme.

Finalement, la dernière leçon, si facilement oubliée, porte sur la nécessité de se conformer aux plus hautes exigences démocratiques lorsqu'on prétend fonder un nouvel espace de décision. Le goût de la décision ne vient pas tout seul, avons-nous dit, mais cette décision, pour être efficace, ne doit pas hésiter à pécher par excès de démocratie. Si on ne le fait pas, les retournements ultérieurs peuvent être fort coûteux.

S'ils hésitent et s'ils discutent avec autant de fermeté, c'est que les Québécois ont l'impression qu'on va bientôt leur présenter un contrat les engageant dans une voie plutôt qu'une autre. Il s'agit en fait d'un double contrat. Le premier porte sur la nature du cadre politique dans lequel ils seront appelés à prendre d'autres décisions à l'avenir. Ce débat occupe l'avant-scène et se résume pour l'instant à une question unique : doit-on demeurer une province ou devenir un pays ? C'est l'objet même de la décision référendaire. Mais en arrière-plan se profile aussi une autre question, moins palpable peut-être mais qui concerne cette fois les fondements mêmes de notre vie politique : comment faire pour continuer à vivre ensemble une fois que la décision aura été prise ? Cette question ne concerne pas tant le statut de notre communauté politique face au reste du Canada que les règles de vie commune qui nous permettront de tirer le profit que nous sommes en droit d'attendre de cette décision collective à prendre.

Le contrat, c'est aussi avec nous-mêmes qu'il faut le signer.

La vie est un contrat

Ce n'est pas la première fois que le Québec se trouve devant un contrat qu'on lui demande de signer. Ce n'est pas la première fois non plus qu'on lui demande d'être raisonnable. Ce fut le cas en 1867. De fait, le projet même du Québec tire son origine de ces nombreux contrats qu'il faut constamment renégocier. Cette insistance à toujours recommencer place carrément le Québec du côté de Jefferson dans son débat avec Madison à propos de la permanence et de l'irréversibilité des engagements constitutionnels. Pour Jefferson, chaque génération a l'obligation de revoir le contrat qu'on a signé en son nom et la liberté acquise par le peuple américain au moment de sa révolution ne devrait pas être limitée à la seule génération de 1776. À quoi sert la liberté, demande Jefferson, si on ne peut en transmettre les bienfaits aux générations qui nous suivent? Il aurait été à l'aise dans les débats d'aujourd'hui.

À cause du Bas-Canada et de sa préexistence comme communauté politique, l'Union fédérale canadienne est l'une des premières ententes politiques à prendre aussi nettement la forme d'un contrat. Tout y est prévu: le nom de la future «compagnie», le partage de la dette de l'ancienne, la répartition des postes, l'organisation des filiales, les relations avec la maison mère, la date précise d'entrée en vigueur. Peu de pays peuvent se vanter d'avoir eu des origines aussi planifiées.

À 11 h 59, le soir du 30 juin 1867, l'Union fédérale canadienne n'existait pas encore; deux minutes plus tard, c'était fait. D'un seul trait de plume, le Canada et le Québec étaient créés, en même temps et par le même contrat. On rapporte que la nouvelle de ce contrat ne suscita guère d'enthousiasme dans les colonies britanniques. Le contraire aurait été surprenant. Quel citoyen serait en effet descendu danser dans la rue en apprenant que dorénavant, le Nouveau-Brunswick «recevra du Canada, en paiements et d'avance, durant une période de dix ans à compter de l'Union, une subvention supplémentaire de 63 000 $ [...], mais tant que la dette publique de cette province restera inférieure à 7 millions de dollars, il sera déduit sur cette somme de 63 000 $ un montant égal à l'intérêt au taux de 5 % par année sur cette différence» (article 119). On a beau être à l'affût du premier prétexte à réjouissance venu, certains contrats s'y prêtent plus mal que d'autres.

Ce manque d'enthousiasme est souvent cité pour prouver que la création de l'Union fédérale n'a guère changé les choses sur le terrain. Les «vrais» problèmes, ceux que causaient l'industrialisation, la pauvreté, la perte des marchés extérieurs, faisaient leur ravage. Bref, la vie continuait[2]. On se demande d'ailleurs ce qu'elle aurait bien pu faire d'autre. Pour le Canada-Est, redevenu le Bas-Canada mais cette fois sous le nom de Québec[3], on était enfin sorti du carcan du Canada-Uni — «sortir du Canada», il semble que ce soit une constance à travers notre histoire — et on pouvait maintenant se consacrer à la tâche de développer sa province, tout en s'assurant du respect de l'autre partie du contrat, celle nous liant avec l'ensemble du Canada. Remarquez qu'en 1865, il s'en est trouvé plusieurs, surtout parmi les libéraux de l'époque — une autre constance peut-être —, pour rappeler que ce Canada-Uni tant décrié et construit sur les cendres mêmes de la Révolte de 1837 ne nous avait pas si mal servis après tout. «Quelles garanties avons-nous, demandait Dorion, que ce nouvel ordre constitutionnel nous servira aussi bien? — La garantie que le Québec disposera enfin de tous les pouvoirs nécessaires pour assurer son développement, lui répondait Cartier. D'ailleurs, nous n'avons pas le choix, il faut changer car le monde change autour de nous.» Autre temps, mêmes mœurs.

Je trouve plutôt sympathique ces débuts de nature contractuelle. Cela nous change des débuts mythiques perdus dans la nuit des temps ou des origines par trop militaires. Et puis, voir naître une union fédérale ou un nouveau pays, c'est toujours intéressant, tellement qu'on devrait sans doute répéter l'expérience plus souvent.

Toute décision politique appelle des manœuvres. Impossible de décider sans bouger, ne serait-ce qu'un peu. Cessons donc de faire semblant de nous en offusquer. Certaines des manœuvres entourant la décision de 1867 méritent d'être racontées, non pas tant pour en tirer de nobles leçons que pour constater qu'en matière de légitimité démocratique, personne n'est en mesure de jeter la première pierre. En Nouvelle-Écosse, par exemple, le gouvernement de Charles Tupper ne prit même pas la peine de soumettre les termes de la Conférence de Québec à sa Législature tellement il était certain de son rejet. Pas question non plus d'en appeler à l'électorat. Heureusement d'ailleurs car lorsqu'on le fit, après l'entrée en vigueur de l'AANB, les forces antifédéralistes l'emportèrent haut la main. Mais il était trop tard et personne ne tint compte de ce jugement rétroactif de la population. Curieusement, l'un des arguments utilisés par Tupper pour refuser de consulter les parlementaires tenait à la continuité juridique et au caractère relativement modeste de l'accord. Imaginons un peu Jacques Parizeau refusant de se soumettre à l'épreuve du référendum et même à celle de l'Assemblée nationale sous prétexte que la souveraineté du Québec se fait dans la continuité de l'ordre juridique canadien.

Au Nouveau-Brunswick, le premier ministre Tilley songea un instant à suivre la même voie que son collègue de la colonie voisine, mais la rébellion de son caucus le força à aller en élection. Les forces antifédéralistes l'emportèrent, mais avant même qu'elles aient pu répudier l'accord constitutionnel ou même le soumettre à un vote du Parlement, une série de scandales les forcèrent à redéclencher des élections afin d'obtenir un nouveau mandat. Ce fut une autre bien mauvaise décision. À l'élection de 1866, les forces profédéralistes revinrent au pouvoir mais cette fois, Charles Tilley ne voulut prendre aucune chance. Il ne soumettra donc jamais l'accord constitutionnel à un vote de ratification parlementaire.

Dans la colonie du Canada, les Résolutions de Québec furent soumises à l'approbation des deux Chambres et indirectement, des deux majorités linguistiques, un précédent qui ne fut jamais répété par la suite. Chez les députés francophones, la majorité ne fut, selon certains, que d'une seule voix, donnant ainsi tout son sens au concept de «la majorité plus un». L'incertitude demeure quant au résultat réel de ce vote. En 1867, comme en 1995, il n'était pas facile de déterminer qui était francophone et qui ne l'était pas.

Pendant un temps, le Parti conservateur de John Macdonald laissa entrevoir la possibilité d'un appel au peuple par voie de référendum, mais devant ce qui venait de se passer au Nouveau-Brunswick et en Nouvelle-Écosse, il se ravisa rapidement. Rares furent ceux qui s'en offusquèrent. Certains réformistes agraires du Haut-Canada continuèrent cependant d'insister sur la tenue d'un référendum et présentèrent des résolutions en ce sens. Un débat passionné s'ensuivit et l'idée du référendum fut finalement soumise au vote des parlementaires, et rejetée. Malgré sa brièveté, ce débat demeure l'un des plus significatifs de notre histoire politique. Un des principaux arguments employés tenait à l'immaturité du peuple qui, s'il ne comprenait pas les enjeux, pourrait voter contre. On parla aussi de la suprématie du Parlement. Quant à Georges-Étienne Cartier, il ne manqua pas une occasion de souligner qu'un tel vote pourrait être dangereux, surtout si les deux peuples fondateurs avaient la malencontreuse idée de ne pas voter dans le même sens. Le Bas-Canada, ne cessait-il de rappeler, pourrait fort bien se trouver le grand perdant d'une telle opération. À l'origine de la démocratie politique canadienne, on trouve donc un vote saugrenu contre l'idée même de soumettre cette nouvelle démocratie à l'approbation du peuple[4].

Lors du débat parlementaire sur les Résolutions de Québec — car à défaut d'un référendum, on accepta au moins l'idée d'un débat —, la coalition Cartier-Macdonald ne toléra aucun amendement. C'était à prendre ou à laisser. Cela plaçait les forces antifédéralistes, notamment le Parti libéral du Bas-Canada, dans une situation pour le moins délicate. En effet, ce parti s'était vu exclu de la grande famille des Pères de la Confédération réunie à Charlottetown et à Québec[5]. Alors que toutes les autres colonies s'étaient fait un point d'honneur d'inclure des représentants de l'opposition, au Bas-Canada on n'eut pas la même politesse. Il faut dire que dans les autres colonies, l'avis de l'opposition allait se révéler crucial pour précisément éviter de soumettre l'accord constitutionnel à la Législature. Ainsi, lors de la seule discussion parlementaire de l'AANB à survenir au Bas-Canada, non seulement les options de l'indépendance ou du maintien du lien colonial n'étaient pas sur la table, mais l'option même de l'Union fédérale ne pouvait tolérer aucune modification. Avant même d'avoir été adopté, l'AANB était devenu une sorte de *statu quo* avant la lettre. Est-il besoin d'ajouter qu'on n'y trouvait pas non plus de «projet de société»?

On peut penser, à la lumière de nos débats actuels, que ce refus de consulter la population québécoise tenait essentiellement à la crainte d'une quelconque montée du sentiment antifédéraliste dans cette population. Malheureusement pour cette thèse, le «peuple profond», le «vrai monde» de l'époque, n'était pas aussi opposé à la Confédération qu'on aurait pu le croire[6]. En fait, le peuple n'était ni pour ni contre. En 1867, le peuple n'était rien du tout. Comme l'a très bien montré Marcel Bellavance, le contrôle du clergé était tel qu'il aurait sans doute pu livrer la marchandise électorale assez facilement. Toutes les élections subséquentes allaient d'ailleurs le confirmer[7]. Mais alors, pourquoi une telle obstination à ne pas aller devant le peuple? Il s'agissait non pas tant de la crainte d'un résultat négatif que d'une méfiance profonde envers tout ce qui pouvait ressembler à la démocratie, cette idée pernicieuse importée des États-Unis qui avait malheureusement présidé à l'établissement de l'Union fédérale américaine. C'est ce côté démocratique que l'on reprochait surtout aux États-Unis et tout fut donc mis en œuvre pour que le fédéralisme canadien échappe à toute velléité démocratique exagérée[8].

En 1867, il fallait aussi éviter à tout prix que l'on reconnaisse aux citoyens et à un éventuel peuple canadien un rôle, si indirect soit-il, dans l'édifice politique et constitutionnel que Macdonald était à construire. Un mauvais précédent, insistait-on, et qui ne pourrait conduire qu'au désordre. Ce peuple aurait pu exiger d'être mieux représenté au sein des nouvelles institutions politiques et, pire encore, il aurait pu exiger que ces institutions reflètent plus fidèlement ses valeurs. On sait où la démocratie commence, mais on ne sait pas où elle se termine.

Ce besoin d'éviter à tout prix que la Constitution de 1867 ne s'appuie sur une volonté populaire et n'ait des allures démocratiques est à l'origine du plus grand malentendu de toute l'histoire constitutionnelle canadienne. Comme quoi les Pères de la Confédération, en voulant éviter le piège de la démocratie, sont tombés dans celui, plus pernicieux mais combien plus doux, de l'ambiguïté et de la confusion.

En effet, pour défendre sa décision de considérer les Résolutions de Québec comme un tout, John A. Macdonald dut laisser entendre qu'elles étaient l'équivalent d'un traité et qu'à ce titre les membres du Parlement canadien devaient soit les accepter, soit les rejeter en bloc. Inutile de dire que cette interprétation «diplomatique» des origines de l'Union fédérale fut reprise et considérablement enrichie par tous les exégètes québécois de l'AANB. C'est ce qu'on a appelé la théorie du *pacte* qui a elle-même donné naissance à l'idée des *deux nations,* devenue ensuite celle des *deux peuples fondateurs.*

Bien sûr, l'objectif de Macdonald n'était pas de consacrer l'existence d'une quelconque nation canadienne-française, ancêtre d'une éventuelle nation québécoise. Dans l'immédiat, son intention était d'éviter l'éclatement de la coalition gouvernementale appuyant le projet d'union fédérale. Pour y arriver, il devait combattre sur deux fronts. Sur le front interne, il s'agissait d'empêcher les représentants du Haut-Canada d'utiliser l'argument de leur supériorité démographique pour exiger des amendements qui auraient certainement rendu le document plus représentatif des visées de leurs électeurs — et donc plus démocratique — mais qui l'auraient par le fait même rendu inacceptable pour ses alliés du Bas-Canada. Sur le front externe, il fallait de la même manière empêcher les représentants des autres colonies de jouer à leur tour l'argument du plus grand nombre (quatre colonies) ou de la spécificité de leurs propres populations. En d'autres mots, Macdonald ne pouvait pas se permettre d'être trop démocrate.

À la limite, on pourrait dire de Macdonald que son acharnement à nier la souveraineté des peuples des colonies britanniques était tel qu'il était prêt à laisser reconnaître l'existence d'une société ou d'une communauté politique «québécoise» distincte si cela pouvait servir ses fins. L'homme n'était vraiment pas un démocrate, mais il savait ce qu'il voulait et il était prêt à tout pour y arriver, vraiment à tout.

Alors que pour les Canadiens français et les Québécois, 1867 a été interprété comme un *Pacte,* ce même document constitutionnel a permis aux Canadiens anglais de développer leur propre théorie, celle de l'égalité des provinces. Comme quoi d'une seule erreur peuvent surgir de multiples ambiguïtés. Si, comme le proclamait Macdonald, on ne pouvait changer une virgule aux Résolutions de Québec sous prétexte qu'elles constituaient un traité entre des colonies, alors il allait de soi que ces colonies, en tant que parties contractantes, étaient égales, à la même virgule près. Si les signatures se valent, alors les signataires doivent se valoir aussi, l'égalité des uns entraînant nécessairement l'égalité des autres. La thèse de l'égalité absolue des provinces était née.

En évitant de convier les citoyens au rendez-vous de 1867, les Pères de la Confédération étaient convaincus d'avoir évité le pire. Mais il arrive souvent qu'un pire en cache un autre. En se privant d'une légitimité populaire, les signataires de 1867 se sont aussi privés de la possibilité de donner à la nouvelle Union cet espace de liberté qui lui aurait permis d'ancrer plus solidement et de façon originale la coexistence de ses deux grands principes fondateurs, celui de la souveraineté préalable du Québec comme société politique distincte et celui de l'égalité des provinces. La démocratie, avons-nous dit, est efficace, mais à condition de parler vrai.

Où se trouve la moralité se trouve aussi le pays

Mais si le Canada a l'allure d'un contrat, de quel type de contrat s'agit-il au juste et quelles sont les obligations qui en découlent? Après tout, voilà bien la question qui devrait nous préoccuper car il ne suffit pas de proclamer que l'Union canadienne est un simple

contrat pour conclure qu'en tant que signataires nous avons le
«droit» de nous en retirer. Au contraire, il est possible et raisonnable
d'arguer qu'une union politique fondée sur un contrat est immuable
et qu'il est même impensable de s'en retirer. À tel point que la
plupart des constitutions, ces supports tangibles des contrats qui
nous régissent, n'y ont pas «pensé» effectivement, et qu'à peu près
jamais n'est mentionné le droit de retrait ni celui de sécession. C'est
ce qui explique pourquoi les diverses théories du libéralisme et de
la démocratie qui ont cours présentement y font, elles aussi, si peu
allusion. Pour John Rawls, la nature même du contrat politique
empêche toute reconsidération future car, au moment où les parties
s'engagent, elles abandonnent jusqu'à la prétention de l'évaluer
ultérieurement[9]. Dire d'un contrat d'union politique qu'il n'a pas
donné les bénéfices escomptés ne peut donc, dans cette perspective,
constituer une raison suffisante pour s'en retirer. Au moment de
s'engager, les parties au contrat acceptent que le contrat ne sera
pas entièrement satisfaisant, mais qu'il devra être préservé à tout
prix.

Ce point de vue est largement partagé, de façon inconsciente
la plupart du temps, par les analystes, penseurs et praticiens du
fédéralisme canadien, surtout ceux qui proviennent de l'extérieur
du Québec. À l'appui de leur thèse, ils peuvent compter sur la vision
de plusieurs grands praticiens de la démocratie. Voici ce que disait
Abraham Lincoln à propos de l'esclavage et de la guerre civile américaine :

> Mon principal objectif dans cette lutte est de préserver
> l'Union, et non pas de sauver ou de détruire l'esclavage. Si
> je pouvais sauver l'Union sans libérer un seul esclave, je le
> ferais, et si je pouvais sauver l'Union en libérant certains tout
> en maintenant les autres en esclavage, je le ferais aussi. Ce
> que je fais à propos de l'esclavage et de la race noire, je le
> fais uniquement parce que je crois que cela peut aider à sauver
> l'Union[10].

Ce n'est pas la cause de l'esclavage qui motivait Lincoln mais
sa volonté de préserver l'Union fédérale américaine. Pour Lincoln,
ce n'est pas l'esclavage en soi qui était immoral — du moins pas
au début — mais le fait que cette pratique ait forcé certains États

du Sud à briser l'union politique. En entrant dans l'Union, ces États avaient accepté *de facto* l'obligation de ne pas en sortir, même si cela voulait dire l'abandon de l'un des fondements de leur différence.

Le point de vue de Rawls et de Lincoln est toujours dominant et rares sont les philosophes modernes qui acceptent même de discuter de la question du droit de retrait. Pour les penseurs du libéralisme, la seule valeur qui importe est celle permettant à l'individu de se constituer en sujet libre. Certes, ces mêmes penseurs ne nient pas l'existence de groupes ou même de «droits» qui s'y rattacheraient, mais la moralité, elle, ne saurait s'appliquer qu'à l'individu car lui seul a la faculté de décider et donc d'être tenu responsable de ses gestes. Leur vision de l'ordre politique est tout entière subordonnée à cette conviction, et prétendre vouloir constituer ou reconstituer un ordre politique sur des valeurs insistant sur nos différences en tant que membres de certains groupes et non sur l'universalité de notre individualisme est nécessairement perçu par la majorité comme «irrationnel, pervers et même dangereux[11]».

Comme l'a souligné Allen Buchanan, l'un des rares philosophes politiques ayant accepté de réexaminer les fondements du droit de retrait, cette perspective conduit inévitablement à faire de la révolution la seule façon de s'extirper d'un contrat devenu injuste. Effectivement, si un État ou un gouvernement est amené à violer les droits des individus en tant que sujets moraux, allant même jusqu'à les emprisonner ou à les éliminer physiquement, alors il ne saurait y avoir d'autre solution qu'un rejet total et entier de l'ensemble du contrat. Nul ne peut donc s'appuyer sur le contrat lui-même ou encore en proposer une extension et une redéfinition. Paradoxalement, cette approche revient elle aussi à nier le droit de sécession au profit d'un droit à la révolution. On comprend pourquoi ces mêmes philosophes ont été si peu intéressés par la sécession et si préoccupés par les fondements de l'action révolutionnaire ou par la désobéissance civile. Face à un contrat jugé immoral, ce seraient, selon eux, les deux seules attitudes possibles. On comprend aussi pourquoi tant de partisans de l'Union fédérale canadienne insistent pour que les souverainistes fassent la preuve de l'existence d'un Mal absolu avant de reconnaître la moralité ou même le caractère raisonnable du droit à la sécession. Il faudrait ainsi prouver que nous sommes prêts à mourir pour la défense de la souveraineté afin d'établir notre crédibilité morale. C'est beaucoup demander.

Je ne crois pas qu'il soit possible de convaincre ceux et celles qui adoptent cette position intransigeante de pureté qu'il existe une autre façon d'envisager la moralité d'un contrat politique. Les propos qui vont suivre n'auront donc aucun sens pour eux. Bref, c'est ici qu'ils débarquent puisque, dans leur tête, la question est réglée[12]. Un contrat est un contrat, nous disent-ils.

Dans l'une des seules études à considérer l'Union fédérale canadienne dans la perspective du contrat, Wayne J. Norman de l'Université d'Ottawa suggère d'aller plus loin que les seules apparences et de s'attarder aux principes mêmes qui traversent le contrat canadien. Selon lui, le contrat constitutionnel, surtout s'il existe plusieurs communautés politiques distinctes, n'est pas un contrat politique comme les autres. L'élément moral qu'on y trouve ne concerne pas exclusivement les individus et leurs droits, et c'est en fonction des obligations et des droits collectifs qu'il crée qu'il doit être jugé[13]. Au cœur de cette moralité publique se trouve ce qu'il appelle le respect absolu du consensus initial.

Contrairement au contrat politique fondé sur un simple *modus vivendi* et d'où est absente toute considération morale — c'est le cas par exemple du traité de libre-échange qui nous lie au Mexique et aux États-Unis —, le *contrat de consensus* exige des partenaires davantage qu'un simple calcul de coûts-bénéfices avant de s'en retirer ou d'en exiger la renégociation. Dans un contrat de consensus, les partenaires s'attendent à un engagement à long terme durant lequel on cherchera à enrichir et à développer les raisons mêmes qui ont permis l'établissement du consensus. Toutes les parties au contrat de consensus doivent pouvoir transmettre aux générations subséquentes un contrat où celles-ci pourront à leur tour s'engager sans se nier. Dans le contrat de consensus, ce sont les différences qui prévalent, qui enrichissent l'unité.

Contrairement à ce que Norman appelle le *contrat d'inclusion*, et qui ressemble probablement à ce que le président Lincoln avait en tête en 1860, le contrat de consensus n'exige pas le nivellement des différences ni leur fusion en une doctrine morale nouvelle. Il permet et même exige l'union, mais non pas l'unité. Selon Norman, le contrat fédéral canadien appartiendrait à cette catégorie médiane de contrat, et c'est à partir des exigences propres à ce contrat de consensus qu'il faut le juger.

L'impératif de moralité dans une union fédérale est plus contraignant que dans une union dynastique ou non fédérale. Cette contrainte supplémentaire vient du fait que le paradigme fédéral est tout entier fondé sur les notions de ce que les parties contractantes peuvent ou ne peuvent pas, doivent ou ne doivent pas faire. C'est un paradigme qui reconnaît la différence et la séparation comme l'essence même de sa propre raison d'être. J'ai retenu quatre principes m'apparaissant cerner cet impératif de moralité[14].

1. Le principe de la continuité

Dans un système fédéral, le fonctionnement normal de la démocratie parlementaire et de la règle de la majorité ne peut être utilisé pour nier l'existence de l'une des parties contractantes selon les termes mêmes que cette dernière utilise pour se définir. Bref, la démocratie ne doit pas conduire au suicide.

2. Le principe de la diversité

Toutes les unions politiques, du moins celles qui se définissent comme des démocraties constitutionnelles, reconnaissent qu'il existe de profondes différences de classe, d'origine, de langue, d'opinion et de religion entre les citoyens. C'est la tâche des chartes des droits de consacrer et de protéger ces différences. Mais un contrat de type fédéral doit en plus reconnaître la possibilité d'une diversité des modes d'identification et d'appartenance à l'Union fédérale. En d'autres mots — et ce sont ceux de Charles Taylor — «une personne d'origine italienne vivant à Toronto, ou encore un Ukrainien d'Edmonton, peuvent très bien se sentir canadiens à partir de leur droit individuel à la différence dans une société multiculturelle, mais ils doivent aussi accepter qu'un Cri, un Déné ou un Québécois puisse avoir un sentiment d'appartenance au pays qui passe par son appartenance à sa propre communauté nationale[15]». Charles Taylor parle ici de diversité profonde par opposition à une diversité superficielle.

3. Le principe de l'équité

Tout changement dans les principes et l'application du contrat fédéral doit être le résultat d'une négociation capable d'aboutir à des résultats acceptés de tous et qui respecteront les deux principes précédents.

4. Le principe de l'accommodement

Les parties contractantes à un contrat fédéral doivent non seulement tout mettre en œuvre pour préserver et enrichir la diversité fédérale, mais elles ont aussi l'obligation de mitiger les conséquences négatives de toute décision qui menacerait cette diversité.

Bien que j'accorderai davantage d'importance à ce principe de l'accommodement, j'estime que les quatre principes évoqués ici sont tous essentiels à ce que j'appellerai indifféremment la raison démocratique ou l'impératif de démocratie. C'est parce qu'un contrat politique respecte ces exigences de continuité, de diversité, d'équité et d'accommodement qu'il peut être considéré comme raisonnable.

Selon mon interprétation du contrat fédéral canadien, Macdonald et Cartier comprenaient l'impératif de moralité de cette manière. Leurs successeurs aussi, du moins jusqu'à récemment. L'intention des signataires du contrat n'était sans doute pas «pure» et elle n'était certainement pas parfaitement démocratique. Mais elle était morale et c'est à ce titre qu'elle doit être jugée. Ce n'est pas la nature fédérale de ce contrat nous liant à l'Union canadienne qui rend celle-ci moralement supérieure et donc immuable. C'est le contrat lui-même qui doit être regardé et évalué à partir de sa prétention à respecter cet impératif de moralité.

Pour Macdonald, le compromis de 1867 impliquait un engagement moral. On le sait, l'union fédérale n'était pas son premier choix. Il aurait préféré une union législative. Mais, en acceptant la première au lieu de la seconde, il se ralliait au principe du consensus et abandonnait l'idée même d'un contrat d'inclusion. La différence «française» allait non seulement être maintenue, mais elle allait être appuyée par la nouvelle union tout entière. Certes, Macdonald aurait préféré que cette différence n'eût jamais existé et il a toujours cru qu'elle finirait par s'estomper. Mais si les individus, comme les sociétés, passent entre eux des contrats, c'est précisément parce qu'ils ne peuvent tout avoir. Le contrat, surtout le contrat de type fédéral, c'est la reconnaissance que la différence existe et qu'elle va se maintenir dans ce qui constitue sa différence même.

On mesure ici toute la portée de l'engagement pris par la communauté des Français du Canada en 1867. Pour maintenir l'intégrité de cette communauté, ils ont fait le pari qu'une participation à l'Union fédérale, sans être nécessaire ou inévitable, constituait la meilleure solution, non pas qu'elle fût moins coûteuse et moins risquée, mais précisément parce qu'elle comportait des risques. Au cœur de tout contrat moral, il y a un risque et celui-ci permet d'espérer que le contrat sera source d'enrichissement.

Ces Français du Canada ne faisaient certainement pas le pari que cette Union les ferait un jour disparaître. Bien au contraire. Avec les yeux de l'époque, ils voyaient cette Union fédérale comme une étape de plus, un pas en avant. L'Union fédérale les réinstallait dans leurs «meubles» et leur permettait, pour la première fois de leur histoire, de faire jouer la force du nombre, un élément essentiel du calcul démocratique, en leur faveur. Ils devenaient une minorité dans l'Union fédérale, mais une majorité au Québec.

L'Union fédérale canadienne, c'est notre champ moral par excellence, c'est ici que notre local rejoint l'universel. C'est par là qu'il faut commencer. On a tendance à la considérer comme un simple mariage de raison, ce que Norman appellerait un contrat de *modus vivendi*. Cette dimension est sans doute présente dans le cas du Québec comme dans celui des autres colonies. D'ailleurs, il n'y a pas de honte à y avoir et il faudrait plutôt se montrer fier d'une origine aussi «raisonnée». Cela permet au moins de conclure que si la raison nous a foutus dans ce pétrin, elle pourra aussi nous en sortir. Mais le calcul et la raison ne sont pas les seuls critères retenus lors de la création de l'Union fédérale. Celle-ci a toujours été davantage qu'un simple calcul. Nous y avons mis des principes, de la légitimité et même un peu de démocratie. Nous y avons mis aussi toute la force d'une communauté politique distincte avec ses craintes et ses espoirs. Nous y avons mis une histoire qui, à l'époque, s'étalait déjà sur deux siècles et demi. Nous y avons mis ce que nous étions déjà et ce que nous voulions devenir.

Nous y avons mis vraiment beaucoup.

CHAPITRE 3

Le Québec et
le contrat fédéral

Faire de la démocratie une question d'efficacité ou de l'Union fédérale une préoccupation morale bouleverse nos petites habitudes. Mais les deux problématiques me semblent aller de pair. La démocratie, dans une union politique et économique comme celle du Canada, ne peut être efficace que si elle s'appuie sur l'autorité d'un contrat moral respecté et renouvelé par les parties. Ce contrat moral, à son tour, n'a de chances de se maintenir que s'il interpelle constamment les citoyens. La jonction entre les deux me semble faire la force de l'Union européenne actuelle. J'interprète d'ailleurs l'engouement de mes compatriotes envers une solution à l'européenne comme le signe d'une recherche et d'un besoin non satisfait de moralité. Il y a en effet quelque chose d'extrêmement satisfaisant, du genre de satisfaction qui provoque l'efficacité, à savoir que l'on vit selon un contrat où la moralité prime. Je serais incapable de préciser la nature de ce bien-être et je ne voudrais surtout pas revenir à une quelconque nature foncièrement bonne de l'Homme. Cependant, j'aime croire que cette satisfaction est du même ordre que celle qui provient du travail bien fait et où l'artisan sait se reconnaître.

À l'extérieur du Québec, les Canadiens sont encore à quelques années-lumière de cette façon de poser le problème. Pouvons-nous encore recentrer le débat ? J'en doute parfois, mais s'il existe un motif pour que j'aie écrit ce livre, c'est bien celui d'y contribuer. Après tout, si Macdonald a fini par comprendre que le Québec constituait une communauté politique distincte, il n'y a rien d'impossible.

Des gains malgré tout

Un survol des 125 dernières années de l'Union fédérale canadienne devrait suffire à démontrer que jusqu'à récemment, jusqu'aux années 1980, la nature consensuelle du contrat fédéral canadien a été relativement bien respectée. Certes, il y eut quelques accrocs, mais dans l'ensemble les ajouts positifs au contrat ont été aussi nombreux, et parfois même plus importants que les hiatus.

Ces accrocs sont fort connus (Riel, la question scolaire en Ontario, les deux crises de la Conscription) et il s'en trouvera certains pour affirmer, arguments à l'appui, qu'il s'agissait là de ruptures fondamentales, du genre de celles qui en annoncent d'autres et qui remettent en question jusqu'à l'existence du contrat de consensus. Je respecte ce point de vue, mais on aurait tort de reconstruire l'histoire de la fédération à partir de la seule catégorie de l'échec. Si Riel ou le règlement 17 ont tué l'esprit du fédéralisme et ont rompu définitivement ce qui était à l'origine un contrat de consensus, alors il faut bien admettre que notre acceptation de ces ruptures nous a conduits à accepter de vivre sous un régime quasi unitaire. Vouloir en sortir maintenant, en prétextant une série d'erreurs et de ruptures qui remonteraient à 1867, ne m'apparaît pas justifiable.

Mais peu importe le jugement que l'on porte sur ces épisodes, il faut admettre qu'il y a eu des gains, notamment au chapitre de la dualité linguistique de l'Union et de ses institutions, ainsi qu'à celui de certaines des règles de fonctionnement — les fameuses conventions — dont plusieurs vont dans le sens de la dualité. C'est le cas par exemple de la règle de l'alternance quant à la direction des grands partis fédéraux. Le fait qu'il s'est agi de conventions (entre autres pour ce qui était du droit de veto du Québec) n'apparaît pas militer contre l'importance de ces gains. Ce serait plutôt le contraire. L'importance d'une convention tient précisément à son caractère volontaire. Elle ajoute au caractère moral du contrat de consensus et démontre dans les faits qu'un tel contrat peut appeler son propre dépassement.

De la même façon, la reconnaissance du caractère bilingue des institutions de la fédération me semble un acquis important venant en quelque sorte réparer certains des accrocs du passé, en particulier en ce qui concerne la présence des minorités françaises hors Québec et leur appartenance — ténue il va sans dire — à cette communauté politique distincte dont Macdonald avait reconnu l'importance. Mais ce n'est là qu'une partie de l'évaluation. En faisant du français une des deux langues officielles de la fédération, le législateur a implicitement reconnu que l'une des principales caractéristiques d'une des communautés présentes à la signature du contrat — si je puis m'exprimer ainsi — allait aussi devenir une caractéristique des règles de fonctionnement de l'Union fédérale canadienne.

Ailleurs dans l'Union canadienne, cette reconnaissance a parfois été considérée comme conférant un avantage indu aux Québécois, qu'ils soient de langue maternelle ou d'usage anglaise ou française, car leurs chances de posséder cet avantage comparatif sont nettement supérieures à celles des autres provinces. Imaginons un peu le tollé au Québec si on avait décidé de faire de l'habileté à la danse écossaise l'une des caractéristiques de l'Union fédérale, sous prétexte qu'il s'agissait là d'une caractéristique culturelle importante de la Nouvelle-Écosse, partie contractante au consensus de 1867. Je ne sais pas combien de Québécois se seraient mis à danser.

Encore ici, on dira que les raisons qui ont permis cette reconnaissance de la dualité linguistique ne sont pas très honorables et que Pierre Trudeau n'avait en tête que la normalisation politique du Québec. On dira aussi que dans un grand nombre d'écoles des provinces de l'Ouest, la décision d'inscrire ses enfants à l'école «française» a davantage à voir avec une volonté d'éviter de côtoyer les enfants des minorités visibles que d'enrichir le contrat moral à la base de l'Union fédérale. Mais ces raisons, si inavouables soient-elles, ne changent rien à l'interprétation politique qu'on en a donnée à l'époque: il s'agissait, aimait à répéter monsieur Trudeau, de reconnaître la nécessité de rendre la pratique institutionnelle de l'Union fédérale conforme au contrat qui avait présidé à sa création. Tant pis si cela accordait un avantage indu aux Québécois.

Que l'ancien premier ministre se soit ensuite empressé d'ajouter qu'une telle décision allait probablement suffire à convaincre les Québécois de maintenir leur participation à cette Union témoigne de l'importance que lui-même attachait au respect du contrat de consensus. Qu'il ait par la suite changé d'avis ne l'excuse pas, *a posteriori*, d'avoir eu raison de le dire en 1968.

Contrairement à une image fort répandue, le Québec n'a jamais été un corps étranger dans l'expérience démocratique canadienne, pas plus qu'il n'en a été la victime consentante. Que ce soit l'Acte constitutionnel de 1791, Papineau ou le gouvernement responsable, nous avons fait plus que notre part pour réduire le déficit d'une expérience politique où la démocratie n'a jamais été une préoccupation de tous les instants. En 1867, nous n'avons guère insisté pour que la nouvelle entente constitutionnelle soit ratifiée par la population et en ce sens, on ne pourra pas nous accuser d'avoir fait du zèle démocratique. Mais en insistant pour que soient inscrites dans cette entente constitutionnelle certaines caractéristiques de notre différence, notre langue, notre système de droit et notre religion, nous avons par le fait même inscrit dans cette constitution des valeurs autres que strictement économiques. C'est quand même nous qui avons insufflé un peu de moralité à cet AANB naissant.

En ce qui concerne la démocratie et l'univers des valeurs, le Québec n'a donc pas de leçon à recevoir de qui que ce soit, et s'il s'en trouve encore pour penser que le Québec a besoin d'être protégé contre lui-même et contre un quelconque réflexe antidémocratique, ces gens-là devraient mettre le nez dans un livre d'histoire. Ils y découvriraient que notre prétendue incapacité congénitale à comprendre la démocratie est à ranger dans le tiroir à anecdotes où l'on trouve déjà ces merveilleuses histoires sur Dollard et les Filles du Roy.

Que l'Acte constitutionnel de 1791, le gouvernement responsable ou même l'AANB aient été revendiqués au nom d'une quelconque idéologie de la survivance ne change rien à l'affaire. En France et en Grande-Bretagne, c'est pour promouvoir ses intérêts de classe que la petite bourgeoisie s'est subitement prise d'un amour fou pour la démocratie représentative. Au Québec comme ailleurs, les intentions des démocrates ne sont pas toujours au-dessus de tout soupçon. Il y a bien des façons et encore plus de raisons d'être démocrates. Dans notre cas, on peut même dire que nous le sommes naturellement, sans y penser.

L'autre sport national des Québécois

On a souvent dit que la politique constituait, après le hockey, notre sport favori. Nous en apprécierions particulièrement, paraît-il, la variante constitutionnelle. C'est vrai, et à la décharge de la politique, on doit dire qu'elle ne se met jamais en grève et n'exige pas de plafond salarial!

À ce sujet, il faut considérer avec la plus grande inquiétude certaines affirmations qui ont cours actuellement. La politique, comme le sport, nous détournerait des «vrais» problèmes; elle nous ferait perdre notre temps et nous condamnerait à imposer les solutions d'hier aux problèmes de demain. Pourtant, si le Canada a encore aujourd'hui les problèmes qu'on lui connaît, ce n'est pas parce qu'il a trop perdu de temps avec les questions politiques et constitutionnelles, mais plutôt parce qu'il n'arrive pas à trouver les bonnes solutions. Ce n'est pas le maître qu'il faut blâmer, mais l'élève. À l'heure de la mondialisation, l'économie, comme la culture, est devenue une affaire politique.

Il semble que nous ayons un «talent naturel» pour le sport politique. Ce n'est sûrement pas un don de Dieu, mais probablement une question d'entraînement. Tant mieux, car il n'y a rien comme l'entraînement pour créer des habitudes. C'est vrai pour la bicyclette et ça l'est aussi pour la politique et la démocratie. Comme l'ont bien montré les épisodes de 1837 et du FLQ, nous avons passablement moins de talent lorsque vient le temps de suivre le conseil de Clausewitz, le père de la stratégie militaire moderne, lorsqu'il suggère que la violence n'est qu'une «continuation de la politique par d'autres moyens».

Il est vrai que l'agitation démocratique et républicaine au Québec s'est souvent appuyée sur une intention nationaliste. Il faudrait plutôt s'en féliciter, car cela tend à prouver que ce n'est pas d'aujourd'hui que le nationalisme québécois est porteur de valeurs de progrès et de modernité. Ce n'est pas parce que ce sont ses propres valeurs qu'il faut être aveugle à leurs qualités. Celles-ci dépassent largement le cadre d'une simple volonté de survivance et de continuité. Si l'histoire nous offre une garantie, c'est bien celle-là et ceux qui s'inquiètent ont ici de quoi se rassurer, du moins en partie. À travers son histoire, le nationalisme québécois a toujours fait des gains importants et a connu ses plus grands succès lorsqu'il s'est voulu inclusif et lorsqu'il a mis de l'avant sa volonté de faire progresser la vie démocratique de l'ensemble de la société québécoise. Lorsqu'il a choisi au contraire la voie du repli et celle de l'intolérance, il a échoué. L'histoire nous donne ici une leçon que nous oublions trop souvent. L'important n'est pas tant de savoir que le nationalisme québécois des années 30 a flirté avec le fascisme, l'antisémitisme et le cléricalisme — c'est un fait — que de constater qu'un tel flirt a échoué. En prenant le virage territorial et en s'éloignant de la terre promise du Canada français, le nationalisme québécois a pris un virage démocratique sur lequel il ne peut plus revenir. Il accepte par le fait même la diversité et s'est imposé le dialogue et la raison comme seuls outils valables pour obtenir l'appui d'une majorité. Que l'on puisse maintenant être québécois par choix est l'un des acquis démocratiques les plus importants du nationalisme québécois des dernières années. Revenir à l'ethnicité pour nous identifier serait un recul et un risque que nous ne pouvons prendre.

Les chefs souverainistes québécois, de Pierre Bourgault à Lucien Bouchard, en passant par René Lévesque, Jacques Parizeau et Pierre-Marc Johnson, ont toujours été des hommes de parti. Ce leur fut parfois reproché, à certains davantage qu'à d'autres, et il s'en est trouvé plusieurs pour affirmer que la souveraineté ne devrait pas être une affaire de parti. L'idée est séduisante et mérite d'être appuyée si elle marque une volonté d'ouverture et de diversité. Mais si on veut dire par là qu'on doit éviter de la soumettre au test de la compétition électorale, il faut la rejeter expressément. La souveraineté n'est pas une religion que seules la foi et l'expérience mystique peuvent transmettre. Il ne s'agit après tout que d'un mode d'existence collective parmi bien d'autres. Un minimum d'intelligence raisonnable devrait suffire, suis-je tenté d'ajouter.

L'obsession démocratique honore les leaders politiques du Québec. Trois d'entre eux ont fondé des partis (Pierre Bourgault, René Lévesque et Lucien Bouchard). Les deux autres ont tenté d'en réorienter l'action et la direction en profondeur. Dans un cas, cette réorientation s'est faite à l'occasion d'une innovation importante au chapitre de la démocratie des partis, le choix du chef du parti au scrutin universel des membres. Plusieurs ont payé un fort prix pour s'être prêtés à ce jeu de la démocratie. Il ne s'agit pas d'en faire un titre de gloire ou de démontrer ainsi une prétendue supériorité morale de ces hommes ou de leur option, mais de constater à quel point ils ont cru que la démocratie était la seule façon «normale» de faire les choses[1]. Remarquons aussi jusqu'à quel point les hommes et les femmes politiques du Québec sont prêts à aller dans la poursuite du risque démocratique pour contester l'évolution de ce contrat moral qui nous lie à l'Union fédérale canadienne. Les grandes dissensions de l'histoire politique récente du Québec, celles de René Lévesque, de Jacques Parizeau, de Pierre-Marc Johnson, de Lucien Bouchard et de Jean Allaire, ont toutes été motivées par cette question dite nationale. Que cet acharnement ait parfois été «rentable» électoralement n'enlève rien à cette détermination. Cela ne fait que confirmer l'importance de ce contrat dans la définition de l'espace politique du Québec.

L'idée même de tenir un référendum doit être mise au compte d'une insistance démocratique dont on peut déplorer qu'elle ne soit pas aussi contagieuse. À ce sujet, il sera intéressant de voir si le Parti québécois continuera d'opter pour la voie du référendum au lendemain d'une éventuelle deuxième défaite. Dans le reste du pays, il semble que les résultats du référendum de 1992 aient plutôt eu l'effet d'une douche froide. On désespère maintenant de la possibilité d'obtenir une majorité en faveur d'un changement constitutionnel et il n'est pas rare d'entendre dire qu'il faudra peut-être se résigner à utiliser des procédés moins démocratiques pour imposer les changements dont le pays a besoin. Par contre, le précédent de Charlottetown laisse peu de place à une telle possibilité et on peut penser qu'avec un peu d'entraînement, les élites canadiennes-anglaises vont elles aussi prendre le virage référendaire.

Non seulement le nationalisme, qu'il soit québécois, togolais, «canadien» ou portugais, est compatible avec la démocratie référendaire, mais dans une certaine mesure il y prend appui. En effet, le référendum n'est rien d'autre que la nation rendue visible (et mise en chiffres). C'est la nation en action dans ce qu'elle a de plus fondamental, soit l'expression de sa volonté commune.

Pour les stratèges souverainistes, la possibilité pour les Québé-

cois de se voir en action (référendaire) et surtout de se faire inter-
peller comme communauté politique a été considérée comme une
stratégie gagnante, la seule susceptible de surmonter celles, anté-
rieures, qui ont donné les résultats que l'on sait. Ceux de 1980
auraient pu inciter les souverainistes à un certain scepticisme. Il
n'en fut rien. Pour Jacques Parizeau, le fait de parler et de discuter
de souveraineté, partout et toujours, est perçu comme la seule voie
possible vers la victoire. Dans le camp opposé, on dit partager la
même confiance envers la prise de parole, mais on a refusé de
participer officiellement aux Commissions régionales sur l'avant-
projet de loi sur la souveraineté, question sans doute de ne pas trop
donner d'importance à cette prise de parole. Paradoxalement, ce
refus du Parti libéral de s'inscrire officiellement à la consultation
devrait nous consoler dans la mesure où il est ainsi supposé que le
dialogue avec la population est considéré comme un outil dangereux. Certes on dira qu'une telle participation était risquée pour
le Parti libéral du Québec. Je continue de croire qu'il s'agissait d'un
risque acceptable et qui n'aurait fait qu'enrichir notre débat.

Cette attitude des deux chefs témoigne de leur confiance
absolue dans le pouvoir de la parole et dans la possibilité qu'elle
ait un effet d'entraînement, le fameux «momentum» dont on a tant
parlé et qui a fini par se manifester, mais pas dans le sens prévu
par l'un et l'autre chefs.

Sans tomber dans le populisme, il est permis de penser que les
participants aux Commissions ont fait bien peu de cas des intentions, des espoirs et des craintes exprimés par les deux chefs. On
a parlé et on a discuté de ce qu'on a bien voulu, au grand dam
d'ailleurs des professionnels de la parole qui ont paru bien embêtés
quant à la meilleure façon de couvrir l'événement. Il faut dire, à
la décharge des journalistes, qu'il n'est pas facile de résumer la
pensée de citoyens «ordinaires» — surtout si leur mémoire ne
comprend aucun *executive summary*. Comment en effet résumer la
pensée de quelqu'un pour qui la question du fédéralisme ou de la
souveraineté s'apparente à celle du prix des interurbains ou des
médicaments?

Les rencontres de ces Commissions ont fait ressortir quelques
aspects du processus démocratique sur lesquels on s'arrête rarement. Tout d'abord le fait que, laissée à elle-même, la communauté

politique n'a pas toujours la limpidité que les étiquettes et les bulletins de nouvelles lui confèrent. Le degré d'étanchéité entre les opinions et les gens qui les professent est parfois surprenant. Chacun semble se construire un univers bien à lui d'où sont exclus les autres et leurs préoccupations. Sans les associations pour mettre de l'ordre et pour tisser des liens, le débat public serait impossible, chacun étant alors condamné à sa propre individualité.

Cette opacité est aussi source d'imprévu et d'inattendu où le hasard et la chance peuvent intervenir. Le temps qu'il faisait, le décès subit d'un participant, l'ordre des intervenants, les événements de la veille, tout cela a contribué à bouleverser certains des scénarios sur lesquels la classe politique s'appuyait ou bien qu'elle craignait au plus haut point. J'ai consulté bon nombre des mémoires qui ont été présentés aux Commissions régionales sur l'avant-projet de loi sur la souveraineté du Québec et j'ai été surpris du chemin parcouru depuis les beaux jours de la commission Bélanger-Campeau. Je me souviens qu'en 1992 Alain-G. Gagnon de l'université McGill et moi avions voulu faire une analyse de ces mémoires. Or, leur lecture nous avait profondément ennuyés[2]. Tous, ou à peu près, suintaient la langue de bois et l'air du temps. Rares étaient les organisations qui parlaient vrai. On sentait les bonnes manières et l'orthodoxie de mémoires rédigés par d'autres. Partout la même phrase revenait comme une devise : ce n'est pas nous mais « eux » qui nous chassent du Canada. Ils ne nous laissent pas le choix.

Rien de tout cela en 1995, et c'est la société civile québécoise dans toute sa diversité et avec toutes ses hésitations proverbiales qui, cette fois, a pris le micro. Que la majorité des mémoires présentés ait un ton souverainiste ne fait qu'accroître l'intérêt d'y lire à chaque ligne un sain scepticisme par rapport à un projet où l'inconnu domine. C'est aussi un témoignage de respect envers l'engagement moral qui nous a toujours fait participer de bonne foi à l'expérience de l'Union fédérale canadienne.

Les ruptures ne sont pas toujours celles que l'on croit

Nous nous faisons une gloire d'avoir respecté notre partie du contrat de consensus signé en 1867. Avons-nous raison ? La question n'a jamais été posée et pourtant, comme bien d'autres du même type, elle mériterait de l'être.

Évidemment que nous avons respecté notre parole et adhéré strictement aux termes de ce contrat!

Pas si certain, répondraient en chœur les représentants des communautés acadiennes et francophones du reste de l'Union fédérale. Ne faisaient-elles pas partie de cette communauté politique «française» qui, en 1867, a signé ce contrat moral dont nous parlons aujourd'hui? Certes, les représentants de ces groupes n'étaient pas à la table des négociations, pas plus à Charlottetown qu'à Québec. Ce que l'Acadie pensait vraiment de l'AANB, on ne le saura jamais. Mais en acceptant de donner des bases territoriales, celles du Québec, à leur nationalité politique, les chefs bas-canadiens de l'époque ne prenaient-ils pas aussi l'engagement tacite de ne jamais rien faire qui menacerait la survie culturelle de ceux et celles qui n'auraient pas le bonheur de vivre à l'intérieur de ce territoire?

Les deux crises de la Conscription ne sont pas non plus de grands moments de notre histoire politique. Lors de la Première Guerre mondiale, notre opposition à la conscription pouvait être interprétée — et elle le fut — comme un rejet pur et simple de ce qui avait jusque-là constitué un élément central de l'identité politique de l'autre communauté nationale de l'Union fédérale, de son attachement et de ses liens étroits avec l'Angleterre et l'Empire britannique. Se targuant souvent d'être plus britanniques que les Anglais — l'habitude ne s'est pas perdue —, les chefs nationalistes canadiens-français de l'époque insistaient pour définir en des termes qui leur étaient acceptables ce que l'engagement à soutenir l'Empire voulait dire. Bref, nous demandions aux Canadiens anglais d'accepter notre définition d'un élément central de leur nationalité politique. Encore une fois, imaginons un peu les protestations si ces mêmes Canadiens anglais avaient interprété à leur façon ce que voulait dire notre attachement à la culture et à la langue française. «Vous pouvez continuer à parler français, mais seulement d'une certaine façon et certains jours.»

Oui, on peut très bien imaginer ce tollé. C'est celui qui continue de s'exprimer après le rapatriement unilatéral de la Constitution qui fonde ce contrat moral sur lequel nous nous sommes toujours appuyés pour dire: «Nous existons.»

Nous ne sommes pas au-dessus de tout soupçon et les années 80 ne furent pas nos plus belles années. Par exemple, il faudra un jour examiner notre attitude lors du débat sur le libre-échange avec les États-Unis. À tort ou à raison (à tort selon moi), une partie importante de l'opinion publique canadienne-anglaise — celle-là même ayant toujours manifesté une grande sympathie envers l'approche contractuelle de l'Union fédérale canadienne — était alors convaincue que ce libre-échange allait à l'encontre des intérêts vitaux de sa propre communauté nationale. Notre réaction n'a pas toujours été à la hauteur[3].

Nous ne manquons pas d'excuses, entre autres celle de rappeler à nos amis d'en face que le libre-échange est survenu après 1982 mais encore ici, les faits sont têtus. Notre intention était louable et il est permis de croire que nous avons agi avec perspicacité. N'oublions pas en effet que lors de cette élection fatidique, celle de 1988, il n'y avait pas que le libre-échange avec les États-Unis dans la balance électorale, il y avait aussi la ratification des accords de Meech. L'élection du Parti libéral fédéral aurait sans doute tué l'entente avec les Américains, mais elle aurait aussi tué Meech. Compte tenu du comportement subséquent des Clyde Wells, Jean Chrétien et compagnie, cette interprétation n'est pas sans fondement. Elle n'excuse cependant pas l'empressement des forces souverainistes à appuyer le libre-échange pour les calculs que l'on sait. C'est une question sur laquelle il faudra bien revenir un jour[4].

Les jugements varient évidemment quant à la valeur de notre participation à l'expérience fédérale canadienne. Certains ne manqueront pas de souligner que depuis quelques années, notre participation a considérablement perdu de sa moralité. Pour la période qui va de 1970 à 1985, soit les belles années du fédéralisme rentable, cette critique était sans doute fondée. Mais même à l'époque, cette préoccupation pour la rentabilité ne nous a pas empêchés de prendre nos responsablités au chapitre de l'accommodement démocratique. Entre 1980 et 1990, nous avons été les champions toutes catégories de cette pratique démocratique.

Malheureusement, pendant cette période, nous avons aussi été les seuls à pratiquer ce sport de l'accommodement. Or, le contrat démocratique ne peut se pratiquer qu'à deux.

CHAPITRE 4

Le partage des coûts
dans une démocratie raisonnable

De façon générale, les partisans du lien fédéral préfèrent passer sous silence l'épisode de 1982. C'est une façon comme une autre d'éviter les affrontements et les divisions internes qui pourtant les honorent. Par contre, ce silence complice augure mal pour l'avenir.

On comprend que les partisans de l'unité nationale n'aiment pas qu'on leur rappelle les événements de 1982. Il s'agirait, selon eux, d'une obsession maladive de la part de séparatistes en mal d'indignation. Pourtant, en matière de moralité publique, mieux vaut une surdose qu'un déficit d'indignation. Et puis, comment pourrait-on éviter de revenir à 1982? C'est la légitimité morale même de l'Union fédérale canadienne qui est en jeu. Ne pas parler de 1982, c'est accepter de faire de cette Union une simple question de comptabilité et de marchandage.

C'est aussi accepter une dérive antidémocratique dangereuse dont on ne parlera jamais assez, car elle se situe précisément au cœur de notre engagement politique.

Et puis, je ne m'excuse même pas auprès de ces souverainistes impatients qui trouvent qu'on parle trop de 1982. Quand tout aura été dit sur l'Union fédérale canadienne, il restera encore 1982.

Un détournement de démocratie

On connaît les nombreux épisodes référendaires ayant entouré l'adoption de l'accord de 1982 et provoqué l'isolement du Québec. Ce qu'il faut en retenir, ce n'est pas la prétendue «nuit des longs couteaux» — comme si tout avait vraiment pu s'élaborer et se décider en une seule nuit[1]. Non, l'un des points tournant de cette conférence fatidique fut bien la prise de conscience par les premiers ministres du Canada anglais que René Lévesque et Pierre Trudeau pourraient accepter de laisser le peuple trancher leur différend par voie référendaire.

Ceux qui ont assisté à cette conférence se rappellent l'étrange silence qui envahit la salle lorsque René Lévesque se montra intéressé par la proposition du premier ministre fédéral d'aller devant le peuple. L'inquiétude se lisait sur les visages des premiers ministres du Canada anglais. Peut-être se sont-ils alors souvenus de leurs prédécesseurs du siècle dernier. La décision d'en appeler au peuple risquait en effet de les laisser en plan et constituait un dangereux précédent, notamment au chapitre des droits constitutionnels des autochtones. Dès ce moment, les dés étaient jetés et il était clair que, au moindre prétexte, la «bande des huit», comme on appelait alors le Québec et ses alliés provinciaux opposés au projet de rapatriement unilatéral de Trudeau, ne ferait pas long feu. Contre tout espoir, un compromis apparaissait même possible entre Pierre Trudeau, dont l'objectif premier était l'adoption d'une charte des droits, ce à quoi ne s'objectait pas le Québec, et René Lévesque, qui désirait avant tout revenir de la conférence avec quelques pouvoirs additionnels et la possibilité pour le Québec de se retirer de certains programmes fédéraux. Un tel accord aurait sans doute été ratifié par plus de 75 % des Québécois.

Pressentant que le Québec était sur le point de les laisser tomber au profit d'un référendum et d'un statut particulier au chapitre des compétences provinciales, les premiers ministres s'empressèrent de prendre l'initiative de la rupture. Comme en 1867, il s'agissait pour les successeurs de Tilley et de Tupper d'éviter la possibilité d'un recours à la démocratie des électeurs. Quand on sait ce qui arriva lors du référendum de Charlottetown, l'inquiétude de ces premiers ministres était peut-être justifiée.

En 1982, les législateurs canadiens n'avaient pas l'excuse de leurs prédécesseurs de 1867. Ils ne pouvaient en effet plaider l'ignorance ou la méfiance envers des pratiques américaines trop démocratiques à leur goût. Cependant, non seulement ils profitèrent de l'occasion pour reconduire certains des trous démocratiques de l'AANB (notamment en n'y reconnaissant pas le droit à l'initiative populaire ou au référendum), mais on choisit d'agir ainsi pour «isoler» plus facilement le Québec et régler une fois pour toutes la base même de son appartenance à l'Union fédérale. L'ironie est cruelle.

Encore plus cruelle si on pense que notre absence de 1982 semble avoir permis à d'autres acteurs de manifester leur présence et de faire leur entrée dans le paysage constitutionnel canadien. Comme quoi le malheur des uns fait parfois le bonheur des autres.

Parmi ces autres, il y n'a nul autre que Dieu dont on confirme, dans le préambule même de la Charte canadienne des droits, l'autorité suprême sur l'ensemble de l'édifice constitutionnel canadien. Le principe de la règle de droit, si cher à plusieurs, vient après celui de l'autorité divine. On peut se demander ce qu'il en est des individus qui ne reconnaissent pas cette autorité. Sont-ils automatiquement exclus de l'espace public canadien[2]?

Autres invités «de marque» et en nombre ceux-là, les «citoyens», qui n'étaient présents en 1867 que sous l'appellation de «sujets» mais qui, grâce à la Charte, se retrouvent maintenant un peu partout dans la Constitution canadienne. De fait, il n'y en a presque plus que pour eux, à part Dieu bien sûr.

Mais en 1982, comme un siècle auparavant, la citoyenneté demeure une affaire individuelle et rien ne l'illustre mieux que le vocabulaire utilisé pour décrire les droits des citoyens. C'est ainsi qu'on parle le plus souvent non pas «des citoyens», mais de chaque citoyen pris un à un. À cet égard, on ne compte plus les expressions comme *every citizen, everyone, every person* ou *any person*[3]. Les termes collectifs, par contre, sont plus rares. Ainsi, à l'article 20, on trouve l'expression *any member of the public in Canada* pour décrire le droit à être servi dans l'une ou l'autre langue. L'expression *Citizens of Canada* se trouve dans la section des droits à l'enseignement dans sa langue. Quant aux «Canadiens» comme tels, ils ne font qu'une bien timide entrée là où il est question de leur «héritage multiculturel». Curieux pays où le corps des citoyens constitué n'existe que sous forme de «public», terme passif s'il en est, pour aller à l'école ou pour célébrer son ethnicité. Par ailleurs, il n'est jamais dit explicitement des autochtones qu'ils sont des citoyens canadiens. On en parle simplement comme des «peuples autochtones du Canada».

Meech et Charlottetown offrirent la possibilité de corriger cette lacune, mais on s'empressa de la laisser passer. Dans le cas de Charlottetown, on alla même jusqu'à «oublier» d'inclure dans l'accord une référence à la procédure référendaire qu'on se crut cependant obligé d'utiliser. On peut se demander pourquoi on a alors choisi de ne pas inclure dans la Constitution une procédure qu'on s'empressa ensuite d'utiliser afin de légitimer l'entente qu'on venait de signer. Si le référendum est bel et bien un outil de légitimation incontournable, ne devrait-on pas l'avoir tout au moins mentionné, dans cet accord qu'on nous présentait comme le deuxième acte de naissance de la démocratie canadienne?

Je me pose des questions.

Se pourrait-il qu'en excluant le Québec de l'entente de 1982, les législateurs canadiens aient été «forcés» par le fait même d'oublier d'inclure certaines pratiques qui seraient venues consolider la démocratie canadienne? Se pourrait-il que lorsque nous ne sommes pas là, le reste de l'Union fédérale n'a pas de quoi se vanter de ses bonnes mœurs démocratiques? Se pourrait-il aussi que lorsque le Canada anglais accepte des pratiques démocratiques comme le référendum, c'est parce qu'il est convaincu que cela va forcer la main à un Québec récalcitrant, comme à Charlottetown?

Impensable?

Le théâtre du soupçon

À ma connaissance, il ne s'est trouvé que deux représentants politiques fédéraux sur les quelque 850 que comprend l'Union fédérale pour s'objecter au caractère antidémocratique de cette mesure. Il s'agit de Roch Lasalle et du sénateur Lowell Murray[4]. Le moins que l'on puisse dire, c'est que l'exclusion du Québec n'a guère soulevé de vague de protestation dans le reste du pays[5]. Même la crise d'Octobre avait davantage fait sourciller les démocrates canadiens.

Avec le temps et sous l'impulsion de certains participants, une version officielle s'est même mise en place concernant la nécessité pour les autres gouvernements canadiens d'avoir ainsi isolé le Québec, compte tenu de la mauvaise foi évidente du gouvernement du séparatiste Lévesque. Personne n'a davantage contribué à cette interprétation que l'actuel premier ministre de la Saskatchewan, M. Roy Romanow, à l'époque responsable du dossier constitutionnel dans le gouvernement d'Allan Blakeney, un gouvernement ayant toujours été considéré — il le disait avec fierté — comme le plus fidèle allié du Québec[6].

Chez les souverainistes, on aime bien cette thèse du complot machiavélique. C'est encore une fois nous accorder beaucoup d'importance. Cette thèse présume en effet que le Canada anglais est encore guidé par une vision dualiste du pays. Pour le reste du pays, le Québec est avant tout une province, comme les autres ou pas, dont la spécificité provient de caractéristiques inhérentes à son statut de province. Bien plus, notre spécificité leur appartiendrait car, selon eux, c'est la «province de Québec» qui est distincte et non le Québec. Bref, c'est en tant que province que le Québec peut faire appel à sa différence[7].

Là où le bât blesse profondément, c'est lorsqu'on constate que cette attitude s'appuie aussi sur un mépris profond pour ce que nous avons appelé l'impératif de moralité démocratique, en particulier le principe de l'accommodement. Cet aspect de l'épisode de 1982 mérite d'être rappelé.

Après sa défaite référendaire de 1980, le gouvernement Lévesque a accepté de participer aux négociations constitutionnelles «enclenchées» par le gouvernement fédéral et les autres provinces. À ce sujet, il importe peu que le Québec ait accepté ces négociations dans la joie et l'allégresse ou de savoir si le tandem Lévesque-Morin avait ou non l'idée de les faire avorter[8]. L'important, c'est qu'il a choisi de négocier, se conformant ainsi à la décision de son propre référendum et avec l'intention avouée de s'accommoder de la nouvelle conjoncture politique. Il est même possible que cette décision n'ait eu d'autre intention que de redorer quelque peu le blason gouvernemental à la veille d'une élection prévue pour l'année suivante[9]. Si tel avait été le cas, il faudrait s'en féliciter car un tel calcul confirme l'importance de l'élection dans l'équation démocratique québécoise.

En soupçonnant le gouvernement du Québec des pires intentions, les premiers ministres du reste du Canada ont fait la démonstration non seulement de leur profonde ignorance de la politique québécoise, mais du peu d'importance qu'ils accordaient eux-mêmes à l'exercice référendaire de 1980. Pourtant, la population du Québec avait parlé très clairement. Elle ne voulait pas de négociations constitutionnelles sur la base de l'option souveraineté-association. Point à la ligne. Aux élections de 1981, elle confirma ce jugement, approuvant par le fait même la façon dont le Québec avait engagé le processus de révision constitutionnelle. De toute évidence, les premiers ministres canadiens-anglais ne virent pas les choses de la même manière. Dans leur esprit, un référendum ne pouvait être qu'un exercice vide de sens et le fait que le Parti québécois l'ait tenu, et perdu, ne faisait que confirmer qu'il s'apprêtait à en renier les résultats. Peut-être projetaient-ils alors leur propre attitude sur le Québec[10].

Sans tomber dans l'élucubration psychanalytique, on peut penser que leur comportement fut motivé par la crainte de voir le Québec signer un accord constitutionnel. À première vue, on peut penser qu'ils auraient été satisfaits d'un tel résultat puisqu'une signature québécoise aurait mis un terme à la menace «séparatiste» et aurait légitimé une fois pour toutes l'Union fédérale canadienne. C'est du moins ainsi qu'aurait raisonné tout autre équipe de négociateurs. Après leur victoire référendaire, les représentants politiques du Canada avaient la victoire finale à portée de main. De plus, leur adversaire de toujours se montrait tout à fait consentant à signer sur la «ligne pointillée» et les concessions exigées par le Québec étaient de toute manière minimales. Pourquoi alors ne l'ont-ils pas fait?

Je n'ai pas de réponse satisfaisante à cette question. Peut-être n'y ont-ils tout simplement pas pensé, car cette façon de concevoir les rapports Québec-Canada ne correspondait en rien par ailleurs à leur perception de la réalité du pays ou à leur propre vision de ce que cette réalité devrait devenir. En effet, il est difficile de prêter une quelconque «conscience de groupe» aux premiers ministres des provinces canadiennes-anglaises. Dire d'un premier ministre qu'il «parle» ou qu'il «représente» sa province tient déjà du raccourci intellectuel, alors on peut s'imaginer qu'octroyer à neuf d'entre eux une représentativité collective tient du prodige.

Mais le fait qu'aucun d'entre eux — et sur une question aussi importante — n'ait cru bon de se dissocier de la démarche collective ne peut être le simple fruit du hasard. Oublions la possibilité qu'ils aient tous été manipulés. Les talents de messieurs Chrétien et Trudeau n'allaient certainement pas jusque-là. Quant au phénomène du *group think* si fréquent dans ce genre de situation, il exige pour se produire une communauté de vues et de valeurs que les Canadiens anglais disent ne pas posséder.

Peut-être devrait-on faire appel à l'argument de la confusion. Certains ont cru jusqu'à la fin que René Lévesque se rangerait derrière leur proposition et qu'il suffisait à cet égard de conserver une porte de sortie et de prévoir la continuation des discussions[11]. D'autres étaient probablement convaincus que jamais René Lévesque n'accepterait une telle proposition. Une énumération des rationalisations et des justifications flottant alors dans l'air aurait aussi inclus la conviction que Claude Ryan ne se rangerait jamais à une telle proposition et que c'était probablement le moment idéal de la faire accepter en en faisant porter le blâme sur les séparatistes. Certains se sont sans doute rappelé Victoria et ont voulu éviter que le même scénario ne se répète. D'autres encore, en pensant toujours à Victoria, ont sûrement voulu reprendre ce qu'ils avaient été amenés à concéder à l'époque (entre autres le droit de veto au Québec).

L'entente constitutionnelle de 1982 n'est pas une aberration, une sorte d'exception anachronique qui s'expliquerait uniquement par la présence à la même table de messieurs Trudeau et Lévesque. Je suis porté à croire que ce document, malgré tout le mal qu'on peut en penser au Québec, n'est même pas foncièrement dirigé contre le Québec. Certes, sans le Québec, le train constitutionnel ne se serait jamais mis en marche, mais il faut bien admettre que, une fois lancé sur ses rails, il a rapidement échappé à la logique binaire Canada-Québec[12]. L'accord final reflète l'ensemble de ces préoccupations «non québécoises» ainsi que les rapports de force existant alors entre Ottawa et les autres provinces, entre les provinces elles-mêmes et entre les régions du pays. N'oublions pas qu'en 1980, au moment où commencèrent les négociations constitutionnelles, le Canada, à l'instar des autres pays occidentaux, faisait de nouveau face à une crise des approvisionnements en pétrole, à la suite de l'augmentation brutale des prix de 1979. Cette crise du pétrole se traduisait alors par de sérieuses tensions régionales dans les provinces de l'Ouest, conséquence de l'intention déclarée du gouvernement libéral d'Ottawa de les empêcher de profiter de ces prix plus élevés. C'est aussi le moment où les Premières Nations commençaient à insister fermement sur la nécessité de les inclure dans toute réforme constitutionnelle et où les groupes de femmes, sans oublier les groupes de défense de l'environnement et autres coalitions, faisaient aussi sentir leur présence.

Pour les provinces canadiennes-anglaises, la question du Québec est importante, mais ce n'est pas la seule question à l'ordre du jour. Dans leur tête, le cadre général de cette question a été réglé par le référendum de 1980 et on ne peut les blâmer pour une telle interprétation. C'était aussi la façon de voir au Québec. Pour les premiers ministres des autres provinces, l'objectif était relativement simple : s'assurer que le gouvernement Trudeau n'utilise pas sa proposition de charte des droits et d'une quelconque volonté de «satisfaire» le Québec, pour accaparer de nouveaux pouvoirs qui les rendent plus vulnérables aux demandes incessantes des Premières Nations[13]. C'est d'ailleurs pour cette raison, et pour cette seule raison, que la version finale de la Charte des droits contient cette clause échappatoire, la bien-nommée clause nonobstant, dont la seule utilité devait être de permettre aux provinces anglophones de se défiler de leurs obligations le cas échéant.

Non seulement le Québec n'est pas au cœur de la problématique du *Canada Bill* de 1982, mais il faut aussi admettre que ce document, malgré toutes les imperfections qui le caractérisent, confirme hors de tout doute qu'une culture et une communauté politique canadienne-anglaise existent. Celle-ci n'est-elle pas capable de se donner un encadrement constitutionnel dans lequel elle se retrouve ? Cet encadrement comprend aussi une vision de la place qu'occupent le Québec et les nations autochtones. Certains éléments du *Canada Bill* confirment cette vision d'un «Canada qui comprend le Québec» et dont on trouve une version populaire sur ces autocollants qui proclament fièrement *My Canada includes Québec*. Ainsi, on a inclus dans ce texte certaines dispositions que l'Assemblée nationale du Québec est incapable d'accepter mais que l'on introduit quand même « en attendant que ». Cela revient à mettre la table et à choisir le menu pour l'invité encore absent. Mais cela est tout à fait conforme à l'idée que l'on se fait du Québec et de son refus de signer l'entente constitutionnelle : un caprice qui va passer dès que l'enfant aura compris qu'il ne sert à rien de bouder.

Peut-on invoquer sa propre turpitude (constitutionnelle)?

L'acte de 1982 a profondément modifié les enjeux et la pratique constitutionnelle de l'Union fédérale, rendant à toutes fins utiles impossible toute modification ultérieure. Comme on peut s'y attendre, nombreux sont les souverainistes qui constatent un tel blocage. Ils prennent souvent un malin plaisir à en souligner l'étendue. Ne soyons cependant pas dupe de leurs sourires forcés. Ils cachent un malaise profond. Je n'aime pas non plus le spectacle de ces partisans de l'Union fédérale obligés d'admettre que le renouvellement constitutionnel auquel ils ont travaillé pendant 25 ans — et chacun à notre façon nous y avons tous participé — n'est tout simplement plus à l'ordre du jour. Ils me rendent à leur tour mal à l'aise. Leur deuil est aussi le mien et je n'arrive pas à les trouver ridicules lorsqu'ils nous parlent du *statu quo* flexible. Je m'inquiète cependant de les entendre dire qu'un non référendaire nous ouvre toutes les portes. Plutôt que de s'enfoncer dans les méandres de la linguistique, ils devraient voyager un peu au Canada et surtout lire ce qui s'y écrit.

S'ils le faisaient, ils auraient peut-être la chance de rencontrer Michael Lustig, Neil Nevitte, Alan Cairns, Michael Atkinson et Peter Russell, tous des universitaires respectés (et respectables) qui ont fait de l'étude du fédéralisme et de la constitution canadienne une spécialité. Ces experts sont d'accord — ce qui en soi est un fait exceptionnel — sur une seule chose : à moins d'un revirement imprévisible il n'y aura pas de changement important dans l'ordre constitutionnel canadien au cours des vingt prochaines années. Certes, on ne s'entend pas sur les conséquences d'une telle paralysie, sur la durée probable du phénomène, sur la nécessité d'y remédier ou sur les moyens d'y arriver. Seul le diagnostic fait l'unanimité. Voici une liste partielle des diverses options constitutionnelles (ainsi que leurs défenseurs) qui selon eux ne sont plus dans l'ordre du plausible ou du possible :

1. Un statut particulier pour le Québec (*C. Ryan*).

2 Des accommodements constitutionnels (*Kim Campbell*).

3. Un regroupement de provinces («*Canada à cinq*»).

4. Un fédéralisme asymétrique (*K. Spicer*).

5. Un fédéralisme à la Charlottetown (*B. Mulroney et O. Mercredi*).

6. La société distincte (*G. Rémillard*).

7. Un fédéralisme coopératif (*formule de Victoria*).

8. Le fédéralisme culturel (*R. Bourassa*).

9. Le fédéralisme binational (*Daniel Johnson père*).

10. Les États associés (*Jacques-Yvan Morin*).

11. Le fédéralisme du «beau risque» (*R. Lévesque et P.-M. Johnson*).

12. Le fédéralisme exécutif (*L. B. Pearson*).

13. Le fédéralisme reconstitué (*formule Pépin-Robarts*).

14. Le fédéralisme des communautés (*J. Clark*).

15. Le fédéralisme de délégation (*rapport Allaire*).

La liste des raisons qui expliquent cette paralysie constitution-nelle est aussi longue, sinon plus, que les formes prises par la paralysie elle-même.

1. Les revendications des principaux «demandeurs» de changements (le Québec et les Premières Nations en particulier) ne peuvent être satisfaites en même temps (*argument Russell*[14]).

2. Les questions constitutionnelles sont devenues l'objet de clivages partisans, ce qui rend toute entente impossible (*argument Ajzenstat*[15]).

3. Les constitutions, peu importe les pays, sont devenues trop complexes et trop importantes pour pouvoir être modifiées (*argument Thomas*[16]).

4. La Charte des droits et la Constitution de 1982 ont fait de tous les citoyens des minorités potentielles qui exigent de voir leurs revendications satisfaites pour donner leur accord à tout chan-gement constitutionnel (*argument Cairns*[17]).

5. Seule une crise ou une catastrophe de grande envergure peut

amener une modification à un ordre constitutionnel qui a cessé d'être un processus dynamique susceptible d'être amélioré à la pièce (*argument Atkinson*[18]).

6. Avec la Charte de 1982, les gouvernements et les élites politiques du Canada n'ont plus aucun moyen de proposer et d'imposer une solution constitutionnelle à l'ensemble des citoyens (*argument Lustig*[19]).

7. L'égalité absolue des provinces et le rejet de tout accommodement, même symbolique, du Québec constituent aujourd'hui l'un des fondements de la vision canadienne-anglaise de la démocratie (*argument Nevitte*[20]).

Mais attention : ces explications ne concernent que l'impossibilité d'une réforme constitutionnelle. Rares en effet sont ces experts à se dire satisfaits d'une telle paralysie. Tous, ou à peu près, préféreraient qu'il en soit autrement. Ils ne font que constater un état de fait, ce qui rend leur diagnostic encore plus troublant. Plusieurs sont même inquiets devant la possibilité qu'une telle paralysie force le Québec à partir ou à rentrer dans le rang.

Tout est maintenant plus clair. Le Canada d'après 1982 n'a plus rien à voir avec l'Union fédérale que nous avions connue jusquelà. Cette fois, on a décidé que le pays ne pouvait plus se permettre d'exister sans être une nation. Il nous faudra désormais faire partie de cette nation pour participer à l'expérience politique canadienne. Le contrat de 1867 a été rompu et un nouveau contrat a été proposé, et censément accepté, par les Canadiens.

L'un des piliers du fédéralisme canadien a toujours été cette profonde ambiguïté quant à la nature même de l'Union fédérale. Est-ce une fédération ? Est-ce une confédération ? Le pays est-il centralisé ou décentralisé ? Qui sont les détenteurs de la souveraineté canadienne ? Ottawa, les provinces, le gouverneur général, la Chambre des communes ? Tout ce beau monde à la fois ? Qui parle au nom du Canada ? La reine ? Le premier ministre fédéral ? Personne ? La liste de ces équivoques, de ces contradictions même, exigerait plusieurs livres et il s'en est d'ailleurs écrit quelques dizaines sur le sujet. Un tel flou artistique n'a pas permis l'élaboration d'une «belle» constitution, mais ce document quelque peu bâclé avait au moins l'avantage de se prêter de bonne grâce à tout ce qu'on pouvait lui faire dire, une fois que les parties s'étaient mises d'accord sur un résultat à obtenir. C'est ce qu'on a appelé la «façon canadienne de faire les choses» et s'il y a quelque chose qu'on nous a envié, c'est bien cette flexibilité extraordinaire.

Le Québec, avouons-le franchement, a été l'un des principaux bénéficiaires de cette flexibilité. Ainsi, il a pu continuer pendant des décennies à proclamer et à fonder ses revendications sur l'idée que l'entente de 1867 constituait un contrat sans que personne le contredise vraiment. Ainsi, dans les années 1960 et 1970, il a pu conclure avec le gouvernement fédéral de nombreuses ententes à saveur quasi diplomatique, sur la Caisse de dépôt par exemple, en affirmant que de tels accords rehaussaient son statut de seul gouvernement national francophone alors qu'Ottawa et le reste du Canada feignaient de ne pas entendre et proposaient leurs propres justifications, c'est-à-dire que ces ententes démontraient la flexibilité du fédéralisme canadien.

Il ne fait aucun doute que 1982 a levé passablement d'ambiguïtés dans le fonctionnement du fédéralisme canadien. Jusque-là, le Canada évoluait, sans trop le savoir et avec de fréquents retours en arrière, dans la direction d'une union fédérale dont on pouvait croire qu'elle finirait par ressembler à l'Union européenne actuelle. L'un des préalables à ce type d'union est évidemment l'établissement de rapports d'égalité entre des communautés politiques d'importance parfois fort inégale mais qui toutes se sentent également liées par les termes de leur contrat et de leur engagement moral.

On ne le dira jamais assez: la Constitution de 1982 mine le Québec de l'intérieur. Elle n'est pas raisonnable. Elle le nie dans son existence même de communauté politique. Elle empêche même les autres Canadiens de se montrer raisonnables à notre égard. Elle consacre la prépondérance du marché et des seuls individus. Elle proclame bien haut: «Les Gouvernements, les États, les Nations, les Peuples, bref toutes les formes d'identification collective sont un danger potentiel pour les individus.» Il faut s'en méfier et protéger les citoyens contre la tentation de se voir au pluriel. Bref, il n'y a d'action de droit et de responsabilité qu'individuelle. Les autres sont vraiment l'enfer.

On dit d'un non référendaire qu'il porterait un coup fatal au

Québec et que nous en «mangerions une». Je me demande si c'est encore possible. Le mal n'a-t-il pas déjà été fait en 1982? Et que l'on dise de cette constitution qu'elle est légale sans être légitime, n'est-ce pas là la pire des condamnations et des humiliations?

Qui donc a déjà dit que la moralité foutait le camp? Une certaine conception de la moralité peut-être, une conception à saveur nettement canadienne. Mais n'allons tout de même pas conclure de cet épisode douloureux que le désir d'investissement moral a lui aussi disparu.

Il faut regarder ailleurs et penser à «autre chose».

CHAPITRE 5

Le principe de l'accommodement et ses exigences

Contrairement aux absents, les perdants n'ont pas toujours tort. Par un juste retour des choses, ils sont amenés à définir la légitimité démocratique des décisions prises à l'encontre de leur préférence initiale. Ils tiennent entre leurs mains la possibilité d'enrichir ou d'appauvrir la tradition démocratique à laquelle ils participent. Bref, ils en sont la valeur ajoutée. Cela leur confère aussi une responsabilité importante : celle de s'accommoder, responsabilité dont nous avons, au chapitre 2, fait l'une des quatre composantes de l'impératif de démocratie. Eux aussi doivent se montrer raisonnables.

Par définition, une décision imposant une différence exige une redistribution des coûts et des avantages dont nous jouissons tous individuellement, ou collectivement, puisque nous vivons en société. Même les biens collectifs que sont la culture, la sécurité et la justice n'y échappent pas. Une société démocratique doit non seulement pouvoir prendre des décisions, mais également vivre avec les conséquences de ses choix et, si possible, bien vivre. C'est ici que les perdants ont une responsabilité particulière.

Ainsi, ils ne peuvent agir à leur guise sous prétexte qu'on leur aurait causé un tort irréparable et qu'on les aurait exclus de l'ordre constitutionnel. Ils doivent respecter les règles et les procédures dont ils peuvent bien contester le résultat mais non la légitimité première.

Les perdants ont aussi la responsabilité d'utiliser tous les moyens mis à leur disposition pour minimiser les coûts disproportionnés que la décision initiale leur aura imposés. Ils ont donc une responsabilité d'accommodement, sans parler de celle de modification de cette décision initiale dont ils ont condamné le caractère injuste et antidémocratique. La démocratie les oblige à l'action, mais pas à n'importe quelle action.

On ne peut exiger des perdants qu'ils réussissent, mais la démocratie est quand même en droit de s'attendre à ce qu'ils refusent la politique du pire et du pourrissement. Si le concept des «exigences de la démocratie» a un sens, c'est ici qu'il s'exprime le plus clairement. En présence d'une décision majoritaire qu'elle condamne au nom de l'équité, la minorité a la double responsabilité de redonner sa crédibilité, et partant son efficacité, au processus démocratique tout en s'assurant que sa propre démarche n'accentue pas le dépérissement démocratique dont elle fait aujourd'hui les frais. On objectera que c'est beaucoup lui demander mais, compte tenu des enjeux, ça n'est pas là un prix trop élevé.

Cette vision de la démocratie insiste davantage sur les résultats — les *outcomes,* aime-t-on maintenant dire à Paris — que sur les mécanismes et les procédures[1]. Une décision jugée inéquitable, avons-nous dit, est nécessairement inutile et souvent même dommageable. Par la suite, elle exige de la part des perdants des attitudes et des comportements leur permettant de renouveler leur attachement aux principes et à la pratique d'une vie démocratique véritable.

En matière de perdants, le Québec s'y connaît. Nous sommes des perdants exemplaires. Si nous continuons, on va finir par croire que nous aimons ce rôle.

Une décision déraisonnable et inefficace

La décision de 1982 d'imposer, ou du moins de laisser s'appliquer, à la communauté politique du Québec un changement constitutionnel jugé inéquitable par un nombre important de ses citoyens a eu un effet négatif sur cette communauté et sur sa vision de la place qu'elle croyait occuper dans l'ensemble de la communauté politique canadienne.

Non que cette mesure ait été mauvaise en soi ou qu'elle n'ait pas eu d'effets bénéfiques sur les autres composantes de la démocratie canadienne. Le problème, c'est que le Québec — je parle ici de la communauté politique, pas uniquement des individus — a dû supporter une proportion inéquitable des coûts associés à cette décision.

Toute décision majoritaire — et on ne peut nier que celle de 1982 le fut de façon exemplaire — devient nécessairement un cas de «tyrannie de la majorité» si elle fait porter au groupe dissident une part disproportionnée des désavantages inévitablement associés à toute décision collective. On peut défendre la Loi constitutionnelle de 1982 — et elle le mérite grandement —, on peut aussi dire que les Québécois en ont tiré plus d'avantages que d'inconvénients, notamment la sécurité et la protection offerte par une charte des droits constitutionnalisée. Mais on ne peut tout de même pas nier qu'ils aient été, face aux coûts associés à cette loi, des «perdants» un peu différents des autres «perdants» canadiens.

En se voyant dépouillé d'une partie du pouvoir de légiférer sur sa langue et sa culture, de la reconnaissance implicite de son droit de veto et de son statut de partenaire égal, ainsi que de la possibilité de voir ses droits collectifs reconnus dans la Charte, le Québec a décidément beaucoup perdu. On a raison de souligner que, pour l'essentiel, ces pertes ont été symboliques et que le Québec lui-même y a contribué. C'est bien là ce qui fait mal. En effet, les décisions inéquitables au sujet de biens symboliques sont très difficiles à corriger. On ne peut espérer s'en sortir en promettant de faire mieux la prochaine fois. La blessure est plus profonde et il n'est pas nécessaire de sataniser la décision initiale pour le constater. «Un principe est un principe», aimait à répéter le ministre Clifford Lincoln alors qu'il démissionnait du gouvernement de Robert Bourassa à la suite de la crise linguistique de 1989. C'est vrai pour les droits individuels et ce l'est aussi pour les droits collectifs. C'est que, en matière de constitution, il n'y a pas de petites injustices.

La perte du droit de veto pour le Québec, rappelle-t-on, est le résultat indirect d'un calcul stratégique des négociateurs québécois.

Le pire, c'est que si c'était à recommencer, ceux-ci devraient probablement répéter le même calcul. De quoi s'agissait-il au juste? D'une décision du gouvernement du Québec d'abandonner sa stratégie traditionnelle de blocage de l'évolution constitutionnelle de l'Union fédérale canadienne en échange de la reconnaissance explicite pour le Québec de pouvoir continuer à bâtir, au sein de cette fédération, une communauté politique distincte en disposant, pour ce faire, des moyens financiers et législatifs nécessaires. Le troc du droit de veto pour le droit d'option, c'était la reconnaissance définitive que l'évolution politique du Québec allait dorénavant se conjuger avec celle de l'ensemble de la fédération. C'était un échange que le Québec lui-même proposait et qui avait l'avantage de respecter les spécificités des uns et des autres. Une fois de plus, le Québec choisissait de s'accommoder. Il fut le grand et le seul perdant de l'opération.

Qu'en 1987 tous les autres gouvernements du Canada aient conclu un accord constitutionnel avec celui du Québec afin de redresser certaines «erreurs» de 1982 confirme cette interprétation des coûts inégalement partagés. Cela me semble être l'évidence même. Autrement, pourquoi auraient-ils signé l'entente de Meech?

Mais les perdants ne sont jamais les seuls à faire les frais de l'inefficacité d'une décision inéquitable. C'est que, en démocratie, les exigences, contrairement aux gains et aux pertes politiques, sont toujours très bien réparties. La minorité a certes la responsabilité de s'accommoder, mais la majorité de son côté doit accepter de faire face aux effets souvent pervers des règles qu'elle a elle-même édictées. Elle peut rejeter les solutions que lui propose la minorité, mais elle a l'obligation de respecter la problématique et la façon de voir de la minorité. Bref, elle ne peut aller jusqu'à redéfinir le «problème» pour qu'il s'intègre dans le cadre de sa propre décision, privant ainsi la minorité des fondements moraux de sa propre position.

Par essence, une décision inéquitable est rarement raisonnable. Elle l'est encore moins dans son application. Ainsi, on aura beau retourner la Loi constitutionnelle de 1982 dans tous les sens, la raison nous dit qu'il y a quelque chose d'irréel dans cette loi — qui n'est pas n'importe quelle loi puisqu'il s'agit ici de constitution — qui non seulement est refusée par ceux qui la demandaient depuis vingt ans, mais qui de plus va jusqu'à nier, dans la façon dont elle a été adoptée, la légitimité même de leur démarche. Seule une rupture peut dans ce contexte rétablir l'équilibre entre deux raisons qui s'affrontent. Jusqu'à un certain point, Meech évoquait la possibilité d'une telle rupture.

L'Accord de Meech a été négocié dans le secret et il a aussi été conclu dans le secret. Il s'agissait d'un accord diplomatique de nature intergouvernementale qui n'a finalement pas survécu à sa propre volonté de rompre avec la logique politique imposée par le carcan constitutionnel qu'il prétendait réformer. On pourra discuter longtemps du bien-fondé d'exclure du processus de Meech les deux acteurs constitutionnels dont l'entente de 1982 avait pourtant reconnu la primauté, soit les citoyens canadiens et les peuples autochtones. On doit tout de même constater que ce sont finalement eux qui ont fait dérailler le processus de ratification. On ne pouvait quand même pas exiger de ces nouveaux venus dans l'arène constitutionnelle qu'ils oublient les «gains» obtenus en 1982 et reviennent à l'époque où, constitutionnellement parlant, ils n'existaient même pas.

C'est pourtant ce qu'on tenta de faire. Dans l'entente de Meech, on demandait aux autochtones qu'ils oublient certains des progrès et des droits qu'ils avaient obtenus en 1982. Tout cela sous le prétexte qu'il était temps de réparer l'injustice qu'on avait alors fait subir au Québec. Ovide Mercredi n'accepta pas cette façon de penser et encore moins le fait qu'on avait exclu les autochtones de la négociation de Meech. *If we're part of the problem,* avait-il dit en substance, *we also want to be part of the solution.* Il avait raison.

Il aurait pu aussi mentionner — et peut-être l'a-t-il fait — que si l'injustice de 1982 avait été commise par les gouvernements provinciaux et celui d'Ottawa, pourquoi n'acceptaient-ils pas de payer eux-mêmes les pots qu'ils avaient si allègrement cassés. Du point de vue des autochtones, il ne faisait aucun doute en effet — et je ne suis pas loin de partager leur opinion — que Meech constituait un recul important puisqu'il établissait une fois pour toutes le principe de l'organisation dualiste du Canada, une vision qui leur est toujours inacceptable.

L'échec était de nouveau prévisible à Charlottetown puisqu'on comptait cette fois redresser les «torts» de 1982 en y ajoutant les demandes supplémentaires de ceux-là mêmes dont 1982 avait reconnu l'importance, les peuples autochtones et la société civile canadienne, mais qu'on avait oublié de convoquer lors de la négociation de Meech. Le syndrome de la liste d'épicerie était né.

Personne ne fut dupe de ce stratagème, et que les trois communautés politiques de la fédération, la «canadian», la «québécoise» et l'«autochtone», aient également rejeté l'accord de Charlottetown témoigne d'une certaine universalité dans la façon d'effectuer les calculs démocratiques[2]. Le langage de la démocratie semble traverser relativement facilement les solitudes linguistiques. C'est encourageant pour l'avenir, même si les événements récents ne nous permettent pas d'être fiers des résultats obtenus. Mais c'est là une autre histoire, entre autres celle d'une histoire démocratique canadienne et québécoise qu'il reste à écrire.

Champions malgré nous

Le référendum québécois de 1992 couronne dix années de comportement démocratique exemplaire de la part de la minorité politique exclue de l'accord de 1982. En effet, tous les gouvernements québécois qui se sont succédé depuis cette date ont mis en pratique le principe de l'accommodement, tentant par le fait même de réduire au minimum les coûts reliés aux conséquences de la loi de 1982. C'est ce qui explique leur recours à la clause nonobstant dont la présence dans l'accord de 1982 avait prétendument pour but de mitiger les conséquences, imprévues ou non, de cet accord.

On connaît le prix très élevé que le gouvernement libéral de Robert Bourassa eut à payer pour son utilisation de cette clause échappatoire, surtout au moment de la ratification de l'Accord de Meech. Trois des ministres de monsieur Bourassa démissionnèrent et la levée de boucliers qui s'ensuivit dans le reste du pays fut suffisante pour justifier la décision du premier ministre Frank McKenna de revoir son appui à l'Accord. Il faudra bien un jour analyser le rôle particulièrement pernicieux que ce dernier a joué dans la remise en question de Meech. Rappelons-nous que c'est sous le prétexte d'examiner les répercussions de l'utilisation de la clause nonobstant sur les droits linguistiques de la minorité acadienne de sa province que ce dernier eut le culot de réévaluer son acceptation à Meech. Il s'agissait plutôt pour lui d'utiliser l'embarras de Robert Bourassa afin d'obtenir des compensations économiques additionnelles pour sa province. Il n'y a pas que le Québec qui a flirté avec la stratégie du couteau sur la gorge. Même Clyde Wells n'est jamais descendu aussi bas.

On a longuement disserté sur les conséquences politiques de cette utilisation de la clause nonobstant et sur le caractère inacceptable de la décision des premiers ministres de revenir sur des signatures librement consenties. Mais, du point de vue démocratique, ce n'était pas là l'essentiel. Que monsieur Bourassa ait été parfaitement au fait qu'une utilisation de la clause nonobstant risquait d'avoir des conséquences graves pour la ratification des accords de Meech ne fait aucun doute. Il a peut-être sous-estimé ces conséquences, mais ce serait ajouter l'insulte à l'injure que de croire qu'il a été pris par surprise. Premier ministre du Québec, mais aussi chef d'une communauté politique distincte, monsieur Bourassa avait la responsabilité de se conduire en premier ministre provincial responsable, mais aussi de s'assurer que son objectif de corriger les erreurs de 1982 ne mettait pas en danger sa capacité de réduire le plus possible les coûts engendrés par ces erreurs. C'est ce que nous avons appelé la nécessité du principe d'accommodement.

On ne saura jamais s'il a eu raison de le faire et surtout de le faire de cette manière. Il est cependant raisonnable de croire que l'attitude de Terre-Neuve, du Nouveau-Brunswick et du Manitoba n'aurait guère été différente si le Québec n'avait pas eu recours à la clause nonobstant pour mettre à l'abri, de façon préventive, ce qui restait de la loi 101 et de la Charte de la langue française. Ce n'est quand même pas pour protester contre le recours à la clause nonobstant qu'Elijah Harper a su utiliser si habilement les méandres de la procédure parlementaire et empêcher la Législature du Manitoba de ratifier l'Accord de Meech.

Imaginons un instant que monsieur Bourassa ait refusé d'utiliser la clause nonobstant, mais que ce «beau geste» n'ait pas été suffisant pour faire accepter Meech et ait été suivi d'une contestation judiciaire des lois linguistiques du Québec. Sans l'appui moral de Meech, le gouvernement du Québec aurait alors été dans l'incapacité d'utiliser la clause nonobstant pour sauver les meubles de la politique linguistique du Québec. Cela aurait été l'équivalent d'une acceptation et d'une confirmation *a posteriori* du résultat de 1982.

Le désastre aurait été total. Il y avait là un risque que Robert Bourassa n'avait pas le droit de prendre. Et il ne l'a pas pris.

Qu'il ait été mis en face du dilemme «sauver Meech ou protéger la loi 101» témoigne du caractère profondément injuste de l'environnement constitutionnel créé par cet accord de 1982. On peut certes se féliciter que monsieur Bourassa ait fait le bon choix, mais on doit quand même déplorer qu'un tel choix ait dû être fait et que la décision du premier ministre du Québec, même si elle n'a peut-être pas eu d'impact sur la ratification finale, ait été aussi coûteuse sur le plan de notre réputation démocratique collective. Encore une fois, nous avons été des perdants.

Non seulement les gouvernements québécois d'après 1982 ont scrupuleusement respecté le principe de l'accommodement, rejetant jusqu'à l'idée même d'une quelconque politique du pire, mais ils ont tout mis en œuvre pour permettre aux instigateurs de l'injustice de 1982 de corriger leur tir. Nous sommes vraiment un peuple accommodant!

Ils l'ont fait par l'intermédiaire d'une révision, souvent déchirante, de leurs programmes politiques. Ce fut d'abord le cas du «beau risque» de René Lévesque et ensuite du virage vers l'*affirmation nationale* de Pierre-Marc Johnson. Les deux ont payé un prix très élevé pour avoir aidé le reste de la fédération à corriger son «erreur» de 1982. Ce prix élevé témoigne de leur bonne foi à respecter le principe de l'accommodement. Aucun des autres premiers ministres du pays n'a subi les foudres de son électorat pour avoir accepté de rouvrir le dossier constitutionnel. Certes, ils ont été bons joueurs — reconnaissons-le d'emblée —, même si les risques initiaux n'étaient pas très élevés.

Le Parti libéral du Québec a eu plus de succès avec ses cinq conditions minimales. Certains partis sont plus habiles que d'autres à pratiquer l'accommodement! Plusieurs ont estimé à l'époque que ces conditions étaient trop minimales — et j'étais du nombre —, mais personne n'a contesté alors qu'elles répondaient à toutes les exigences de «raisonnabilité», d'équité et de pertinence qu'on est en droit d'attendre d'une démarche visant à corriger un accroc important à un contrat moral. Que messieurs Bourassa et Rémillard aient été en mesure de demander et d'obtenir davantage au chapitre des «réparations» ne change rien au caractère éminemment démocratique des revendications qu'ils ont finalement acheminées à leurs partenaires. Ils auraient pu faire mieux et plus, ce qui ne les a pas empêchés de faire ce qu'ils avaient à faire.

Les cinq conditions de Meech ne s'inscrivaient aucunement dans une politique de marchandage, et seule la mauvaise foi permet d'affirmer qu'elles constituaient un quelconque couteau sur la gorge[3]. La preuve, elles furent acceptées presque sans discussion. De plus, monsieur Bourassa ne profita pas de l'occasion — et cela lui fut amèrement reproché à l'époque — pour faire des gains dans des domaines non immédiatement reliés aux questions faisant l'objet de la négociation. Finalement, les demandes du Québec, dans la mesure où l'on pouvait en évaluer les conséquences, ne remettaient pas en question les grands principes de la réforme de 1982 et, surtout, n'imposaient pas aux autres partenaires des coûts inacceptables et inéquitables. En d'autres mots, les demandes du Québec ne prétendaient pas leur rendre la monnaie de la pièce en leur «passant un Canada», du genre de celui de 1982.

On constate maintenant que l'entente de 1982 n'a pas seulement créé une injustice — cela, on le savait depuis longtemps —, mais elle l'a aussi verrouillée si solidement que seule une rupture pourra permettre de s'en sortir. C'est vrai pour ceux qui aspirent à la souveraineté et ça l'est aussi pour ceux qui aspirent à redonner au Québec sa place de communauté distincte à l'intérieur de l'Union fédérale canadienne. Les partisans du fédéralisme, surtout ceux qui en font une religion, accusent les souverainistes d'être naïfs devant le cataclysme qu'ils s'apprêtent à déclencher. C'est de bonne guerre et les souverainistes, du moins ceux qui n'en font pas une contre-religion, auraient intérêt à les écouter. Ce n'est pas toujours facile, surtout que ceux-là mêmes qui prédisent ainsi des désastres n'ont souvent pas la moindre connaissance du Canada anglais.

Peut-être faut-il mettre l'acharnement des «fédéralistes» à déplorer la naïveté des souverainistes sur le compte de leur propre désarroi — du moins chez ceux qui ont l'honnêteté de réfléchir à ces choses — face au mur qui se dresse devant eux et auquel Meech et Charlottetown ont donné au moins deux couches d'un solide vernis démocratique. Ils savent maintenant que la seule bonne foi ne sera plus suffisante pour sortir de cette irrationalité où 1982 nous a enfoncés. C'est sûrement ce qui explique pourquoi si peu d'entre eux ont le courage et l'énergie de proposer une reformulation en profondeur de l'Union fédérale canadienne.

Je comprends la frustration de ceux qui le font quand même et, dans une large mesure, elle est aussi la mienne. Mon premier choix s'est toujours porté sur une union canadienne, politique et économique, qui ne serait pas fédérale, du moins pas de ce fédéralisme dont on voit les effets dévastateurs. Ma préférence va à ce qu'il est convenu d'appeler une solution à l'européenne, et je n'ai jamais compris le mépris avec lequel on aborde cette solution, surtout chez certains partisans du fédéralisme. Après tout, si nos origines démocratiques et politiques sont européennes, pourquoi ne pourrions-nous pas de nouveau nous en inspirer? Et quel mépris! Quand je pense que certains défenseurs du *statu quo* osent dire que le Québec possède déjà plus d'autonomie que n'en ont les pays membres de l'Union européenne! On ne peut être sciemment menteur à ce point. Il faut une bonne dose d'ignorance pour tenir de tels propos. Et ces gens voudraient qu'on leur confie la gouverne de notre communauté politique. À tout prendre, j'aime encore mieux la naïveté des souverainistes.

Ne parlons pas non plus de ceux pour qui il suffit de laisser faire la crise économique et le travail du temps. Encore quelques années, proclament-ils, et le Canada qui est déjà le pays le plus décentralisé du monde (en plus d'être le plus beau pays du même monde) sera devenu le «plus-plus» décentralisé des systèmes politiques. La souveraineté et la séparation ne seront alors plus nécessaires, puisqu'il ne restera plus rien dont on pourra vouloir se séparer. La belle affaire! Comme si la souveraineté du Québec exigeait pour se réaliser la disparition préalable du Canada. C'est là le discours des réformistes de monsieur Manning, et qu'il soit repris avec autant de verve par les défenseurs québécois du fédéralisme a de quoi inquiéter. Je me demande si je pourrai m'accommoder du pays qu'ils nous préparent en cas de non au référendum. Cette réforme-là, je m'en passerais bien.

Résumons. Perçue comme inéquitable par la communauté politique minoritaire du pays, la décision constitutionnelle du pays a été une mauvaise décision sur le plan de l'efficacité démocratique. Certes, les mécanismes et les normes formelles de la démocratie ont été respectés, mais la décision de 1982 n'a pas créé cet espace public où la communauté politique issue de l'Union fédérale canadienne, forte de son renouvellement, aurait mobilisé ses forces pour prendre par la suite d'autres décisions véritables quant à son avenir.

Cette injustice a cependant permis de montrer l'attachement profond des Québécois et de leurs représentants au principe de l'accommodement en démontrant leur conviction qu'une communauté politique doit respecter certaines exigences si elle veut gagner l'adhésion de ses citoyens.

Dès le début du débat sur la double entente de Meech et du libre-échange canado-américain, il était devenu évident que la démocratie canadienne avait perdu passablement de sa limpidité et de son efficacité à prendre des décisions équitables. Dans le cas du libre-échange, le Québec, qui n'était même pas partie à l'ordre constitutionnel canadien, vota si massivement en faveur du gouvernement de Brian Mulroney — en partie parce qu'il s'agissait pour lui d'appuyer le résultat de Meech — que son vote fit pencher la balance. Pouvait-on imaginer une plus grande confusion?

Quant à Meech, s'il est vrai, comme l'ont affirmé plusieurs premiers ministres du Canada anglais, que sa ratification était devenue problématique une fois que le premier ministre du Québec avait choisi d'utiliser la clause nonobstant, on peut se demander ce qui serait advenu par la suite d'un accord qui justifiait et qui même exigeait du premier ministre du Québec qu'il se comporte de la même manière. En agissant comme il l'a fait dans le dossier linguistique, Robert Bourassa ne faisait que se conformer à l'esprit de Meech. Il fut le premier à constater jusqu'à quel point les institutions et les mécanismes issus de la Constitution de 1982 nous faisaient tous sombrer dans l'irrationalité.

Et l'irrationalité coûte toujours très cher.

Le temps de faire nos comptes

En cette période de comptabilité et de rapport coûts-bénéfices, il est dans l'air de dresser la liste de tous les domaines de compétence du gouvernement québécois et d'exiger des partisans du changement une évaluation des «dommages» causés par la réforme constitutionnelle de 1982.

L'argument est relativement simple et est habituellement formulé de la façon suivante: *À part les questions de langue* (on reconnaît toujours qu'au chapitre de la langue française le Québec a perdu des pouvoirs importants en 1982), *expliquez-moi en quoi la réforme de 1982 a empêché le Québec de consacrer plus d'argent à la recherche scientifique, à l'entretien des routes, à l'éducation de nos enfants et à la lutte contre la criminalité.*

Je concède volontiers que, à moins de lire dans la Charte des droits de 1982 une attaque contre le «droit de l'automobiliste à des routes sans nids-de-poule», je ne vois pas comment on pourrait arguer que cette Charte des droits empêche le Québec d'avoir des routes plus respectueuses de la bonne santé de nos essieux. Ce n'est pas la Charte qui fait ici problème, mais l'hiver.

Il n'en va pas de même dans le cas de l'éducation de nos enfants. À moins d'être d'une mauvaise foi patentée, il faut admettre que les articles 16 à 23 de la Charte de 1982 — en particulier l'article 23 qui traite spécifiquement des questions scolaires — renforcent l'impossibilité pour le Québec de modifier à sa guise l'organisation de son système scolaire, en particulier en ce qui a trait à la mise sur pied de commissions scolaires linguistiques. On aurait pu profiter du ménage constitutionnel de 1982 pour éliminer ces archaïsmes du texte de 1867 qui imposent au Québec d'avoir des commissions scolaires protestantes et catholiques. On ne l'a pas fait. On a même empiré les choses.

Soyons clair. Il ne s'agit pas de mettre toutes les difficultés de notre système d'éducation sur le dos de l'AANB et de 1982, ce serait ridicule. Il faut cependant reconnaître qu'il y a là un obstacle majeur qui vient tout fausser. Voyons ce qui en est.

D'ici l'an 2000, la Commission des écoles protestantes du Grand Montréal aura une majorité d'élèves dans ses écoles françaises. Par contre, la grande majorité des cadres, des directeurs et des commissaires élus sont anglophones et continueront vrai-semblablement à l'être tant que l'on maintiendra la confusion entre les caractères anglophone et protestant de ces institutions. D'ail-leurs, le caractère «francophone» des écoles du Protestant School Board of Greater Montreal est tout à fait artificiel. Selon toutes les enquêtes d'opinion, à peine 20 % des élèves de ces écoles soi-disant françaises utilisent le français à l'extérieur de l'école. S'ils avaient le choix, les trois quarts d'entre eux fréquenteraient sans doute des écoles anglaises. Pour eux, le secteur «français» de la PSBGM est ce qui se rapproche le plus d'une éducation en anglais. Avec les années, ces enfants de la loi 101 en sont venus à voir les Québécois francophones d'origine, ceux-là mêmes qui fréquentent les écoles des commissions scolaires catholiques, comme des citoyens de seconde zone qu'il convient de maintenir cantonnés dans «leurs» écoles. Peut-on imaginer pire aberration qu'un cadre constitutionnel qui impose, au nom de la liberté religieuse, un tel mépris d'un groupe d'enfants envers un autre? Pis encore, après quelques années d'ouverture, l'Assemblée des évêques du Québec a compris tout le profit qu'elle pouvait tirer de l'impasse constitutionnelle. Elle propose maintenant qu'on revienne intégralement aux protections constitutionnelles prévues pour l'école catholique traditionnelle. On comprend pourquoi Claude Ryan est aussi satisfait de la Constitution de 1982. Elle nous ramène à l'époque de l'intégrisme épiscopal.

La même histoire se répète en matière de criminalité et de justice. À cet égard, je m'explique mal comment les nombreux ministres de la Justice qui se sont succédé à Québec depuis 1982 n'ont pas poussé les hauts cris devant le processus d'américanisation que nous impose l'Acte constitutionnel de 1982 et les coûts énormes que cela entraîne. Rappelons certains faits. En 1992, dix ans après l'entrée en vigueur de la Charte fédérale des droits, un adulte canadien sur 65 était en prison, un pourcentage record et qui a continué de croître depuis. Que se passe-t-il? La crise économique explique-t-elle à elle seule cette montée en flèche de la criminalité? Se pourrait-il que cette charte des droits dont on nous vante tant les mérites ne soit qu'une façon de légitimer une certaine conception répressive et coercitive de la justice criminelle? L'hypothèse est impertinente et j'entends déjà certaines bonnes âmes me dire: «Comment! Vous n'allez quand même pas mettre la montée du crime sur le dos de la charte de monsieur Trudeau!»

C'est vrai. Jamais je n'oserais reprendre à mon compte cette interprétation qui est en fait celle d'un juriste de Toronto, le professeur Michael Mandel de l'université York[4]. Mais comme lui, je ne m'étonne pas que dans un pays où l'on accepte de remettre aux juges — et c'est précisément le cas de la Constitution de 1982 — des pouvoirs qui reviennent habituellement aux représentants du peuple, alors il est tout à fait «normal» que l'on se découvre soudainement envahi par des hordes de criminels. Donnez un marteau à un enfant et la maison entière aura besoin d'être «clouée».

Peut-être cette tendance à l'américanisation de notre système de justice n'a-t-elle aucun effet sur vous. Peut-être êtes-vous même d'avis que c'est une tendance encourageante. Si tel est le cas, préparez-vous à payer. En 1995-1996, l'État de Californie prévoit pour la première fois dépenser davantage pour ses prisons que pour ses universités. En l'an 2002, 18 % du budget de cet État réputé libéral sera consacré aux prisons et au système de justice criminelle contre seulement 1 % pour l'enseignement supérieur[5]. Est-ce bien cela que vous voulez pour le Québec?

Et la Californie est loin d'être l'État le plus répressif! Mais comme l'a souligné le gouverneur californien, M. Peter Wilson, si le *Bill of Rights* — l'équivalent américain de la Charte des droits — protège les individus contre l'intrusion de l'État, ce même *Bill of Rights* exige aussi que l'État protège de façon absolue les individus et leurs possessions contre toute menace. «Je n'ai pas le choix», ne cesse de répéter le gouverneur Wilson. Même si l'Assemblée et la population de l'État s'opposent (par voie de référendum) à la construction de nouvelles prisons, il n'a en effet d'autre choix que d'obtempérer aux directives des juges. La seule solution, et on comprend qu'il hésite à l'utiliser trop souvent, est la libération massive de prisonniers pour faire place aux nouveaux venus.

En 1995-1996, le Québec dépensera 224 millions de dollars pour les 3 600 places dans ses 24 établissements de détention. C'est moins de 1 % (0,6 %) de l'ensemble de ses dépenses de programmes. C'est donc dire qu'il y a encore beaucoup de place pour la croissance, d'autant que le Québec dépense 1,791 million pour ses universités (4,9 % de ses dépenses de programmes).

Et vous allez encore me dire que la Constitution de 1982 n'a eu et n'aura aucun impact sur la marge de manœuvre financière du Gouvernement du Québec. Que diriez-vous alors d'une augmentation de 30 % de vos impôts, qui vous amènerait au tiers du stade déjà atteint par la Californie?

Il n'y a pas de doute, toute constitution a un prix.

DEUXIÈME PARTIE

CHAPITRE 6

Le fédéralisme
rend-il plus libre?

J'ai toujours fait une distinction entre le Canada et le fédéralisme, et j'ai beau faire tous les efforts du monde, je n'arrive pas à dénicher un côté «fédéral» aux choses que j'aime bien dans ce pays. Même les montagnes Rocheuses. Je n'arrive pas à les trouver fédérales, ces montagnes de tous nos désirs.

Le fédéralisme et l'engouement religieux qu'il suscite chez certaines personnes m'ont toujours intrigué[1]. Devant une telle ferveur, je réponds habituellement que le fédéralisme est aux pays ce que le scoutisme est aux personnes, une merveilleuse idée pour les plus jeunes et pour les aînés. Les uns n'ont-ils pas besoin d'encadrement et les autres de quelque chose à faire?

Comme toutes les boutades, celle-ci s'applique aussi à son contraire et il ne fait aucun doute que, pour plusieurs Québécois, la souveraineté est une forme attardée de scoutisme. Je retire donc mes propos. Un conseil cependant: n'allez surtout pas proférer de telles impertinences devant un vétéran de la campagne référendaire de 1980 ou un ancien combattant du rapatriement de 1982. Ces gens-là n'entendent plus rire.

Bref, nous ne sommes pas ici pour nous amuser. À défaut d'en rire, contentons-nous donc de regarder d'un œil critique ce fédéralisme dont plusieurs nous disent qu'il est l'une des plus grandes inventions de la démocratie politique. Prenons-les au mot: le fédéralisme fait-il partie de la solution ou du problème? Le contrat fédéral est-il le seul contrat démocratique possible? N'y a-t-il de liberté qu'à travers le lien fédéral?

Fédéralisme et démocratie: prise un

Traditionnellement, la sauvegarde de la liberté et de la démocratie a été l'un des arguments préférés des fédéralistes, du moins ceux du Québec[2]. Je dis «traditionnellement» car, depuis 1980, cet argument n'est plus guère utilisé. On se réfère encore poliment aux thèses de Pierre Trudeau, mais l'enthousiasme n'y est plus.

Rien n'illustre mieux ce manque d'intérêt envers la démocratie que quelques-uns des nouveaux livres publiés en faveur du maintien du Québec dans l'Union fédérale. Tout y est affaire de dette, d'emprunt, de coûts de transition, de budget *pro forma,* de transfert de capitaux et de manœuvres fiscales. De démocratie, il est bien peu question, sauf de façon fort indirecte. C'est le cas, par exemple, du livre de Marcel Côté, *Le Rêve de la Terre promise,* où l'auteur reconnaît pourtant la légitimité démocratique d'un éventuel choix référendaire en faveur de la souveraineté[3]. Les coûts engendrés par une telle décision seraient tellement élevés, avance-t-il, qu'ils rendent impensable toute décision ultérieure de passer aux actes et de proclamer la souveraineté du Québec, comme quoi une décision démocratique peut parfois donner des résultats aberrants.

Le moins que l'on puisse dire, c'est que cette analyse ne donne pas le beau rôle à la vie démocratique. Comme bien d'autres économistes, Marcel Côté n'est guère impressionné par la qualité des décisions que peut être amenée à prendre une population, surtout si elle a le choix et que la décision ne s'impose pas d'elle-même. Il fait davantage confiance aux politiciens, même à ceux d'obédience «séparatiste». Devant la «vraie» réalité, conclut-il, ils n'auront d'autre choix que de reculer, la «queue entre les jambes».

Ce ne sont pas tous les économistes qui sont ainsi d'avis que la population doit être «protégée» contre les excès pouvant découler de sa propension à vouloir prendre des décisions. Depuis une vingtaine d'années — et je ne sais pas s'il faut s'en féliciter ou en pleurer — toute une école des sciences économiques a fini par constater que les populations n'étaient pas aussi irrationnelles qu'on l'avait cru. À grand renfort d'équations, ces nouveaux économistes auxquels se sont joints plusieurs politologues tentent de comprendre les «calculs» auxquels se livrent les électorats lorsqu'on prend la peine de les consulter.

Bien que cet électorat ne dispose que d'une information partielle, que son intérêt ne soit pas toujours très élevé et qu'il soit traversé par des préférences souvent contradictoires, il arrive à imposer ses choix et à donner aux politiciens la marge de manœuvre nécessaire pour prendre des décisions importantes. En dernière analyse, ce sont les citoyens et non les gouvernements qui créent cet espace de liberté sans lequel la société ne serait qu'un simple marché.

L'économiste Marcel Côté n'accorde finalement que peu d'importance «pratique» à la démocratie et au politique, bien que je sois convaincu qu'il place la démocratie en tête de liste des valeurs politiques auxquelles il croit. Certes, il reconnaît que, au lendemain d'un vote favorable à la souveraineté, quelques bons «party» viendraient alléger l'atmosphère et donner l'impression que les choses vont changer. Mais l'euphorie ne peut qu'être de courte durée. L'économie reprendra inévitablement ses droits. La déprime aussi. Marcel Côté, on le voit, n'est évidemment pas de ceux qui croient qu'une décision démocratique ajoute à l'efficacité de nos sociétés et peut constituer un avantage comparatif certain.

À l'appui de sa thèse, il cite le cas de la Slovaquie et son diagnostic est apparemment sans appel: «La catastrophe que prédisaient les économistes à la Slovaquie a eu lieu, alors qu'en parallèle la République tchèque est le pays d'Europe de l'Est qui se porte maintenant le mieux[4].» Une véritable histoire d'horreur, conclut l'auteur, et il ne tient même pas compte de la xénophobie et de l'autoritarisme qui accompagnent habituellement ce genre de situation.

Arrêtons-nous quelques instants à cet exemple tchécoslovaque. Notons tout d'abord que s'il est vrai que les Slovaques ont été les principaux instigateurs du «divorce», même les analystes les mieux disposés envers la version tchèque des événements reconnaissent volontiers que la République tchèque n'est pas au-dessus de tout soupçon dans cette affaire[5]. Une volonté de pousser les Slovaques en dehors d'une union fédérale dont les Tchèques n'avaient jamais voulu est en effet la seule raison expliquant pourquoi le président Havel n'a pas cru bon d'insister sur la tenue d'une consultation populaire. On connaît sa réputation de démocrate, une réputation amplement méritée, et il est donc curieux qu'il n'ait pas eu recours au référendum ou à l'élection. Il savait pourtant, et l'a souvent répété, que l'opinion publique, tant en Slovaquie que dans la partie tchèque du pays, était opposée à la dissolution de la fédération. Peut-être était-il convaincu que d'une telle consultation résulterait le maintien du lien fédéral et la nécessité d'accommoder les demandes légitimes des Slovaques en matière de renouvellement du fédéralisme.

Bien que le moment soit mal choisi pour faire un procès au président Havel, on peut se demander dans quelle mesure notre vision de la Slovaquie et de son nationalisme ne découle pas de notre admiration béate à l'égard du président. Pourtant, il n'a jamais manqué une occasion de tenir à l'égard des Slovaques des propos d'un paternalisme éhonté tout en insistant sur le caractère naturel — tout aussi naturel que sa propre masculinité, a-t-il déjà écrit — du nationalisme tchèque[6]. Pour lui comme pour la grande majorité des intellectuels tchèques, les Slovaques n'ont toujours été qu'un ramassis de paysans un peu rustres, portés sur le tribalisme, fermés sur eux-mêmes et incapables de se gouverner.

Il me semble avoir déjà entendu cela quelque part...

S'il est vrai que les Tchèques n'ont pas contesté le divorce et qu'ils l'ont peut-être même recherché, alors, en se fiant aux chiffres de Marcel Côté, il faut bien admettre que, de leur point de vue, la «séparation» a été parfaitement rentable. La République tchèque n'est-elle pas maintenant la Cendrillon de toute l'Europe de l'Est? Sortir d'une union fédérale est parfois fructueux et, si ce le fut dans le cas d'un pays aussi peu développé que la Bohême, imaginez ce que cela serait dans le cas du Québec. Vaclav Havel et les chefs politiques tchèques ont donc eu raison de lutter contre les réticences de leur propre population et de laisser s'imposer un divorce dont maintenant la population se félicite. Il s'agit sûrement là d'un autre cas de gouvernement sachant mieux que son électorat ce dont ce dernier a besoin!

Je suis bien conscient que ce raisonnement ne convaincra pas un seul partisan du lien fédéral. Pour démontrer ma bonne foi, j'accepte volontiers de regarder les choses du point de vue slovaque. La sortie de l'union fédérale a-t-elle effectivement débouché sur une catastrophe ?

Dans la mesure où l'on croit que le renouvellement d'une vie démocratique est un résultat important, on ne peut qu'être impressionné par la performance slovaque[7] :

• L'effet le plus immédiat de l'indépendance slovaque fut un renouveau de la liberté de presse et du débat public. En quelques semaines, on se départit de toutes les vieilles pratiques de censure et d'autocensure qui avaient cours auparavant.

• L'effet sur les partis et le système de partis fut presque aussi immédiat. Très rapidement, on passa d'une situation de grande confusion, où chaque parti était amené à tout promettre en tentant de rassembler des coalitions entièrement artificielles, à une situation de plus grande clarté. Subitement, les mots reprirent leur sens.

• L'effet sur le parti gouvernemental, le MSD (Mouvement pour une Slovaquie démocratique), fut encore plus prononcé. Au moment même où il annonçait la souveraineté, le premier ministre Meciar dut subir une contestation sans précédent de son style passablement autocratique — et c'est un euphémisme — de gouvernement et de sa conception des rapports politiques. N'en faisons pas un «grand démocrate» mais il est certain que pour lui, les choses ne seront plus jamais les mêmes et il doit parfois se rappeler avec nostalgie l'époque où lui seul pouvait parler au nom du pays, de la nation, du gouvernement et du parti.

• Contrairement à ce qu'on craignait, la Slovaquie n'a pas connu de retour aux anciennes pratiques politiques, ce qu'on appelle là-bas la «normalisation». L'accès à la souveraineté a eu pour effet de sacraliser, un peu trop selon certains, le principe du «règne de la loi». Après quelques mois de souveraineté, les Slovaques ont commencé à se préoccuper de questions qu'ils avaient toujours considérées comme de faux problèmes : la régionalisation, la relation entre l'exécutif et le législatif, l'indépendance du judiciaire, les mécanismes de résolution des conflits, les limites du libéralisme, les droits collectifs et individuels et le contrôle des décisions politiques.

• Le revirement le plus important concerne cependant le «nationalisme» slovaque qui a considérablement perdu de sa sensibilité épidermique et qui ne mobilise plus guère les Slovaques. L'époque de la crispation ethnique semble résolument terminée et le MSD ne peut plus prétendre à un monopole des bons (et des mauvais) sentiments nationalistes. Il s'est rapidement fait dépasser sur sa droite et sur sa gauche. Les Slovaques sont passés à autre chose. Je me risquerai même à une prédiction : sans son accession à la souveraineté, inattendue j'en conviens, la Slovaquie aurait continué de s'enfoncer dans le verbiage nationaliste, l'autoritarisme et la démagogie.

• Après seulement deux ans de souveraineté, la politique extérieure du nouvel État slovaque est maintenant aussi «libérale», sinon plus, que celle de son ancien grand frère. À l'ouverture européenne, la Slovaquie a ajouté une préoccupation pour une meilleure collaboration régionale avec les membres du Groupe de Visigrad que la République tchèque continue d'ignorer sous prétexte que des pays comme la Hongrie ou la Pologne ne sont pas «dignes» de son standing européen[8].

Il n'y a pas eu non plus de retour aux vieilles habitudes économiques ou à une pseudo troisième voie. Certes, le rythme des réformes (privatisation, déréglementation) a continué de se dérouler autrement qu'en République — et c'était là une des raisons du changement de statut constitutionnel —, mais il n'y a pas eu de renversement. Au contraire, le mouvement s'est même accéléré et il fait aujourd'hui l'objet d'un consensus beaucoup plus large. Les partis politiques ont dû cesser de jouer à faire passer sur le dos de Prague les problèmes d'ajustements importants auxquels le pays fait face. Pendant que la République tchèque doit revoir son programme de transformation économique, notamment à cause d'un partage de plus en plus inégal des coûts et des bénéfices associés à ce mouvement rapide de déréglementation et de privatisation, la Slovaquie semble avoir arrêté la descente aux enfers économiques que lui imposait le fédéralisme tchécoslovaque. En 1996, peut-être même en 1995, son PNB devrait connaître une augmentation supérieure à celle de la République tchèque. Mais comme ces chiffres ne signifient pas grand-chose puisque tout dépend de la base initiale de calcul, il ne faudrait pas trop s'y attacher. L'important pour l'économie slovaque n'est pas tant d'obtenir de meilleurs résultats que la République tchèque en ce qui a trait à la lutte contre l'inflation, mais de se donner un espace public autonome où des décisions politiques d'ajustement pourront être prises pour mieux intégrer la Slovaquie dans la nouvelle économie mondiale[9]. Pour les Slovaques, la fin de l'expérience fédérale n'a pas voulu dire la fin du monde, bien au contraire.

Il y a vraiment de nombreuses leçons à tirer de l'exemple slovaque, à condition évidemment de ne pas se contenter de un ou deux chiffres.

Fédéralisme et démocratie: prise deux

Si certains fédéralistes n'accordent finalement que peu d'importance à l'argument politique et démocratique, ce n'est pas le cas de Jean-Pierre Derriennic et de son livre *Nationalisme et démocratie*.

Selon lui, ce n'est pas tant le fédéralisme canadien qui protège les assises démocratiques québécoises que la tentative par le Québec de se retirer de l'Union fédérale qui menace la démocratie québécoise puisqu'un tel retrait risque de conduire à la violence[10]. Il ne le souhaite pas, mais ce serait selon lui une erreur de ne pas comprendre que la chose est possible. Pour appuyer sa thèse, il ne fait pas référence à une quelconque supériorité politique du fédéralisme, mais aux préférences des individus qui appuient le maintien du lien fédéral. En soi, le fédéralisme n'est pas un régime politique supérieur, mais il a l'avantage, ou le désavantage, de susciter chez ses adeptes un engagement absolutiste. Pour eux, le fédéralisme est le dernier rempart contre le barbarie.

Selon Derriennic, l'insatisfaction et la frustration des fédéralistes seront plus grandes dans un Québec souverain que ne le sont celles des souverainistes dans le présent régime fédéral. Ils auront donc de bonnes raisons, à leurs propres yeux tout au moins, de prendre tous les moyens pour empêcher que cette injustice ne se produise. Finalement, c'est tout le Québec qui risque de faire les frais de cet attachement viscéral car si les «fédéralistes» n'ont pas la possibilité d'empêcher que la souveraineté se réalise, ils ont cependant le pouvoir de gâter la sauce pour tout le monde. Il ne s'agit pas de savoir s'ils auront raison de le faire, mais de constater que, compte tenu des circonstances historiques de leur attachement au fédéralisme, ils ne se sentiront pas liés par le principe de l'accommodement dont nous parlions plus haut.

Une telle argumentation se nourrit de sa propre logique et elle ne peut évidemment être contrée que par des arguments aussi totalitaires. Il s'agit d'un problème auquel les théoriciens des relations internationales ont longuement réfléchi sans toutefois trouver de réponse. Comment en effet réagir devant un adversaire annonçant calmement qu'il entend lui-même réagir de façon irrationnelle? C'est le genre de situation qui empêche tout débat intelligent. Paradoxalement, l'argument de Derriennic conduit à donner raison à nul autre que Pierre Bourgault, lui qui n'a de cesse de proclamer qu'à cause de leur obsession ethnico-linguistique, les anglophones du Québec seraient devenus imperméables à l'argument démocratique. Une bien curieuse convergence.

Heureusement pour nous, Jean-Pierre Derriennic oublie l'une des règles fondamentales de la théorie politique moderne, soit l'impossibilité de comparer l'intensité de l'attachement à une ou plusieurs valeurs politiques de deux individus et encore moins de deux groupes différents. C'est probablement ce qui va tous nous sauver. Certes, chacun d'entre nous est parfaitement en droit d'affirmer que la liberté, pour prendre cet exemple, est la valeur politique suprême. C'est une affirmation raisonnable et qui peut être raisonnée. Mais, ce faisant, on ne peut s'appuyer sur une quelconque intensité plus grande de ceux qui sont convaincus de cette suprématie, par opposition à ceux qui feraient de l'égalité «leur» valeur suprême. De telles comparaisons interpersonnelles sont impossibles et particulièrement dangereuses puisqu'elles conduisent nécessairement à des abus. Du genre de ceux qui permettent de conclure que «ma démocratie est plus démocratique que la tienne» ou que «ma liberté est plus fondamentale que celle des autres». Si tel était effectivement le cas, il faudrait désespérer de la nature humaine et de sa capacité de se doter de règles politiques civilisées.

Pour démontrer l'existence d'une frustration plus grande de la part des fédéralistes, Jean-Pierre Derriennic se fonde sur le caractère irrationnel du projet souverainiste en particulier et du nationalisme en général.

1. Le nationalisme est la cause la plus fréquente des conflits politiques violents.

2. Le nationalisme est donc dangereux et nocif pour le genre humain et pour toute société organisée.

3. Toute décision fondée sur une vision nationaliste du monde est par définition dangereuse car elle peut conduire à la situation décrite au point 1.

4. Les sociétés, comme les individus, ne cherchent pas l'auto-mutilation et tentent d'éviter de s'infliger des peines excessives comme celles qui sont prévisibles d'après le point 2.

5. Si une société choisit quand même une voie nationaliste, en contradiction avec le point 4, et surtout si elle le fait de façon majoritaire, cela ne peut qu'être le fruit d'une mystification ou d'une erreur d'appréciation.

La conclusion est évidente : les «perdants» fédéralistes seront nécessairement inconsolables. Premièrement, ils ne pourront utiliser le principe de l'accommodement, car il ne saurait être question pour eux de s'accommoder de l'irrationalité de leurs compatriotes, tandis que les éventuels perdants souverainistes pourront se consoler à l'idée d'avoir perdu au profit d'une cause plus juste et plus rationnelle. Bref, ils sauront que les «bons» ont gagné, ce qui réduira d'autant leur frustration. Deuxièment, les perdants fédéralistes auront conscience qu'ils n'ont pas d'autre choix que de recourir à tous les moyens, y compris l'agitation, pour renverser cette décision. Être forcé d'utiliser des moyens extrémistes pour faire valoir un point de vue rationnel, n'est-ce pas là la pire des déchéances, des humiliations et des frustrations? Troisièmement, savoir que l'on a perdu aux mains de l'irrationalité et que l'on devra désormais vivre dans une société où de tels gestes peuvent se produire de nouveau inspirera de la crainte. Et finalement, constater qu'une défaite aurait été moins pénible pour les souverainistes engendrera beaucoup de frustration.

Cet argument de la supériorité présumée d'un ensemble de préférences individuelles sur un autre ne laisse à la majorité souverainiste que deux choix : se désister, en s'excusant probablement d'avoir même pensé à se constituer en majorité, ou faire la preuve, en criant plus fort, que son attachement à sa cause est plus élevé que celui des adversaires. En effet, si l'on accepte que le degré de fureur de la minorité fédéraliste fonde davantage son droit démocratique que le nombre de la majorité souverainiste, celle-ci n'aurait plus alors qu'à entrer dans une colère égale ou supérieure à celle de la minorité pour immédiatement recouvrer le droit d'imposer sa volonté.

On voit bien où ce genre de raisonnement et de contre-raisonnement nous mène, à l'impasse totale et à la régression de la raison[11]. Fonder la démocratie sur la frustration n'est tout simplement pas acceptable. Et ce n'est vraiment pas raisonnable.

Fédéralisme et démocratie : prise trois

Même si l'on n'utilise plus l'argument avec la même conviction qu'autrefois, on entend encore dire à l'occasion que la multiplication et la séparation des ordres de gouvernement est en soi une bonne chose et que le prix à payer en dédoublements et en conflits n'est pas trop élevé puisqu'il s'agit de démocratie.

C'est un argument qui a connu plusieurs incarnations. Le fédéralisme divise le travail gouvernemental en au moins deux « tranches » de sorte que les citoyens peuvent poser des jugements en étant mieux informés. Ils peuvent aussi, chose impossible en régime non fédéral, approuver la performance d'un parti à un ordre de gouvernement et critiquer ce même parti pour sa gestion à un autre. La liberté d'évaluation du citoyen s'en trouve donc accrue. Le fédéralisme augmente aussi les chances des citoyens de voir leurs souhaits exaucés plus souvent. Ils peuvent en effet obtenir d'un ordre de gouvernement ce que l'autre leur a refusé. C'est un argument que l'on a beaucoup entendu au Québec et qui est particulièrement utilisé à propos de la culture et des droits fondamentaux. Mieux vaut avoir deux ministères de la Culture et deux chartes des droits. N'est-ce pas ce que l'on entend encore parfois ?

Passons rapidement sur l'argument culturel. Il présume que la relation clientéliste est la seule qui compte. Donnez-moi mon théâtre, sinon je vais aller voir l'autre gouvernement ! On connaît bien la rengaine, et rares sont les secteurs de notre société civile qui ne l'ont pas utilisée à un moment ou à un autre. Encore ici, je ne sais pas s'il faut se féliciter ou se désoler de constater que l'on pense immédiatement aux artistes lorsque vient le temps de ressortir la métaphore des deux râteliers. Est-ce le signe d'un respect envers leur habileté ou, au contraire, l'indice d'un mépris profond envers les créateurs culturels ?

Je l'avoue sans ambages : j'arrive mal à me convaincre de la pertinence d'un tel argument. Non pas que j'éprouve une quelconque difficulté à lui donner la réplique, mais parce qu'il suscite chez moi un malaise. Pour ce qui est de la réplique, il suffit de souligner qu'un tel clientélisme n'a de sens qu'en période d'expansion budgétaire, alors que les gouvernements peuvent encore se payer le luxe de se faire concurrence à coups de subventions. En période de restriction budgétaire, les premiers «investissements» qui disparaissent sont évidemment ceux qui sont fondés sur une logique de compétition avec un adversaire dont on sait qu'il n'a plus les moyens de lutter.

Nous sommes déjà capables d'apprécier les résultats de cette course à la réduction. Bientôt le Québec, et Montréal en particulier, pourra admirer les squelettes évidés de ces nombreux équipements culturels qui n'ont plus d'adversaires auxquels se mesurer. C'est déjà vrai pour Radio-Québec, pour la Cinémathèque québécoise, pour Radio-Canada et pour l'Office national du film. Ce le sera bientôt pour l'École nationale de théâtre et pour le Conservatoire d'art dramatique.

L'argument des deux chartes des droits ne vaut guère mieux. C'est vrai que la Charte québécoise comprend des protections que la Charte fédérale ne contient pas, mais ce gain est minime comparativement à la situation de subordination hiérarchique dans laquelle se trouve la Charte québécoise par rapport à la Charte fédérale. L'effet d'une telle subordination est encore aggravé lorsqu'on tient compte des «oublis» importants qui caractérisent la Charte fédérale, notamment celui de prendre en compte la situation particulière du Québec, seule société française d'Amérique. Bien plus, on a tout aussi délibérément introduit dans cette charte des articles qui réduisaient la capacité du gouvernement du Québec de défendre et de promouvoir, à la hauteur de ses moyens et de l'orientation voulue par les citoyens, la langue et la culture françaises.

Il ne s'agit pas de savoir si les moyens mis en œuvre par le Québec sont les meilleurs. Dans une société démocratique, c'est là matière à désaccords et c'est d'ailleurs pour cela qu'on tient régulièrement des élections. Or, depuis 1982, la Charte fédérale des droits a décidé pour nous ce qui était acceptable et ce qui ne l'était pas en matière de protection de la langue française. Il faut quand même le faire: en matière de langue et de culture, le Québec a perdu le peu de «souveraineté culturelle» et de marge de manœuvre qu'il avait si difficilement obtenu au fil des ans. Et on voudrait que l'on demeure silencieux sur cette charte?

Loin d'être une protection supplémentaire, la Charte fédérale des droits est un danger croissant pour la société québécoise dans son ensemble, et même pour les individus qui la composent, car elle réduit sensiblement leur capacité de jouir et d'être responsables de ces biens collectifs que sont la sécurité culturelle et la satisfaction de vivre dans une culture française et démocratique. On objectera que le cadre fédéral actuel n'empêche évidemment pas le Québec de fonctionner en français.

Le diagnostic n'est pas entièrement faux. En fait, il est plutôt juste. Ce qui est moins raisonnable par contre, c'est l'analyse qu'on en fait. Sans doute le cadre fédéral n'a-t-il pas détruit la culture française au Québec. Mais cette constatation permet seulement de conclure que le fédéralisme n'entraîne pas nécessairement le pire.

Par contre, en regardant la performance du régime fédéral en ce qui concerne les communautés francophones à l'extérieur du Québec, le fédéralisme canadien n'a guère raison de pavoiser. En refusant d'adopter la solution territoriale, comme l'ont fait toutes les autres fédérations plurilingues, l'Union canadienne a nécessairement condamné ces minorités à des comportements héroïques afin de préserver leur culture. De plus, en faisant de la langue et de la culture une simple question individuelle, le fédéralisme a contribué à rompre de façon quasi irréversible les ponts entre le Québec et le reste du Canada français. Ce n'est quand même pas le Québec qui a placé les minorités françaises dans la situation où elles sont aujourd'hui et, même en admettant que nous aurions pu faire davantage — notamment en changeant certaines de nos attitudes pour le moins méprisantes —, on voit mal comment le gouvernement provincial du Québec aurait pu en cette matière mieux réussir que celui du Canada. Il n'existe tout simplement pas d'exemple connu d'une province ou de toute autre entité fédérée qui ait pu contribuer efficacement au développement culturel (sans parler du développement social et économique) d'une minorité située dans l'entité fédérée voisine. Le principe même du fédéralisme, avec son cloisonnement étanche entre les ordres de gouvernement, empêche ce genre de collaboration. En Suisse, il a fallu que le canton du Jura se «sépare» pour accéder à une certaine autonomie et à une certaine sécurité dans son développement culturel. Le 1er janvier 1995, les Belges ont décidé de «séparer» — encore ce mot — le département du Brabant où se trouvait Bruxelles et de le remplacer par un Brabant francophone et un Brabant néerlandophone. Bien que la région bruxelloise soit largement francophone et que les néerlandophones du Brabant puissent compter sur la contiguïté avec la Flandre, on a décidé de donner aux deux groupes linguistiques leur propre Brabant. Libre à eux ensuite de l'organiser comme ils le désirent et de porter le poids électoral de leurs décisions respectives.

Il ne s'agit pas de conclure que chaque groupe linguistique doit posséder ses propres structures étatiques, mais simplement de constater que lorsque cette situation est possible, elle est nettement plus appropriée et plus facile à appliquer.

Et ce qui est plus facile ne doit pas être rejeté sous prétexte que cela «fait simple» et que nous vivons dans un monde de plus en plus complexe. C'est vrai que le fédéralisme est souvent le régime politique «préféré» des situations complexes, en particulier celles impliquant un enchevêtrement de minorités qui, toutes, demandent à être protégées. Mais cette association étroite entre fédéralisme et complexité est dépourvue de toute causalité. Pour chaque cas où le fédéralisme est positivement associé à une plus grande coexistence pacifique entre de multiples minorités et majorités, on trouve un nombre équivalent de cas où le fédéralisme a probablement empiré la situation. C'est d'ailleurs pour cela que ces fédérations ont fini par se dissoudre. Plusieurs de ces cas de dissolution n'ont pas arrangé les choses (Congo, Éthiopie, Indonésie). L'abandon du statut fédéral ne semble pas avoir eu d'impact, en bien ou en mal, sur d'autres situations (la Colombie après 1930, la Jordanie après 1958[12]). En matière de protection des droits de la personne, le fédéralisme n'est pas une variable très déterminante et plusieurs régimes unitaires ont à cet égard une performance exemplaire (Suède, Norvège, Danemark). On oublie aussi que la Lybie, la Malaisie, l'Irak et l'Ouganda ont été à certains moments des unions fédérales.

Il n'y a rien de viscéralement «pourri» dans le fédéralisme et encore moins dans le principe fédéral. Dans certaines circonstances, cette division des pouvoirs en plusieurs ordres de gouvernement est peut-être indiquée afin de permettre à des groupes de mieux protéger leurs arrières et de «vivre leur ethnicité» en paix. De là à conclure que la multiplication des élections et des bureaucrates est un acquis pour la liberté, il y a une marge importante. Les exemples yougoslave, soviétique et même tchécoslovaque devraient nous inciter à une certaine prudence lorsque vient le temps de proclamer la supériorité morale ou pratique du fédéralisme. Dans ces trois cas, le fédéralisme n'a pas résisté au vent de liberté et de démocratie qui soufflait sur ces pays. Certains affirment même que le fédéralisme a retardé quelque peu l'arrivée de ce vent de liberté[13].

Il ne s'agit pas ici de faire le procès — un autre — du fédéralisme et de sa capacité à respecter ou non les libertés démocratiques. L'exemple de l'Union fédérale canadienne est là pour nous rappeler qu'il existe au moins un cas où la création d'une telle union s'est accompagnée de la «signature» d'un contrat moral fondé sur le respect des individus et des groupes. L'AANB et son évolution jusqu'en 1980 ont permis, certes avec des hauts et des bas, de renforcer cet engouement initial reconnaissant le Québec sinon comme une nation, du moins comme une communauté politique distincte. La meilleure défense que les partisans du lien fédéral pouvaient invoquer en sa faveur, ce n'est pas la Slovaquie ou la dette, mais bien le fait que cette Union fédérale a relativement bien fonctionné dans le passé. La preuve en est qu'elle a fait du Québec une société démocratique capable aujourd'hui d'assumer un autre destin.

CHAPITRE 7

Le fédéralisme est la seule voie de l'avenir...

Mais il n'y a pas que la démocratie dans la vie, et le fédéralisme a beaucoup d'autres cordes à son arc que le seul argument d'une meilleure protection des droits des minorités.

Il suffit pour s'en convaincre de consulter Daniel Elazar qui, à l'université Temple à Philadelphie, dirige le Center for the Study of Federalism[1]. Cet homme est une véritable machine à penser et je ne crois pas qu'il se trouve un seul argument favorable au fédéralisme qui lui ait jamais échappé. La liste de ces arguments exigerait des pages (c'est normal puisqu'il a identifié pas moins de 286 variétés de fédéralisme). En voici quelques-uns parmi les moins connus :

1. Le fédéralisme facilite le développement économique des régions les plus défavorisées, car il les force à se donner une base fiscale autonome sans laquelle elles ne peuvent espérer survivre comme communautés distinctes.

2. Le fédéralisme favorise une plus grande justice sociale, car il force les régions les plus riches à partager leur richesse.

3. Le fédéralisme encourage l'innovation au chapitre des politiques publiques.

4. Sans le fédéralisme, plusieurs régions de la terre seraient encore aux prises avec des conflits violents.

5. Le fédéralisme exige un certain dépassement et, en cela, pousse les citoyens et leurs représentants à se donner des objectifs ambitieux.

Mais tous ces arguments ne font guère le poids par rapport à celui qui est en bonne voie de devenir l'argument massue des défenseurs du lien fédéral. Je parle évidemment de la fatalité historique du fédéralisme, seul mode d'organisation des rapports politiques qui irait dans le sens de l'histoire.

On en veut pour preuve l'Union européenne qui serait en bonne voie de devenir une véritable fédération. Dans plusieurs secteurs de l'activité, le principe fédéral y serait d'ailleurs déjà plus développé qu'au Canada ou aux États-Unis. Si l'Europe choisit ainsi la formule fédérale, c'est que celle-ci est particulièrement adaptée à des situations d'interdépendance et que seul le fédéralisme permet de «faire l'Europe». Le cas belge viendrait d'ailleurs confirmer que le fédéralisme est devenu incontournable puisque, si l'on se fie à ce qui se passe dans ce pays, la fédéralisation de l'Europe conduit les États membres à adopter une forme fédérale pour ce qui leur reste de souveraineté nationale.

Les chiffres semblent confirmer cette tendance lourde. En effet, il existerait actuellement 20 fédérations dans le monde et 2 milliards d'individus vivraient déjà en régime fédéral. Ces fédérations sont composées de quelque 350 États fédérés, un nombre supérieur aux quelque 185 gouvernements nationaux souverains.

À ces chiffres, il faut ajouter 21 autres pays comprenant 335 millions d'individus vivant dans des quasi-fédérations. N'oublions pas la Chine et ses 1,2 milliard d'habitants. Son caractère fédéral ne ferait, toujours selon Daniel Elazar, aucun doute.

Finalement, on trouve approximativement 20 cas d'associations fédérales comprenant au moins un territoire non souverain. C'est le cas de Macao, de Puerto-Rico, des îles Marshall, du Bhûtân et de la Micronésie.

Les chiffres parleraient donc d'eux-mêmes : entre 40 % et 70 % de la population mondiale vit dans une forme ou une autre de fédéralisme. On se demande donc quelle mouche a bien pu piquer ces Québécois qui persistent à croire que la formule fédérale n'est pas la seule possible. Même l'univers de *Star Trek* est un univers où règne le fédéralisme, ce qui confirme qu'à l'avenir nous serons tous, de bon ou de mauvais gré, des fédéralistes. Heureusement d'ailleurs, car la seule autre solution est de vivre dans la barbarie des Klingons qui n'ont rien trouvé de mieux comme organisation politique que la dictature impériale[2].

Passons sur la décision de faire de la Chine une union fédérale. Compte tenu du dossier de ce pays en matière des droits démocratiques et des droits de la personne, je n'insisterai pas trop sur sa fédéralisation progressive. Je tairai aussi la contribution du fédéralisme à la consolidation du processus démocratique au Nigeria et en Russie. Quant à l'Inde, il s'agit de l'un des seuls cas connus, avec celui de la Yougoslavie fédérale évidemment, où le fédéralisme a favorisé une dérive du nationalisme civique vers un nationalisme ethnique[3]. Il n'y a pas là de quoi être fier. Parmi les quasi-fédérations, Daniel Elazar inclut l'Italie, le Japon, le Portugal, l'Espagne et la Grande-Bretagne. Je me demande ce que les Japonais diraient d'une telle idée.

Quant aux 2 milliards d'individus vivant dans l'une ou l'autre des «véritables» fédérations, près de la moitié d'entre eux, 48% pour être plus précis, habite le sous-continent indien (Inde et Pakistan) et 40% se trouvent dans seulement 5 fédérations (États-Unis, Brésil, Allemagne, Nigeria et Russie).

N'engageons pas une bataille de chiffres car, pour les deux parties, elle est perdue d'avance. Il est en effet impossible de contrer une impression de fatalité historique par un recours à l'argument statistique. Peut-être l'argument raisonné aura-t-il plus de chance. À cet égard, il n'est pas interdit de souligner que la solution fédérale, sans être en perte de vitesse, semble singulièrement manquer de souffle lorsque vient le temps de «régler» certaines situations conflictuelles et fort complexes (ce qui est prétendument sa marque de commerce).

La Bosnie-Herzégovine et la Russie sont les deux exceptions. Mais dans le cas de la Bosnie, la mise en application de la solution fédérale semble se faire avec quelques «difficultés». Sauf les médiateurs internationaux, aucune des parties au conflit ne semble vraiment intéressée par une solution qui présume, comme condition de son succès, que le problème aurait déjà été réglé. Il se peut effectivement que la solution fédérale vienne à bout de l'agressivité serbe, de la combativité musulmane et de l'espoir bosniaque. On peut alors se demander si une telle solution aurait des chances de survivre bien longtemps. Comme l'ont déjà souligné plusieurs auteurs, le fédéralisme fonctionne particulièrement bien dans des situations où il n'est pas nécessaire et où l'on pourrait sans doute s'en passer (Suisse et Australie[4]). Quant à la Russie et à sa conception du lien fédéral, seuls les optimistes invétérés choisissent d'y voir une raison d'espérer[5].

Dans au moins trois cas, la solution fédérale, longtemps présentée comme la seule issue, n'est plus guère mentionnée. Il s'agit de l'Irlande, de la Palestine et de l'Afrique du Sud.

Après des années de guerre civile, l'Irlande du Nord s'achemine de plus en plus vers une solution de style «condominium» où l'Ulster aurait des liens de type confédéral à la fois avec la Grande-Bretagne et avec la République d'Irlande[6]. Quant à la Palestine, on admet maintenant que le déblocage récent est survenu lorsque Israël a cessé de rêver à une éventuelle fédération Jordanie/Palestine comme solution à la question palestinienne[7]. Le cas sud-africain est rarement mentionné au Canada et, pourtant, c'est après une étude de notre fédéralisme et de son évolution récente que les forces démocratiques de ce pays, tant blanches que noires, ont cessé de proposer, du moins au début, une solution fédérale[8]. Pendant longtemps, on a cru en effet que l'on pourrait faire de la démocratie et de la fin de l'apartheid l'un des fondements d'un contrat fédéral sud-africain. Il semble que l'épisode de 1982 ait considérablement refroidi les ardeurs de ceux qui, autour de l'African National Congress, croyaient encore aux vertus d'une union fédérale. Depuis les premières élections libres de ce pays et devant les difficultés croissantes à changer les choses, on s'est remis à penser à une structure plus fédérale. Pour les partisans du *statu quo* sud-africain, il semble qu'un fédéralisme à la canadienne apparaisse maintenant comme une bonne méthode pour empêcher tout changement réel.

Restent les chiffres concernant le nombre important d'États fédérés (provinces, Länder, États américains, etc.) dans le monde. Pourtant, si on se fie aux seuls chiffres américains où ils seraient plus de 3 000, les «counties» mériteraient largement la première place au Top 50 des formes de gouvernement les plus populaires sur la planète[9].

Il existe à peu près autant de commissions scolaires au Québec que d'États souverains dans le monde. Je n'arrive malheureusement pas à déterminer si cela veut dire qu'il y a trop de pays, trop de commissions scolaires ou pas assez des deux.

Serions-nous tous belges?

Les exemples de la Belgique et de l'Europe sont plus intéressants. Entendons-nous d'abord sur les évidences. Il ne fait aucun doute que la Belgique est devenue une union fédérale. Tous les textes constitutionnels adoptés depuis dix ans par ce pays font spécifiquement mention du caractère fédéral de ce qui demeure par contre un royaume. De la même façon, les 15 pays membres de l'Union européenne (anciennement la Communauté européenne) ont entrepris un processus d'unification qui pourrait très bien les conduire, bien que j'en doute, à une organisation de type fédéral.

Prenons d'abord le cas de la Belgique. Je crois sincèrement qu'il s'agit du mode de gouvernement le plus compliqué jamais inventé par un esprit humain ayant déjà fait preuve en la matière d'une certaine «inventivité». Mais il faut croire que c'est ce que les Belges désirent. Comme l'a déjà laissé entendre un observateur, si les Belges sont prêts à se compliquer ainsi la vie, c'est qu'ils veulent vraiment vivre ensemble, ou qu'ils n'ont pas le choix[10]. Voyons donc quel est leur comportement quant à l'organisation de leur fédération.

Au nouveau palier fédéral, le schéma est assez simple avec un parlement, un premier ministre et un gouvernement qui ressemblent à ceux de toutes les fédérations. Ils ont aussi l'équivalent d'une cour suprême et d'un gouverneur général (le roi).

C'est au palier inférieur que les choses se compliquent, car on y trouve trois grandes régions (Flandres, Wallonie et, depuis peu, Bruxelles-capitale) et trois communautés (française, germanophone et néerlandophone). Les frontières de ces régions et de ces communautés ne concordent pas, ce qui fait que, au chapitre de leurs institutions politiques, c'est le désordre le plus complet. Pour la Flandre, les choses sont relativement simples car on a fusionné la Communauté et la Région. C'est donc dire que les électeurs des cinq «provinces» flamandes élisent, comme le font les Québécois ou les Ontariens, une assemblé législative qu'on appelle le Conseil flamand ainsi qu'un gouvernement flamand qui agit comme pouvoir exécutif. Il y a même un premier ministre. Le seul accroc à la simplicité institutionnelle vient du fait que 6 des 124 membres du Conseil flamand (leur Assemblée législative) sont des «députés» élus pour siéger à l'Assemblée de la région de Bruxelles. C'est un peu comme si six députés francophones de l'Ontario ou du Nouveau-Brunswick siégaient aussi à l'Assemblée nationale du Québec en plus de participer à leur propre assemblée législative. Autre particularité du cas flamand, ils ont choisi de faire de Bruxelles leur «capitale et le siège de leurs institutions», du moins c'est ce que j'ai cru comprendre[11].

La région de Bruxelles, appelée Bruxelles-capitale dans les nouveaux textes de loi, est maintenant une région au même titre que la Région flamande, que nous venons de décrire, et la Région wallonne. Auparavant, cette grande région métropolitaine, francophone dans sa très grande majorité, faisait partie de la province du Brabant, elle-même située dans la Région flamande du pays. On imagine facilement les problèmes en découlant. Aujourd'hui, Bruxelles-capitale possède sa propre Assemblée législative de 75 membres (dont 6, comme nous l'avons vu, siègent aussi au Conseil flamand et 19 au Conseil de la Communauté française). Traduit en termes canadiens, cela voudrait dire que la grande région d'Ottawa-Hull forme une entité provinciale à part entière dirigée par son propre premier ministre et sa propre Assemblée, mais aussi qu'un certain nombre de députés de cette nouvelle province siège aussi à l'Assemblée de Toronto et à celle de Québec[12].

La petite population germanophone du pays ne dispose pas à proprement parler d'une Région qui lui soit propre, mais forme une communauté distincte (au même titre que la Communauté francophone et la Communauté néerlandophone). À titre de communauté, les germanophones de ces deux petites enclaves à l'est du pays disposent donc d'une assemblée de 25 membres ainsi que d'un gouvernement de 3 membres. Comme ces germanophones n'ont pas leur propre région, ils sont aussi appelés à voter lors de l'élection de l'Assemblée régionale de Wallonie. Aux fins régionales, ce sont des Wallons.

La francophonie belge dispose donc de deux assemblées élues (le Conseil régional wallon et le Conseil de la Communauté française) et de deux gouvernements (celui de la région de Wallonie et celui de la Communauté française). Contrairement aux Flamands, ils ont décidé de ne pas fusionner leur région avec leur communauté.

Les institutions régionales wallonnes (Conseil et Gouvernement) ont, comme leur nom l'indique, juridiction sur le territoire de la Région wallonne (y compris sur les germanophones qui y résident et pour qui ces institutions sont aussi leurs institutions régionales). Quant aux institutions propres à la Communauté, elles concernent à la fois les francophones de Bruxelles et ceux de la Wallonie.

Vous me suivez toujours?

Par exemple, les questions de culture sont placées sous la responsabilité des instances de la Communauté tandis que celles concernant l'aménagement du territoire relèvent de la Région et de ses instances. C'est vrai tant pour les francophones que pour les Flamands. En fait, on a adopté un principe assez simple: tout ce qui touche de près ou de loin à la langue et à la culture est du ressort de l'une ou de l'autre des Communautés. Et l'on n'a pas lésiné sur la définition de ce qui constitue une «question de langue»; on y a en effet rattaché la protection de la jeunesse, l'enseignement, l'audiovisuel, les mass media ainsi que la recherche scientifique. Les relations internationales dans ces domaines relèvent aussi des Communautés. De la même façon, tout ce qui est relié aux affaires économiques est administré par les Régions. Cela comprend les transports, le crédit, le commerce extérieur, l'agriculture, l'énergie, l'emploi, les travaux publics, l'environnement, et les relations internationales dans ces domaines spécifiques. Et dire qu'il s'en trouve encore pour croire de l'Union fédérale canadienne qu'elle est la plus décentralisée du monde!

Quant à l'État fédéral belge, il demeure responsable de la défense nationale et de la sécurité du territoire, de certains secteurs de la santé publique et de la sécurité sociale, des questions de justice et de la conduite générale des affaires étrangères (sans préjudice aux compétences des Régions et des Communautés en la matière).

Le moins que l'on puisse dire, c'est que les Belges n'ont pas choisi de se rendre la vie facile, et s'il est une situation qui démontre que le fédéralisme est malléable à volonté, c'est bien celle-là. Mais quels enseignements pouvons-nous tirer d'une expérience dont il est évidemment trop tôt pour dire si elle permettra au pays de gagner à la fois en efficacité et en démocratie? La première conclusion est certainement qu'en matière d'arrangements institutionnels, tout est possible, à condition qu'on le veuille et qu'on prenne les moyens pour y arriver. Par exemple, conscients qu'il leur faudrait «accommoder» les nationalistes flamands et que le problème ne disparaîtrait pas, les francophones belges, les Wallons en particulier, n'ont pas hésité à renverser leur opposition séculaire à toute forme de fédéralisme.

La deuxième leçon tient surtout à la nécessité de faire face à la réalité politique et sociologique du pays telle qu'elle est, plutôt que telle qu'on voudrait qu'elle soit. Les Belges n'ont apparemment pas perdu de temps à tenter de se faire croire que les Flamands ne constituaient pas une nation, ou tout au moins une société politique distincte. Ils ont aussi compris qu'il ne servait à rien de tenter de convaincre les Flamands qu'ils cessent de considérer leur identité culturelle comme le passage obligé vers une appartenance à l'union fédérale.

Troisièmement, les Belges ont été capables de réorienter leur réflexion pour tenir compte des contraintes, mais aussi des possibilités que leur offrait la nouvelle réalité internationale. Par exemple, ils ont laissé de côté les vieux clichés quant à la nécessité d'un gouvernement central fort ou de normes nationales précises. Et ils n'ont pas non plus demandé de permission à personne.

Quatrièmement, les Belges semblent avoir compris qu'un fédéralisme à deux (ou à trois) était tout à fait compatible avec un fédéralisme à dix et que l'asymétrie était la règle de base de toute construction institutionnelle moderne.

Finalement, la nouvelle réalité institutionnelle belge propose aux citoyens de devenir des citoyens à part entière d'une expérience démocratique sans précédent, mais de le faire selon des modalités multiples qui tiennent compte des nouvelles réalités internationales, dont celle de l'importance centrale des questions de langue et de culture. On s'est rapidement rendu compte qu'il ne servait à rien de nier l'extension politique de ces questions. Chaque fois que ce fut possible, on a donc choisi de politiser et déterritorialiser — à Bruxelles notamment — les différences culturelles.

Se peut-il que les Belges aient compris des choses qui échappent encore à Jean Chrétien ?

L'Union européenne et les pressions à la fédération

L'un des arguments les plus intéressants en faveur du lien fédéral est celui d'une «pression à la fédération» qui proviendrait d'en haut, c'est-à-dire des instances de coopération supranationale comme l'Union européenne ou l'ALENA. En d'autres mots, à mesure que les pays se joignent à des structures de coopération internationale, les pressions augmentent pour qu'ils se transforment eux-mêmes en union fédérale ou tout au moins pour qu'ils accentuent le caractère fédéral de leurs institutions et de leur fonctionnement. Le cas de la Belgique revient le plus souvent pour illustrer ce principe de la pression fédérative.

Mais à ce sujet, l'exemple belge n'est pas aussi «parlant» qu'on voudrait bien nous le faire croire. Ainsi, c'est surtout la présence des institutions européennes à Bruxelles qui a servi d'aiguillon pour convaincre les autorités flamandes et wallonnes d'accepter que Bruxelles devienne une Région au même titre que la Flandre ou la Wallonie. Aucune de ces deux Régions ou des trois Communautés n'étant particulièrement intéressée à «payer» pour la capitale, on a voulu avancer dans la voie d'une européanisation de Bruxelles et éventuellement en arriver à une contribution financière importante de l'Europe au financement de la capitale belge. Pour les Bruxellois francophones qui n'ont jamais vu d'un très bon œil leur rattachement à la Wallonie, cette régionalisation de leur ville représentait une façon de s'affranchir du reste de la Belgique.

Le même argument a été repris dans le cas d'autres pays européens, celui du Royaume-Uni, de l'Espagne, de l'Italie et même de la France. Ainsi les «fédéralistes» français ne manquent jamais une occasion de souligner que si la France devenait une fédération avec des régions fortes, elle pourrait retrouver son influence à Bruxelles. Après tout, c'est ce que les Allemands font.

Malgré son intérêt théorique, cet argument d'une pression à la fédération n'est pas conforme à la réalité. La Catalogne et l'Écosse n'ont pas attendu cette pression venue de Bruxelles pour affirmer leur identité politique distincte. Heureusement d'ailleurs, car l'Espagne et la Grande-Bretagne ne semblent pas engagées dans la voie fédérale. De plus, s'il y a une pression venue de Bruxelles, elle s'exercerait plutôt dans le sens d'une accession à la souveraineté pour ces États-nations en formation. C'est d'ailleurs ce que les Euro-sceptiques britanniques reprochent amèrement à l'Union européenne[13]. En Autriche, les opposants à l'Union européenne ont tenté, sans succès, de faire valoir que l'intégration de l'Autriche dans l'U.E. ne ferait que centraliser encore un peu plus une fédération déjà considérée comme la plus centralisée du monde (avec le Mexique[14]). Il est déjà trop tard, leur a-t-on répondu. Mais ramenons le débat à l'Amérique du Nord et aux conséquences que l'ALENA pourra avoir sur l'équilibre interne des trois fédérations qui pour l'instant s'y trouvent. Notons tout d'abord que l'ALENA ne représente qu'un simple accord commercial et qu'aucun objectif politique ou même économique ne s'y rattache. L'objectif est simplement d'établir une zone de libre-échange entre les trois pays. Comme l'un de ces pays, les États-Unis, est la plus importante puissance économique mondiale et que le couple commercial États-Unis/Canada est aussi le couple commercial le plus actif de la planète, tout accord de libre-échange entre les deux est nécessairement fort complexe, vu le volume de ces échanges. Mais s'agissant d'un accord commercial[15], il faut s'attendre à ce que les répercussions, peu importe leur nature, sur l'organisation politique des trois pays soient moins importantes qu'en Europe.

On aurait pu penser que le caractère fédéral des États-Unis et du Canada aurait considérablement compliqué la signature de l'accord de libre-échange — l'ancêtre de l'ALENA — puisque, en théorie tout au moins, les 50 États américains et les 10 provinces canadiennes jouissent non seulement d'une large autonomie, mais aussi de la souveraineté dans les secteurs tombant sous leur autorité. De plus, le contenu même de l'accord avait sans contredit une importante dimension provinciale ou régionale. Pourtant, les nombreuses études sur les négociations du Traité de libre-échange avec les États-Unis et ensuite du traité instituant l'ALENA ont toutes montré que la nature fédérale du Canada, loin de compliquer les négociations, en a peut-être même facilité la conclusion. Au Canada, comme aux États-Unis, le gouvernement central a tout simplement fait fi des vœux, fort pieux il faut le dire, des États fédérés en la matière.

Aux États-Unis, la décision d'adopter la procédure dite de la « fast-track » a fait en sorte que non seulement les États, mais aussi le Congrès, ont choisi de ne pas intervenir durant le processus de négociation, se réservant uniquement le droit d'accepter ou de rejeter en bloc le Traité une fois qu'il aurait été signé par le président. Cette procédure a eu pour effet d'augmenter considérablement le pouvoir du président par rapport à celui du Congrès et de limiter le rôle des États à celui de simples spectateurs[16].

Au Canada, seulement deux provinces ont manifesté une certaine opposition au libre-échange canado-américain, l'Île-du-Prince-Édouard et l'Ontario. Et seule cette dernière osa suggérer que l'accord remettait en question l'équilibre constitutionnel interne de la Fédération canadienne en centralisant encore davantage les pouvoirs entre les mains du gouvernement fédéral. Curieusement, tandis que l'Ontario s'est montrée incapable de convaincre le Québec et les autres provinces de la justesse de ses craintes en matière de centralisation, cette province n'eut aucune difficulté à « convaincre » le gouvernement fédéral que le libre-échange constituait l'occasion en or pour empiéter sur les responsabilités des provinces. C'est d'ailleurs précisément ce que ce dernier avait l'intention de faire. L'épisode est aujourd'hui oublié mais, au printemps de 1988, le gouvernement Mulroney présenta au Parlement un projet de loi qui lui donnait le mandat d'adopter toute loi lui permettant de faire face à toutes ses obligations résultant de l'accord. En clair, cela signifiait que le gouvernement central s'engageait à utiliser tous les pouvoirs à sa disposition pour forcer une province à modifier ses lois et ses politiques afin de les rendre conformes au traité signé par Ottawa[17]. Une autre clause du projet de loi concernait spécifiquement les produits alcooliques et l'industrie des spiritueux qui sont constitutionnellement d'obédience provinciale. Afin de s'assurer que les provinces allaient se conformer aux dispositions du traité en la matière, le projet de loi allait jusqu'à prévoir des amendes et des pénalités pour ramener à l'ordre les provinces récalcitrantes.

La signature de l'ALENA se fit dans un contexte similaire avec la seule différence que, cette fois, les provinces constatèrent qu'exprimer leur mécontentement était futile devant la volonté manifeste d'Ottawa d'utiliser son pouvoir constitutionnel en matière de commerce et de traités internationaux pour les obliger à s'adapter. Les négociations du GATT donnèrent d'ailleurs lieu au même stratagème.

Il ne faudrait pas croire que cette marche forcée à la centralisation et à l'uniformisation est particulière à l'Union fédérale canadienne. Toutes les autres fédérations connaissent le même phénomène, en particulier l'Australie et l'Allemagne, encore que, dans cette dernière fédération, les États fédérés ont profité de la réunification allemande et de la négociation du Traité de Maastricht pour obtenir du gouvernement central des assurances qu'il faudrait dorénavant compter avec eux lors des négociations internationales. Ces assurances furent intégrées au Traité d'unification de 1991 et surtout dans l'Acte de ratification du marché unique adopté en 1986. Mais, selon tous les observateurs, il est probablement déjà trop tard pour que les Länder allemands regagnent une part significative de leur autonomie politique. Ainsi, malgré le fait que la constitution allemande fait du principe fédéral le principe organisateur de leur système démocratique et qu'à ce titre on reconnaît la souveraineté des États fédérés, la même constitution reconnaît aussi le droit pour le gouvernement central de transférer une part de la souveraineté du pays ainsi que les pouvoirs législatifs qui l'accompagnent à des instances supranationales sans obtenir l'accord des États fédérés. Bien plus, ce transfert de responsabilité peut s'effectuer aux dépens de pouvoirs que la constitution assigne formellement aux Länder. Ici aussi, l'avis et l'accord des États fédérés ne sont pas requis et, comme pour ajouter l'injure à l'insulte, il est prévu que l'accord de la Chambre haute, où les États fédérés sont représentés directement, n'est pas lui non plus prévu. Ces procédures furent utilisées à plusieurs reprises tout au long du processus de construction européenne et, après des années de protestation, les États fédérés ne purent pendant longtemps faire mieux que d'obtenir la permission d'ouvrir des bureaux à Bruxelles afin d'être informés des lois européennes les concernant et que le gouvernement de Bonn s'apprêtait à signer en leur nom.

Le 30 juin 1994, la nouvelle Allemagne connut elle aussi son Charlottetown. Après des mois de négociation entre les Länder et Bonn, et des tractations fort complexes entre les deux grands partis (la coalition CDU/CSU et CSPD), le Parlement fédéral rejeta

finalement les propositions visant à renforcer les garanties constitutionnelles protégeant les États fédérés allemands. Dans un avenir
immédiat, il semble que les Länder devront se satisfaire de l'article
23 de la constitution allemande, un article que l'on dut réviser à
la suite du Traité de Maastricht et confirmant que l'Allemagne est
une fédération et que le gouvernement central doit *prendre en considération* l'opinion des États fédérés en matière d'union européenne[18].
L'exemple allemand n'augure rien de bon pour le Canada et ses
provinces.

Compte tenu de l'état de turbulence qui domine actuellement
les relations internationales, les certitudes ne sont pas légion. Même
les bons vieux clichés du genre «rien ne sera plus jamais pareil»
sont remis en question. L'histoire elle-même ne semble pas vouloir
suivre le cours qu'on lui avait assigné. Elle insiste pour reprendre
en main sa souveraineté.

Les certitudes sont rares, mais il en existe quand même quelques-unes. Celle qui nous concerne le plus immédiatement est la
suivante : partout les sociétés cherchent à se donner les instruments
politiques correspondant à leurs ambitions, à leurs rêves et à leurs
moyens pour participer pleinement à la nouvelle économie et à cette
société-monde qui se met en place. Ce qui se passe en Slovaquie,
au Chili, en Catalogne, en Europe, en Chine, en Ukraine et au
Niger doit être interprété à la lumière de cette tendance lourde.

Les développements récents qu'a connus l'Union fédérale canadienne, sans compter ceux qui vont venir, n'échappent pas à cette
nouvelle relation de plus en plus étroite entre le «global» et le
«local», ce que d'aucuns ont déjà commencé à appeler le «glocal».

Je ne pense pas que l'affirmation que je viens de faire ait une
quelconque allure révolutionnaire et, en soi, il n'y a rien de mal à
constater une évidence. Encore faut-il pousser le travail de réflexion
jusqu'au bout. Dans les cas canadien et américain — c'est déjà fait
pour le Mexique —, cette «glocalisation» entraîne nécessairement
une centralisation accrue des pouvoirs de décision dans l'Union
fédérale canadienne, une centralisation décisionnelle et normative
qui s'accompagnera nécessairement d'une décentralisation et d'une
déconcentration de la mise en application de ces décisions. Ce n'est
pas une conspiration, c'est un fait. Déjà aux États-Unis, on parle
de l'ALENA comme du plus important changement constitutionnel

survenu depuis un siècle[19]. La mondialisation économique, avons-nous souligné, a fait perdre aux États et aux gouvernements qui les dirigent une bonne partie de leur marge de manœuvre. Ils ne peuvent plus faire à leur guise (si tant est qu'ils en ont jamais été capables). Mais pour signer ces nombreux accords internationaux dont leur survie dépend aujourd'hui, ils doivent être en mesure de «livrer la marchandise» à l'interne. C'est une chose de signer un accord international sur les droits des animaux ou la biodiversité et de laisser les provinces libres d'appliquer ou non cet accord, cela en est une autre de signer une entente sur la conservation des stocks de poissons et de se laver les mains quant à la façon dont les provinces, ou les Länder, vont s'y conformer.

L'interdépendance économique exige maintenant des États et des sociétés qu'ils accordent leurs violons et parlent d'une seule voix politique.

L'heure n'est plus au chant choral, et ceux qui devraient le savoir sont ceux-là mêmes qui aiment à nous faire frissonner avec les coûts de la souveraineté. Lorsqu'on nous parle des coûts de transition vers un statut d'État souverain pour le Québec, on nous parle en fait des coûts d'une rupture brutale dans l'Union économique canadienne et dans l'union commerciale nord-américaine. Ces coûts, on s'en doute, sont certainement élevés et il est probable qu'ils sont même plus élevés que les économistes fédéralistes ne nous le disent. Si effectivement le «Reste-du-Canada», appuyé en cela par les États-Unis, décidait de déclarer une guerre économique ou commerciale au Québec, les pertes québécoises seraient énormes. Quand certains souverainistes répondent que le «Reste-du-Canada» aurait lui aussi des pertes, et des pertes énormes, ils ne nous apprennent rien et, de plus, ils manquent le bateau.

Premièrement, il ne s'agit pas d'évaluer les pertes respectives des deux protagonistes, mais de déterminer s'ils peuvent se permettre ou non de se faire la guerre. À ce sujet, j'aimerais mieux que les experts américains engagés par le gouvernement du Québec pour nous dire si un Québec souverain pourrait demeurer dans l'ALENA nous informent plutôt de la possibilité que nous aurons de ne plus y être. Ma crainte est qu'il soit déjà trop tard pour se retirer de cette union-là, une réalité que le Mexique vient d'ailleurs de découvrir.

Deuxièmement, on peut se demander si les Japonais et les Américains qui, après tout, ont quelques investissements au Québec et au Canada verraient d'un bon œil une telle guerre économique. En punissant le Québec, le Canada les punirait eux aussi. Wall Street n'aimerait pas cela.

Finalement, l'énormité de ces chiffres — et les «vrais» chiffres sont encore plus énormes — prouve hors de tout doute qu'il est ridicule de vouloir mettre un terme à une union économique déjà en place.

Peut-être n'ai-je rien compris au projet souverainiste ou à celui d'une réforme en profondeur du fédéralisme canadien, mais j'ai toujours pensé que c'était de politique et d'économie qu'il était question. J'aime bien croire qu'un changement constitutionnel pourrait avoir un tel impact sur l'économie, mais, même dans mes rêves les plus fous de politologue, je n'ai jamais accordé une telle importante à la politique.

Répondons à une exagération par une autre exagération, les seuls coûts de transition vers la souveraineté politique du Québec seraient les primes de séparation qu'il faudrait payer aux 75 députés du Québec à la Chambre des communes.

Même le lieutenant-gouverneur, nommé par Ottawa mais payé par le Québec, est recyclable en président du Québec ou en coprésident de la nouvelle union Canada-Québec.

CHAPITRE 8

Le nationalisme et la démocratie font-ils bon ménage ?

Et si on cherchait ailleurs que dans la présente Union fédérale un terrain pour approfondir notre engagement démocratique et y inscrire ces nouvelles valeurs de solidarité, de partage et de goût du risque sans lesquelles cet engagement se sclérose ? Et si on reconnaissait que cette Union fédérale, à moins de changements majeurs, ne convient plus à nos exigences de démocratie et de moralité ? Bref, y a-t-il une vie au-delà du lien fédéral actuel ?

C'est toute la question des relations entre le nationalisme et la démocratie qui est ici posée. Elle constitue un détour obligé avant tout débat sur l'avenir de la démocratie dans un Québec souverain. Il s'agit aussi d'une interrogation fondamentale pour le siècle qui s'en vient. Notre questionnement n'a heureusement pas l'intensité de celui qui déchire le Caucase ou les Balkans. Cela confirme que l'on peut aborder ces sujets en limitant les attaques « incendiaires » à celles que l'on peut coucher sur papier ou évoquer à la télévision. Le caractère parfois surréaliste et très certainement périphérique de notre débat devrait nous permettre de nous comporter de façon plus intelligente et surtout d'apporter des réponses qui vont à l'essentiel.

Être en marge de l'histoire a aussi ses avantages.

L'argument antinationaliste

En espérant ne pas le déformer, on résumera l'argument antinationaliste de la façon suivante: le nationalisme, exacerbé ou non, est fondé sur l'existence d'un *nous* et privilégie l'identité collective ainsi que l'appartenance au groupe. Une telle identification, pour exister, doit gommer toutes les différences internes afin de mobiliser la nation au profit d'une entreprise collective. Au-delà de la Nation, il n'y a rien, disait Seyès. La Nation ne peut donc que se contempler elle-même. Cette contemplation ne débouche pas nécessairement sur une folie guerrière mais exige toutefois que les individus acceptent de laisser de côté leur individualité et qu'ils pensent d'abord et avant tout au bien-être du groupe. La démocratie, est-il suggéré, ne peut fleurir dans un tel contexte, car elle n'y trouvera pas ce préjugé favorable envers l'individu dont elle a tant besoin pour s'épanouir. La démocratie, c'est la possibilité pour des citoyens, pour un seul citoyen même, de refuser toute mobilisation au service d'une cause, si noble soit-elle. Tout nationalisme fait donc courir un danger à la démocratie, dont celui de réveiller d'autres nationalismes qui ne feront alors qu'ajouter au danger initial. Bref, la Nation et le nationalisme sont sources de tensions et celles-ci ne font qu'ajouter à l'irrationalité ambiante. Ces phénomènes sont à ce point illogiques que toute décision collective prétendant s'y rattacher devra et sera immédiatement contestée dans sa légitimité même. Il est impensable pour toute minorité de faire partie ou même de s'accommoder d'un projet national qui ne peut être pour elle qu'un marché de dupes.

La minorité qui aura refusé le projet national — ce peut être une guerre, une réforme linguistique, la modernisation des structures sociales ou la souveraineté — n'a d'autre choix que de s'y opposer, et si l'on doit rejeter la violence pouvant découler de ce refus, il faut d'ores et déjà en faire porter le blâme aux nationalistes qui auront enclenché un tel processus. Bien que ces nationalistes soient ordinairement imperméables aux arguments de raison, la combinaison de ce blâme moral et de cette possibilité de violence pourra peut-être — c'est du moins ce qu'on doit souhaiter — les ramener dans le droit chemin.

Les «antinationalistes» reconnaissent volontiers que la Nation et le nationalisme ont permis aux sociétés occidentales de progresser et aux peuples du tiers monde de se libérer de la domination coloniale, mais ces «contributions», dans la mesure où l'on peut parler de contributions, sont choses du passé et ne justifient plus que l'on s'en tienne à des réflexes de repli sur soi et de fermeture aux autres. Regardons autour de nous, ajoutent-ils, l'État-nation est battu en brèche. L'abolition des frontières économiques et l'apparition de nouvelles solidarités transnationales en ont signé l'arrêt de mort. En s'accrochant à cette forme désuète d'appartenance, on court le risque non seulement de manquer le train de l'histoire mais de déraper, car c'est précisément dans ces moments de tension que les mobilisations nationalistes apparaissent comme autant de solutions faciles et dangereuses. Bref, les décisions de type nationaliste sont toujours irrationnelles. En éliminant les différences, la Nation propose une unité factice qui justifie toutes les injustices sous prétexte qu'elles servent la grandeur du groupe.

Rejetons au passage certaines réponses trop faciles comme celle consistant à distinguer entre un nationalisme positif et négatif, ethnique ou civique, revendicateur ou d'affirmation, exacerbé ou tolérant. Ces distinctions sont importantes, notamment entre le nationalisme ethnique et le nationalisme civique et territorial, mais elles demeurent en périphérie de l'essentiel du débat. Elles sont du domaine de l'application. Ne comptons pas trop non plus sur l'éternelle distinction entre nation et nationalisme, comme si l'une pouvait exister sans l'autre et qu'il était possible de reconnaître la nation tout en condamnant le fait que certains de ses membres s'y identifient. C'est sans doute vrai sur le plan théorique, mais ce genre de distinction n'est guère utile dans la pratique. Or, c'est au quotidien que se joue la démocratie. De plus, quand ils sont le moindrement honnêtes, les antinationalistes n'accordent guère de légitimité à cette distinction entre le nationalisme ethnique et celui qui se prétend territorial. Cédant à l'air du temps et pour faire *politically correct,* ils aiment rappeler que tout nationalisme n'est pas nécessairement tribal. Mais, foncièrement, ils n'en croient pas un mot. On revient toujours à l'ethnique, aiment-ils à rappeler. C'est contre cette identification collective qu'ils en ont, et contre le fait qu'elle puisse servir d'appui à des décisions justes et équitables.

À la rigueur, on pourrait toujours invoquer que la meilleure façon de protéger le Québec des méfaits de tout nationalisme, c'est d'en faire un pays souverain dans la tradition du Canada ou des États-Unis. Avec la souveraineté, pourrait-on dire, le patriotisme remplacerait le nationalisme, et la démocratie s'en trouverait renforcée. Peut-être, mais comment arriver à ce résultat bienheureux par lequel le nationalisme se transformerait comme par magie en un patriotisme du dimanche?

Peu importe l'angle sous lequel on l'aborde, la question demeure la même: la démocratie est-elle compatible avec la nation[1]?

La réponse de l'histoire et de la géographie

L'histoire et la géographie nous offrent une première réponse. Je vais tenter de montrer que cette réponse, malgré son intérêt, n'est pas totalement satisfaisante.

S'il existe plusieurs États-nations qui ne sont pas démocratiques, il n'existe guère dans l'histoire d'exemples de vie démocratique en dehors du cadre de la souveraineté nationale. C'est bête, mais c'est ainsi. Les empires, qu'ils soient militaires, idéologiques, religieux ou dynastiques, sont peu propices à l'émergence d'une vie démocratique, peu importe la définition qu'on en donne. Auguste, Hitler, Gengis Khàn, Charlemagne et Pie XII ne furent pas de grands démocrates. La prétention de Napoléon à libérer par la force les nations d'Europe et à leur imposer la démocratie à la française n'était en fait qu'une mascarade destinée à cacher ses véritables objectifs d'agrandissement impérial. Et contrairement à une idée fort répandue, les cités grecques ou les républiques urbaines de la Renaissance italienne n'étaient pas des modèles de démocratie non plus. Certes, on votait à Florence, et on votait même souvent, mais de là à conclure qu'il y existait une tradition démocratique, il y a un pas que de bien rares chercheurs voudront franchir. Au XVIᵉ siècle, lorsque des républiques urbaines fusionnaient ou se divisaient, comme ce fut souvent le cas à Florence et à Sienne, on n'observait aucune amélioration significative de leur pratique démocratique. Ce n'est qu'en se donnant un cadre d'État-nation que l'Italie renoua avec ses antécédents démocratiques et républicains.

S'il est vrai que plusieurs États-nations ont connu des ruptures dans la continuité de leur expérience démocratique — ce fut récemment le cas de l'Espagne, de la Grèce et du Portugal —, on ne connaît pas de cas d'États-nations qui se seraient démocratisés en se transformant, par la force ou l'annexion dynastique, en empires[2]. Les guerres de conquête amènent rarement des sursauts démocratiques chez les conquérants. Si l'on se fie à l'exemple récent de l'Empire soviétique et à celui des Serbes dans les Balkans, ce serait plutôt le contraire. À mesure que chacun de ces empires a accru son espace, notamment en y fédérant des territoires, il perdait encore un peu plus des qualités démocratiques qui le caractérisaient. Le même phénomène est aujourd'hui à l'œuvre dans la Grande Serbie.

C'est lorsqu'ils s'écroulent que les empires ont le plus de chances de contribuer à l'émergence de pratiques démocratiques. C'est ce qui se produisit lors de la dissolution de l'empire des Habsbourg, de celui des Ottomans, des Britanniques, des nazis et même celui des Hittites deux millénaires plus tôt[3]. Bref, dans le passé, le processus de démocratisation a souvent été accompagné d'un déblocage vers le statut d'État-nation. Souvent mais pas toujours, ce qui confirme la difficulté qu'il y a à discuter de ces questions dans l'abstrait.

Le cas récent de la République démocratique allemande nous le rappelle avec éclat. Le mouvement de démocratisation politique y est d'abord apparu de façon distincte, sans aucune connotation sociale ou nationale et, pendant un temps, les autorités politiques ont vraiment cru que l'État est-allemand allait sortir grandi de cette épreuve. Dans la rue, les manifestants défilaient en proclamant: «Nous sommes le peuple.» Rapidement, d'autres pancartes sont apparues et, cette fois, leur message était fort différent, même si un seul mot avait changé. «Nous sommes un peuple», affirmaient-elles alors. C'est finalement dans le cadre de l'autre État-nation allemand, celui reconstruit autour de l'Allemagne de l'Ouest, que se continua la lutte pour la démocratisation. Et celle-ci, rappelons-le au passage, fut d'un pacifisme exemplaire compte tenu des enjeux géostratégiques en présence.

Cet exemple récent de l'Allemagne est riche d'enseignements et témoigne du poids moral considérable, sans parler de l'utilité indéniable, du concept de nation. Que ce soit l'Allemagne qui nous fasse aujourd'hui une leçon de nation est non seulement paradoxal, mais aussi réconfortant, du moins pour ceux et celles qui persistent à croire que la nation est l'une de ces réalités qui permet de voir venir le prochain siècle avec optimisme. Tout est possible, nous dit l'Allemagne, et les renversements les plus invraisemblables ne sont pas impensables, du moins pour ces sociétés qui ne démissionnent pas devant le poids de leur propre histoire et qui font confiance à la capacité mobilisatrice des décisions démocratiques. S'il est une chose que l'histoire récente de l'Allemagne vient confirmer, c'est qu'il existe bel et bien une prime à l'efficacité démocratique. Pour ce pays, ce fut la réalisation du rêve impossible d'unification nationale. Sans la nation, la société civile allemande serait encore à se chercher.

Qu'on se rappelle en effet les nombreuses craintes exprimées au cours de l'été de 1989 alors que tout laissait croire à une nouvelle effervescence allemande. Au sommet du G-7 tenu cet été-là à Paris, les chefs d'État ne manquèrent pas de rappeler au chancelier allemand que l'unification était hors de question et que des assurances en ce sens avaient déjà été données au président Gorbatchev. Je ne crois pas qu'un seul analyste, et encore moins un responsable politique, ait suggéré que la réunification de la nation allemande dans un seul État-nation était une solution souhaitable au point de vue de la stabilité régionale. À l'échelle européenne, on disait impossible l'intégration d'une grande Allemagne dans l'Union européenne qui venait à peine de prendre le virage de Maastricht. Pour la construction européenne, et surtout pour son approfondissement démocratique, la République allemande devait demeurer une entité souveraine, sinon la déstabilisation était inévitable. Pas un journal qui n'avait son propre scénario sur l'effet déstabilisateur d'une telle réunification nationale sur les relations est-ouest, sur la démocratisation en ex-URSS ou sur l'avenir de Solidarité en Pologne.

Rien de tout cela évidemment ne s'est passé et, après seulement quelques semaines, il était devenu évident que non seulement l'appel de la nation était inévitable, mais qu'il allait permettre au mouvement de démocratisation en marche dans les rues de Leipzig de donner sa pleine mesure. Il est permis de se demander comment les choses se seraient déroulées si les gardes-frontière est-allemands n'avaient pas eu la conviction d'appartenir eux aussi à la même nation que ceux qu'ils voyaient défiler sous le Mur. C'est bien cette identité nationale commune, où se mélangeaient des éléments de ce que nous appellerions le nationalisme ethnique et le nationalisme territorial, qui a fait en sorte que les choses se passent avec une telle rapidité et avec ce caractère d'inévitabilité qui impose sa propre paix. La nation, et pas n'importe quelle nation, avait gagné, suggérant par le fait même qu'elle n'est l'ennemi ni de la démocratie ni du changement pacifique.

L'exemple allemand aurait bien d'autres leçons à nous donner. Ainsi, contrairement aux craintes des antinationalistes, la réunification nationale n'a pas tué le sentiment démocratique et n'a pas débouché sur une identification encore plus grande à l'État. Ce serait plutôt le contraire. Jamais les Allemands n'ont plus affronté leur passé que depuis 1989. Depuis que l'Est a rejoint l'Ouest et que leur pays n'est plus le point d'équilibre entre les deux super-puissances, les Allemands n'ont de cesse de se demander à quoi peut bien servir l'Allemagne. À être la banque centrale de l'Europe ? Même le fameux modèle rhénan ne fait plus l'unanimité. Trop lourd, trop bureaucratique, trop inégalitaire, trop gouvernemental. Après l'avoir cité en exemple au reste du monde, on lui trouve aujourd'hui tous les défauts[4]. Pour la première fois, des Allemands se demandent si l'Allemagne, maintenant qu'elle a refait son unité, a toujours besoin d'un État ou d'un gouvernement aussi actif. Il s'en trouve même pour suggérer — insulte suprême — que le fédéralisme allemand n'est plus aussi indispensable qu'avant la chute du Mur.

Sans y voir le signe d'une quelconque supériorité politique ou morale, il faut quand même admettre que le statut d'État-nation (au sens de pays souverain) et celui de nation constituent des formes raffinées d'organisation des rapports humains. Laissés à eux-mêmes, les individus manifestent une propension naturelle à se regrouper sous l'appellation de nation — c'est du moins le «blueprint» qui semble les guider — et à se donner des assises étatiques. Ils n'y arrivent pas toujours, mais ce n'est pas faute d'essayer. Après tout, il ne faudrait pas oublier que ce sont des individus, ceux-là mêmes dont on aime à répéter que leur individualité profonde les oppose à la nation, qui ont créé et qui continuent d'inventer des nations.

À ce sujet, il est révélateur que ce soit en période de grands bouleversements géopolitiques comme c'est le cas présentement, lorsque les vieilles certitudes disparaissent et que les empires perdent leur hégémonie militaire ou idéologique, qu'on assiste à une véritable course à la nation et à la souveraineté. Est-ce là le signe d'un désarroi profond ou d'une énergie soudainement libérée? On ne saurait dire. Mais la course, elle, est bien réelle. Rares sont les groupes qui, en ayant la chance et les moyens d'y participer, choisissent délibérément de ne pas y être.

Tous ces groupes ne réussiront pas également. Certains n'y penseront même pas. Dans certains cas, l'échec du projet national pourrait avoir des conséquences tragiques pour le groupe lui-même, mais aussi pour ses voisins immédiats et pour tous ceux qui seraient jugés responsables de cet échec. On pense ici aux Kurdes et aux Palestiniens. On peut se demander ce qui serait arrivé aux Juifs si le projet israélien avait échoué à ses débuts. Qu'en serait-il aujourd'hui non seulement des Juifs de cette partie du monde ou de la diaspora, mais aussi des progrès encore si timides de la démocratie dans plusieurs pays de cette région du monde? Je suis conscient que bien des voix arabes nous disent que si le projet national israélien n'avait pas été imposé de force à la région, celle-ci aurait connu le même développement démocratique que toutes les autres régions du globe. C'est une thèse que l'on peut défendre, mais que je n'approuve pas. L'établissement d'un État-nation démocratique et juif dans cette région a eu somme toute un effet positif. Ce qu'on peut contester par contre, c'est la façon dont cet État a été construit et les coûts disproportionnés que les Arabes ont eu conséquemment à supporter. Mais que, après tant d'années de luttes douloureuses, ils aient enfin obtenu le début de leur propre État-nation est aussi fort prometteur. La paix entre États-nations est souvent plus facile à faire, semble-t-il, qu'entre des groupes ethniques ou religieux fratricides.

Il n'est pas certain non plus que l'échec politique du projet national a toujours des conséquences tragiques pour l'intégrité du groupe ou pour sa capacité de se développer sur des bases démocratiques. En théorie, rien ne dit que refuser une plus grande autonomie politique ou même passer à un statut de souveraineté a toujours des conséquences désastreuses sur la vie démocratique et le développement socioculturel du groupe. L'actuelle province du Biafra est-elle moins démocratique depuis qu'on lui a refusé le statut d'État souverain? Le Bangladesh l'est-il davantage parce qu'il a réussi? Et le Pakistan?

En pratique, les cas de luttes de libération nationale (qu'elles se déroulent ou non dans un cadre colonial) se terminant par une situation de plus grande démocratie après un échec sont rares. Le Timor ne deviendra pas une vitrine démocratique maintenant qu'il a été définitivement annexé par l'Indonésie. On connaît plutôt des exemples de cheminement inverse, c'est-à-dire où le blocage dans la marche vers l'autonomie ou la souveraineté a été renversé par une intensification de l'engagement démocratique. Ce fut le cas en Namibie et en Érythrée. En Espagne, la lutte des Catalans pour leur spécificité nationale a renouvelé leur engagement démocratique.

Être une nation fait partie du quotidien politique de ces groupes ethniques, linguistiques, raciaux et même religieux qui espèrent dépasser les limites de leur identification première. On est prêt à tout pour accéder à ce statut envié. Ainsi, la Macédoine a accepté de bonne grâce d'abandonner son nom et ses symboles nationaux pour devenir rapidement membre des Nations unies. Comme si on avait peur de laisser passer l'occasion. Partout en Amérique du Nord, les peuples autochtones se considèrent comme des nations et aspirent à la reconnaissance. Une fois que tout a été dit sur le Québec, n'est-ce pas cette même aspiration à être reconnu comme nation qui est au cœur de l'impasse canadienne? Si tel est le cas, c'est désespérant de simplicité.

Il est à prévoir qu'un jour la nation ne soit plus une catégorie aussi fondamentale. Il se peut aussi que le sens du mot change complètement[5]. Ce jour est peut-être même beaucoup plus près qu'on ne le croit. D'ailleurs, on peut dès aujourd'hui, à partir d'une vision «nationale», jeter les bases d'un véritable ordre moral cosmopolite où la nation côtoierait d'autres formes d'organisations humaines. De nombreux philosophes de la démocratie et du fait national y travaillent. Nous n'en sommes plus, heureusement, à l'époque du Traité de Westphalie.

Compte tenu de la solidité et de l'étendue du phénomène national — seul l'Antarctique y échappe —, cette transformation marquera une rupture fondamentale de l'expérience humaine, du même ordre que la sédentarisation il y a quelque 100 000 ans et que l'émergence des premières villes, il y a 30 000 ans. Je ne dis pas que cette transformation n'est pas déjà commencée, je constate simplement que l'idée de nation et de souveraineté n'a pas encore donné sa pleine mesure. Elle n'est que le prélude à une nouvelle transformation. Tout est encore possible et on ne peut parler de fatalité. Dans la situation actuelle de reconfiguration planétaire, il est difficile de distinguer l'arrière de l'avant-garde.

Si l'on songe à ce qui s'est passé dans les républiques baltes, en Ukraine ou en Slovénie, il serait en effet tentant de conclure que le passage à la démocratie semble facilité si les questions d'identité nationale ne font pas problème. Tentant, mais par contre inexact parce que incomplet. Par exemple, la Serbie est certainement l'État le plus «national» des anciennes républiques yougoslaves (dont elle a d'ailleurs conservé le nom), mais sa performance démocratique depuis l'indépendance n'est guère enviable[6]. Quant aux républiques de l'ex-URSS, alors que certaines d'entre elles ont pu faire progresser à la fois leur identité nationale et leur vie démocratique, dans plusieurs autres, ce ne fut guère le cas.

Il ne saurait donc y avoir de correspondance automatique entre l'établissement (ou le rétablissement) d'une vie démocratique «normale» et l'accès à la souveraineté ou même l'obtention d'une plus grande autonomie interne dans un État unitaire. À l'intérieur de l'actuelle Russie, un État sans aucun doute plus démocratique qu'à l'époque soviétique, la décentralisation et l'autonomie plus grande dont jouissent certaines républiques ont quelquefois conduit à une amélioration de la vie démocratique locale. Mais, très souvent, cette plus grande marge de manœuvre des autorités locales a été détournée au profit de brigands nationalistes locaux. Mais auraient-ils été moins brigands s'ils avaient été moins nationaux?

Bien qu'il soit encore trop tôt pour tirer des bonnes leçons de l'exemple tragique de la Tchétchénie, on peut avancer que, en l'absence d'engagement ferme envers la démocratie, il est relativement facile pour des politiciens de bas niveau de détourner une lutte nationale de son objet premier. C'est vrai pour Dudayev, ce major général tchétchène de l'Armée soviétique qui s'auto-proclama président de la Tchétchénie au cours de ses vacances dans sa ville natale. Ce l'est aussi pour Boris Eltsine dont la décision d'intervenir militairement a suivi l'échec de sa tentative de faire renverser Dudayev par la force[7]. Dans des situations de déficit démocratique, le pire est toujours à craindre tandis qu'à l'inverse, soit lorsque ce déficit est inexistant ou en bonne voie d'être résorbé, le réaménagement des souverainetés nationales peut s'effectuer plus facilement.

Si on cherche un lien de causalité indéniable entre le processus de démocratisation et celui de nationalisation, on risque donc d'être déçu. Comme on vient de le voir, il faudrait en effet passablement d'arrogance pour affirmer que la démocratie entraîne ou exige nécessairement l'établissement d'un cadre national pour réussir, ou que ce dernier s'accompagne toujours, comme cause ou comme effet, de l'émergence d'une vie démocratique réelle. Tout au plus pourrait-on conclure que les deux vont souvent de pair et entre-tiennent des liens étroits, ce qui, on en conviendra, n'apporte pas de réponse éblouissante au dilemme démocratie/nationalisme. S'il est vrai qu'il vaut mieux être riche et en bonne santé que pauvre et malade, il est probablement tout aussi vrai qu'il est préférable d'être démocratique et souverain qu'asservi et dominé.

Les attaques contre l'idée de nation n'ont plus la virulence qu'elles avaient dans les années 1970. Certes, l'idéologie domi-nante — celle qui se définit dans les chancelleries et les universi-tés — est encore largement hostile au concept même d'État-nation. Mais pour chaque attaque virulente, il se trouve maintenant, à partir de points de vue progressistes, des «experts» pour nous rappeler que l'idée nationale demeure l'un des seules capables d'accroître le caractère raisonnable de notre vie en société. Le libéralisme indivi-dualiste, nous rappelle Will Kymlicka, n'a jamais été capable de comprendre les phénomènes de culture et d'identification natio-nale[8]. C'est probablement pourquoi il n'a jamais pu comprendre que la société pouvait être autre chose qu'un agrégat d'individus. C'est aussi pourquoi ce libéralisme qui n'a rien à voir avec la liberté s'accommode très bien des inégalités et des injustices.

Il existe de multiples façons d'établir des communautés morales fondées sur l'idée de nation. Le chemin de l'égalité et de la modernité en est une.

CHAPITRE 9

La modernité et
l'égalité des nations

Alain Minc ne mâche pas ses mots lorsqu'il décrit les conséquences d'un retour en force de l'idée nationale. Il se demande si «la vengeance des nations ira jusqu'à voir le nationalisme gangrener à nouveau les grandes démocraties occidentales». Sa réponse ne laisse aucun doute : le rythme sera plus lent que dans les nationalismes du tiers monde, mais le résultat sera le même[1].

On ne compte plus le nombre de livres, tant français qu'américains, qui partagent ce thème du retour de tous les tribalismes nationalistes. Je laisse à d'autres le soin d'en faire la critique tout en soulignant mon étonnement devant l'étalage d'ethnocentrisme occidental et d'ignorance historique sur lequel s'appuie cette vision. Comme l'a souligné Bertrand Badie, c'est l'absence ou la faiblesse du fait national dans de nombreux pays du tiers monde qui a fait en sorte que l'on est d'abord passé de l'État-tribu à l'État-colonie, puis de l'État-patron à l'État-client. Un peu de nation n'aurait sûrement pas fait de tort.

Sans nation, l'État est nécessairement amené à occuper toute la place, distribuant bénéfices et avantages au gré des affinités et des affiliations personnelles du moment[2]. Je me méfie de la nation, mais je crains encore plus le tout-à-l'État qui caractérise nos sociétés modernes.

Et si c'était la nation qui venait «civiliser» l'État?

L'indispensable égalité

En filigrane dans cette dérive antinationaliste sont inscrites la crainte du changement et la peur de l'incertitude. Ce retour de la nation s'accomplissant durant une période de vide idéologique et de déclin de l'hégémonie américaine, il est perçu comme particulièrement inquiétant[3]. Les États-Unis, nous dit-on, ne sont plus là pour assurer un minimum d'ordre alors que le Japon et l'Europe subissent déjà, pour utiliser l'expression de Minc, les effets de la gangrène nationaliste. Quant au vide idéologique conséquent à la chute du Mur, ne laisse-t-il pas toute la place nécessaire aux fantasmes du *nous* national?

Si la nation fait tellement peur à Alain Minc, c'est qu'elle constitue pour lui la dernière justification d'un État qui cherche par tous les moyens à se maintenir dans son rôle de «machine égalitaire[4]», une machine que Minc redoute par-dessus tout. Pour lui comme pour plusieurs propagandistes du «tout-au-marché», cette obsession de la redistribution et de l'égalité qui caractérise l'État moderne est l'antithèse même du capitalisme libéral. Sans nation, il n'y aurait que le marché.

Ce court résumé ne rend pas justice à la pensée, par ailleurs fort stimulante, de Minc. Nous retiendrons cependant le lien étroit qu'il établit, involontairement, entre le concept de nation et le principe d'égalité. Derrière l'idée de nation se cache en effet celle d'égalité, et c'est par ce biais que nous l'aborderons.

Nation et nationalisme — je préfère l'expression de sentiment national, mais je me range à l'usage courant — sont des phénomènes universels, ce qui devrait suffire à les dépouiller de toute prétention à l'exceptionnel. Et sans ce sentiment d'exception, il ne saurait y avoir non plus de prétention à la supériorité. En ce sens, la nation égalise nos chances de participer à l'universel. Tout comme la couleur des cheveux, la richesse, l'intelligence ou la force physique ne justifient pas un traitement différent au chapitre des droits individuels, de même le nombre, le PNB, l'arme atomique ou la langue parlée par la majorité ne sont pas des critères acceptables ni suffisants pour distinguer les nations entre elles. Bref, c'est le caractère universel de la nation qui fonde l'égalité devant régner entre les nations de la terre. Être une nation, c'est par définition être comme toutes les autres[5].

J'irai même plus loin en affirmant que sans cette indispensable égalité des nations, elle-même fondée sur l'universalité du phénomène, toute démocratie réelle est impossible. C'est parce que je participe à une nation égale à tant d'autres que je peux prétendre à l'égalité avec tous les individus de la planète, y compris ceux qui habitent le même immeuble que moi et qui viennent d'ailleurs. En ce sens, tout comme on a l'habitude de dire que l'air de la ville rend libre, la participation à la nation rend égal. Ceux prétendant n'appartenir à aucune nation ne sont finalement que des citoyens de nulle part. La citoyenneté exige une nation, pour l'instant tout au moins.

Et si on ne peut être nulle part, on ne peut non plus être partout à la fois. Ou bien je participe au monde en tant que citoyen de la nation québécoise, ou bien je le fais en tant que membre de la nation canadienne. Je ne le ferai pas et je ne peux pas le faire en tant que Canadien et Québécois à la fois ou, pis encore, en tant que Canadien français ou Québécois francophone. Il n'y a qu'en Islande que l'ethnie et la citoyenneté coïncident.

Il était possible, à partir du Québec, de s'opposer à l'Accord de Meech et plusieurs d'entre nous l'ont fait. Les cinq conditions mises de l'avant par le Parti libéral ne nous apparaissaient pas suffisantes pour assseoir solidement cette reformulation. À l'époque, je croyais que ces conditions avaient, au pis, une saveur ethnique encore trop marquée ou, au mieux, ne voulaient rien dire. Dans un cas comme dans l'autre, elles fermaient le dossier pour longtemps. Malgré ces réticences, il était tout de même clair que l'on ne pouvait nier l'intention des négociateurs québécois, du moins si l'on se fie à leur discours du moment. Leurs intentions nationale et politique n'avaient que peu à voir avec l'ethnicité.

Jamais la nation politique québécoise ne fut plus «réelle» qu'au moment de Meech. On pouvait presque la toucher du doigt et pour une nation qui se cherche depuis des générations, ce fut l'état de grâce. Mais ce moment magique ne pouvait durer et la tragédie, ce n'est pas qu'il ait été si court ou que le Québec n'ait pas su en profiter pour accéder alors à la souveraineté, mais que nous soyons sortis de l'épisode avec seulement un souvenir anticipé de ce que les choses auraient pu être.

Ceux qui ont défilé sur la rue Sherbrooke en ce bel après-midi de juin 1990 ont senti quelque chose de spécial. Certains y ont vu de la fierté, je choisis d'y avoir senti comme un parfum d'égalité. En disant non à Meech, le reste du Canada n'a pas dit non au Québec — ce qu'on a pu l'entendre celle-là —, il a simplement permis au Québec, l'espace d'un court instant, de se dire oui à lui-même. Moi qui déteste les étendards de toutes sortes, j'étais content ce jour-là de les voir pavoiser en si grand nombre (et heureusement, dans le désordre le plus complet). Tous ces drapeaux célébraient l'égalité retrouvée avec le reste du Canada, avec l'autre communauté politique de la Fédération. Un oui pour leur non. Je crois que nous y avons gagné au change.

Tous les marcheurs semblaient partager également cette conviction d'une force tranquille. Lorsque la démocratie devient spectacle, c'est l'un des plus beaux qui soit car il exige non pas le dépassement et l'illusion, mais la conviction profonde que la véritable égalité, celle des chances et non celle des résultats, est possible. Si la nation peut exister, alors tout est possible.

Les tractations entourant Charlottetown, et surtout le contenu même de ces accords négociés à la hâte, nous ont forcés à revoir cette interprétation somme toute bienveillante de l'Accord de Meech. Alors que celui-ci avait la forme et le contenu d'un accord binational et aurait pu à juste titre être considéré comme la fondation d'une véritable nationalité politique québécoise, Charlottetown suintait l'ethnocentrisme et le compromis provincialiste. La nation québécoise redevint une simple aspiration. Entre les deux accords la nation avait disparu. D'ailleurs, les citoyens du Québec ne s'y sont pas trompés. Comme ils n'ont pas été consultés officiellement au moment de Meech, on ne peut présumer de leur attitude face à cet Accord, mais les multiples sondages effectués à l'époque, sans compter la réélection du gouvernement Bourassa en 1989, laissent croire qu'il était jugé de façon positive. Ce ne fut pas le cas pour Charlottetown et, en fin de compte, il faut reconnaître que c'est la démocratie référendaire qui sauva le Québec de la pire des erreurs, celle d'une reconnaissance officielle du caractère ethnolinguistique de sa citoyenneté.

Je me serais sans doute accommodé du fédéralisme de Meech. De celui de Charlottetown, jamais.

Modernité et sentiment national

Il n'y a pas, avons-nous dit, de liens de causalité entre le sentiment national et la démocratie, mais il n'y a pas non plus d'antinomie conceptuelle, absolue ou relative, entre les deux. Comme l'ont souligné G. Nodia et Francis Fukuyama, il s'agirait des deux faces d'un même processus, celui de la modernité. Le déclencheur est le même. L'industrialisation a en effet rendu caducs à la fois l'absolutisme monarchique comme fondement de l'ordre politique et les liens du sang et de la classe comme seuls garants de l'ordre social[6]. Bref, sans le libéralisme, la démocratie et le nationalisme, ainsi que les tensions qui régissent leur rapport, la modernité est impensable. Celle-ci exige que le *je* et le *nous* soient également fondés dans un cadre et selon des règles qui permettent aux deux de coexister. Le libéralisme (nous sommes ici sur le terrain de la philosophie et non sur celui des partis ou des programmes politiques) implique la reconnaissance universelle du principe de la supériorité absolue des droits individuels en en faisant un principe politique, ce qui par le fait même transforme le sujet individuel en citoyen. C'est parce qu'ils sont tous des individus, participant à la même universalité de leur prédominance, que les citoyens sont égaux. Cette égalité d'appartenance et d'identification est aussi au cœur du projet national. La nation n'est possible que si la citoyenneté existe. La démocratie permet à cette citoyenneté de se réaliser, de la même façon que la féodalité permettait à l'ensemble des vassaux de se découvrir comme sujets.

Pour Anthony Giddens, la nation et la démocratie sont deux idées modernes. Toutes deux impliquent un bris avec le donné de la tradition et un pari sur la possibilité d'une reconstruction permanente de la société[7]. «Qu'est-ce qui rend une société moderne?» se demande Giddens. Et qu'est-ce que la nation vient y faire? serais-je tenté d'ajouter. Giddens propose trois arguments.

La société moderne est non seulement capable de séparer le temps de l'espace, mais elle doit pouvoir les mobiliser pour les mettre au service de son développement et de la réorganisation des rapports humains que cela implique. La société traditionnelle est une société remplie de «lieux» et de «places». Chacun a son nom et ses coordonnées (par rapport à d'autres lieux). Mais l'espace moderne implique la possibilité d'abstraire de ces lieux un construit qui ne dépend pas de chacun d'eux en particulier. La capacité des sociétés modernes et des individus qui y habitent de se projeter dans des espaces qu'ils ont au préalable construits et de se voir eux-mêmes comme espace est l'un des fondements de la modernité, l'équivalent pour l'ordre politique de ce que fut le crédit pour l'ordre économique, c'est-à-dire la possibilité de transférer dans le temps et l'espace une relation d'échange auparavant prisonnière de sa localité.

Perçue sous cet angle, la nation devient l'espace par excellence où inscrire son individualité et y «monnayer» sa différence. Elle est la première des modernités. C'est la nation qui permet de se libérer de la «mère» de toutes les traditions, celle dont le poids est le plus grand et certainement le plus contraignant, l'ethnie et son obsession des origines. Personnellement, j'ai toujours pensé que l'un des principaux avantages de la souveraineté pour le Québec était de remettre toutes les montres ethniques à l'heure en vidant de sa signification le concept même de Québécois. Fini les phrases comme «le Québec aux Québécois». Dans le contexte actuel, cette affirmation et bien d'autres du même ordre («Nous sommes tous québécois») sont chargées de sens, encore qu'elles ne manquent pas d'ambiguïté. Dans celui d'un pays souverain, elles ne voudraient plus rien dire. Nous serions tous alors des Québécois d'origine québécoise (ou même canadienne à la rigueur). La meilleure façon de se débarrasser des Québécois de souche n'est-elle pas de changer d'arbre?

La deuxième caractéristique des sociétés modernes se trouve dans la capacité qu'elles ont de «désenchâsser» (*disembow*) leur système de relations sociales des pesanteurs des interactions locales (le bourgmestre) et familiales (le beau-père) et de les réorganiser autour de catégories changeantes exigeant en même temps un acte de foi et l'échange de gages (*tokens*). La monnaie est évidemment le gage par excellence de nos sociétés modernes. Le drapeau, l'hymne national, la devise, sans compter les statues, les héros, les légendes et tous les autres symboles du genre jouent le même rôle pour l'espace de la nation[8]. On sait que la nation existe — ce qui permet de se libérer de sa famille ou de son ethnie — parce qu'on y croit et parce qu'on peut en vérifier non pas l'existence réelle mais l'existence symbolique (c'est-à-dire que d'autres aussi y croient). La «beauté de la nation», c'est qu'on ne peut absolument pas être certain de son existence et qu'on peut cesser d'y croire ou en changer[9]. Par contraste, on ne peut changer d'origine raciale ou de langue maternelle. On peut seulement modifier celle de ses enfants.

Finalement, la société moderne — toujours selon Giddens — est capable de s'autopercevoir et de se réfléchir de façon critique. En cela, elle est tout le contraire de la société traditionnelle qui ne peut être que le parfait reflet d'elle-même. La tradition est incapable de se critiquer parce qu'elle n'a pas d'image d'elle-même[10]. En ce sens, la nation est la catégorie moderne par excellence. Elle n'est que miroir et n'existe que si on fait appel à son reflet. Au Québec, on dirait que la nation n'existe que si elle s'appuie sur des projets de société. C'est ce qui différencie la notion moderne de nation de celle qui s'est d'abord présentée à nous au lendemain de la Révolution française.

Si elle veut demeurer une idée moderne, la nation doit descendre sur terre, ajoute Jean-Yves Guiomar. Elle doit devenir une véritable «société civile», un mot qui remplace de plus en plus celui de nation. «La liaison entre la nation et l'État, écrit-il, a fait de la nation au XIXe siècle une déesse impassible ou un moloch dévastateur.» Seule la présence d'une patrie véritable, d'une nation concrète et incarnée, bref d'une société civile «là où elle est organisée, pouvait et peut faire redescendre parmi les hommes cet édifice grandiose et surhumain (la nation), et le ramener de l'ordre de la hiérarchie à celui de l'égalité[11]».

Cette réincarnation de la nation dans ce qu'au Québec nous appellerions des projets de société illustre bien le caractère moderne de la nation. Il ne s'agit pas seulement d'une construction, mais d'une construction en perpétuel recommencement. En ce sens, on peut dire avec Liah Greenfeld que la nation n'est pas simplement une conséquence de la modernisation de nos sociétés et une caractéristique apparemment incontournable des sociétés modernes, mais plutôt l'inverse[12]. C'est la nation et le sentiment national qui définissent nos modernités. Refuser l'un, c'est rejeter l'autre.

Finalement, c'est cette modernité que permet l'idée de nation qui en est la principale justification, et non une quelconque diffusion universelle du phénomène. C'est la modernité qui donne à l'État-nation ses allures de phénomène universel et non une quelconque pulsion nationaliste. Et si la démocratie semble aller de pair avec la souveraineté de la nation, c'est parce qu'elle est également une composante de cette modernité.

Le fédéralisme n'est évidemment pas incompatible avec le statut d'État-nation. Les États-Unis sont un État-nation selon le modèle le plus traditionnel qui soit. Le Canada pourrait aussi le devenir sans peine. Le problème n'est pas là. Il tient plutôt au fait que le fédéralisme permet difficilement à la société civile de mettre à l'ordre du jour de notre vie démocratique ces nouveaux «problèmes» que sont l'éthique biologique, l'égalité des sexes et surtout la protection de l'environnement. Ce n'est pas moi qui le dis, mais Roger Gibbins de l'Université de Calgary[13].

Ces nouveaux problèmes, suggère-t-il, n'ont que faire des divisions entre les ordres de gouvernement et les listes exclusives de responsabilités législatives. On ne peut aborder la question de la bioéthique comme on le fait pour le commerce interprovincial ou la défense nationale. Toutes ces questions font appel à l'individu et à ses valeurs. On ne peut être en faveur d'une valeur, que ce soit le droit à la vie ou l'égalité des chances, à un ordre de gouvernement et s'y opposer à l'autre. Les questions d'éthique et de morale ne se divisent pas et font appel à l'individu comme sujet unique. Devant de tels choix, la citoyenneté ne peut être qu'unique avant d'être universelle.

«Comment peut-on être persan?» s'interrogeait Montesquieu. Aujourd'hui, il faudrait plutôt se demander: «Comment peut-on être moderne?» La réponse me semble claire: «Pour y arriver, il faut d'abord être chinois, tunisien, roumain, américain ou québécois.»

Ensuite, il faut rapidement passer à autre chose, serais-je tenté d'ajouter. «Être ou ne pas être moderne», voilà la question qu'il faut se poser si on veut à tout prix vivre en démocratie.

TROISIÈME PARTIE

CHAPITRE 10

Une transition démocratique est-elle possible?

Changeons de registre et donc de question.

La transition du statut de province à celui de nation fait-elle courir des risques à la démocratie québécoise? Voilà bien la question qui se profile derrière toutes ces interrogations quant à la légitimité et à la légalité du processus référendaire québécois. Selon Jean-Pierre Derriennic, une transition paisible est presque impossible. Je pense au contraire que cette façon de poser le problème nie l'idée même de démocratie. Je ne suis cependant pas en mesure de «prouver» hors de tout doute que lui et tous ceux qui partagent ce point de vue sont dans l'erreur. Je dois donc m'en remettre à leur engagement de tout mettre en œuvre pour que cette transition se fasse le plus harmonieusement possible.

La souveraineté du Québec, peu importe la façon dont on la conçoit, marque une nouvelle direction pour l'ordre constitutionnel canadien. C'est vrai aussi d'une refonte en profondeur du contrat fédéral. On peut croire — et c'est mon cas — que ce passage se fera dans le respect des règles démocratiques, on peut certes l'espérer, mais on ne peut l'affirmer.

Il y a donc risque. Reste à savoir si ce risque est raisonnable et s'il mérite d'être pris.

Ce qui suit ne peut donc pas avoir l'allure d'une démonstration. Utilisons plutôt le prétexte de ce passage constitutionnel pour explorer certains des aspects négligés d'une question qui a le don de mettre les nerfs à vif, mais qui recèle aussi de nombreuses occasions d'insuffler un regain de vitalité à la base démocratique du Québec et du Canada.

Comme on pourra le voir, les principaux dangers ne sont pas toujours ceux auxquels on pense.

Le moment démocratique

Plaçons d'abord les choses dans leur contexte.

Entre 1816 et 1980, il est survenu en moyenne 2,5 changements par année dans le fondement territorial des États membres de la communauté internationale[1]. Ces quelque 402 changements se répartissent de la façon suivante :

- indépendance   119   (0,72 changement annuel)

- sécession   37   (0,22)

- unification[2]   37   (0,22)

- redéfinition territoriale 209   (1,27)

Comme il existe actuellement pas moins de 60 situations de conflits de compétence à l'intérieur ou entre des États, on peut s'attendre à d'autres changements dans les prochaines années[3]. En matière d'assise territoriale, c'est le changement qui est davantage la norme que le *statu quo*.

Tous ces changements n'ont pas la même envergure. Dans certains cas, il s'agit seulement pour deux États d'échanger quelques kilomètres carrés de territoire. La Belgique et l'Allemagne l'ont fait en 1956, l'Irak et l'Arabie Saoudite en 1975. Certains transferts ont été annulés parce qu'ils avaient été imposés par la force, d'autres ont finalement été acccptés. Et que dire de tous les cas de décolonisation ou même de colonisation. Faudrait-il les compter parmi les cas de redéfinition territoriale ? Nous ne l'avons pas fait.

Après avoir réinterprété une centaine de cas issus de la Banque de données sur les changements territoriaux, la seule qui existe et à laquelle nous nous sommes référés plus haut, Arie M. Kacowicz, de l'Université hébraïque de Jérusalem, a été amené à proposer une véritable théorie du changement territorial pacifique[4]. Question de se rafraîchir la mémoire, voici une liste partielle des succès et des échecs récents en matière de changements territoriaux.

Succès

1989 :	Cession de Taba d'Israël à l'Égypte
1984 :	Accord entre le Chili et l'Argentine sur le détroit du Beagle
1984 :	Accord entre la Grande-Bretagne et la Chine sur Hong-kong
1978 :	Accord entre Israël et l'Égypte sur le Sinaï
1971 :	Accord entre l'Autriche et l'Italie quant au statut du Sud-Tyrol
1969 :	Transfert de juridiction sur l'Ifni entre l'Espagne et le Maroc

Échecs

1981 :	Bélize (Nicaragua et Bélize)
1965 :	Les îles Malouines (Argentine et Grande-Bretagne)
1964 :	Gibraltar (Grande-Bretagne et Espagne)
1973 :	Ogaden (Somalie et Éthiopie)
1971 :	Bangladesh (Inde et Pakistan)

Les événements des derniers mois en Namibie, en Palestine, au Pérou, en Turquie (Kurdes) ne sont pas inclus dans cette liste qui se répartit selon une proportion trois quarts (succès)/un quart (échecs). Selon Kacowicz, trois conditions sont étroitement associées à des changements territoriaux réussis.

1. Les changements territoriaux ont plus de chances de réussir lorsque les parties en cause ne sont pas de force égale. Dans l'ensemble, ces transferts réussis se terminent aussi souvent à l'avantage de la partie demanderesse qu'en faveur de celle qui préfère le *statu quo*.

2. La probabilité d'un changement pacifique est plus grande lorsque les parties partagent un même type de régime politique. Lorsque

les deux parties appartiennent à la grande famille des démocraties libérales, la probabilité de réussite est encore plus élevée.

3. L'existence d'un consensus sur les règles et les normes du droit et de la moralité internationale augmente les chances d'en arriver à une entente pacifique quant aux changements territoriaux en question.

Il ne s'agit pas à proprement parler de «causes» mais de conditions qui favorisent la résolution pacifique des conflits et des disputes entre les États. Lorsque les trois conditions sont présentes, conclut Kacowicz, les chances de réussite sont presque de 100 %.

Je me garderai bien de tirer des leçons trop simplistes pour le «cas» qui nous intéresse. Mais il ne faudrait pas non plus fermer les yeux sur l'histoire récente ni sur les exemples venus d'ailleurs sous prétexte que le Canada, selon la Vierge de Fatima, est un cas unique. Et ce n'est pas tout.

Depuis la Révolution des œillets au Portugal, le processus du retour à la vie démocratique a fait l'objet d'une intense réflexion. C'est qu'après le Portugal, la Grèce, l'Espagne, le Brésil et l'Argentine se sont débarrassés à tour de rôle de leurs petites dictatures maison. La chute du Mur de Berlin a créé une véritable vague de fond de démocratisation de sorte qu'aujourd'hui, près des deux tiers des pays de la planète peuvent prétendre à la démocratie. C'est donc dire qu'on y trouve suffisamment de matière première pour amorcer une réflexion davantage théorique qu'anecdotique.

Dans la grande majorité des cas, cette transition vers la démocratie s'est faite de façon relativement pacifique et, sauf au Portugal, l'armée fut rarement appelée à intervenir. Cette vague de démocratisation semble avoir davantage été le produit d'un effet d'imitation et des moyens modernes de communication (dont la télécopie) que d'une agitation proprement révolutionnaire. Avec quelques années de distance, on est frappé de la facilité relative avec laquelle cette démocratisation s'est réalisée. Même en Afrique, un continent que l'on disait imperméable à l'idée même de la démocratie à l'occidentale, et où les préconditions économiques à l'émergence de formes démocratiques n'existaient sûrement pas, rares ont été les pays qui n'ont pas été affectés par cette vague[5].

Mais on dira que ces études sur la transition démocratique,

comme celles sur la transition territoriale auxquelles nous faisions allusion plus haut, ont bien peu d'utilité dans le cas du Québec et du Canada puisque ces deux sociétés politiques sont déjà bien ancrées dans les bonnes mœurs démocratiques[6]. Ce n'est pas parce qu'il souhaite s'affranchir d'une dictature que le Québec veut accéder au statut d'État souverain à l'intérieur ou à l'extérieur d'une nouvelle union Canada-Québec. Parler du fédéralisme comme d'un carcan politique n'a rien à voir avec une lutte contre l'oppression.

Non, ces études sur la transition démocratique intéressent pour ce qu'elles enseignent sur la façon dont les sociétés s'y prennent afin de réussir des virages importants dans leur marche collective.

On peut tirer de multiples leçons de l'effervescence actuelle et, parmi celles-ci, on doit inclure l'importance centrale du pacte démocratique comme élément porteur d'une transition réussie. Dans certains pays, la négociation de ce pacte s'est échelonnée sur plusieurs années et a accompagné la transition elle-même au point d'en devenir inséparable. Ce fut le cas de la Pologne où les réformes politiques ont été négociées et incorporées à la pièce dans le cadre d'une conférence nationale permanente où se retrouvaient le gouvernement et l'ensemble des forces d'opposition. Dans d'autres situations, le pacte a davantage été le fait d'une ratification que d'une négociation, le gouvernement en place ayant tout simplement choisi d'abdiquer ou d'embrasser lui-même les réformes proposées. Plusieurs pays africains ont procédé de cette façon.

L'intérêt du pacte démocratique tient à son statut extra-constitutionnel et extrajuridique. Il arrive parfois que le Parlement l'entérine, sa valeur ne lui venant pas de cette approbation légale mais plutôt de la force morale sur lequel il repose. Celle-ci à son tour ne dépend pas tant du statut juridique des signataires ou même du contenu de l'accord que du processus d'aboutissement et d'accommodement historique dont il est le symbole. Un pacte démocratique est impossible si «quelque chose» ne s'est pas passé au préalable. Ce «quelque chose» — un «déclic démocratique» pour employer l'expression des féministes américaines (*feminist click*) — implique nécessairement une manifestation de l'opinion et de la volonté des citoyens qui tranche avec les expectatives habituelles de loyauté. Albert Hirschman a qualifié ces bris de routine de phénomènes d'*exit and voice*[7]. Soudainement, les citoyens, jusque-là complaisants et même satisfaits, décident de formuler et d'exprimer leurs préoccupations en tant que citoyens et non plus seulement en tant que membres d'une classe, d'une profession ou d'une catégorie d'âge. Cela peut les amener à vouloir rompre avec le régime en place et surtout avec leur propre complaisance. Ils décident donc de «sortir» et d'afficher ouvertement qu'ils sont prêts à modifier leur loyauté. Bref, ils veulent un changement de régime.

Le pacte démocratique, c'est d'abord cette prise de conscience que, dorénavant, les choses ne seront plus jamais pareilles. Rien n'est alors réglé, mais tout devient possible. Mais c'est aussi la reconnaissance que la manière est importante, et que si le retrait réussit, il faut accepter de composer avec l'ancien ordre moral. Le pacte, c'est admettre qu'on est comme on est et comme on a été. On ne recommence pas à zéro.

Je crois que le référendum québécois pourra constituer un tel moment historique et, dans cette mesure, je ne m'inquiète pas de l'avalanche de prédictions cataclysmiques qui ne cessent de s'accumuler sur les «lendemains de la veille». Ils ne font que renforcer le déclic qu'il imposera. Pour la première fois, les Québécois auront décidé d'officialiser leur statut de citoyens d'une communauté politique autre que le Canada fédéral de 1982. Ils se seront déprovincialisés et le fait qu'ils en auront décidé par l'intermédiaire de la plus démocratique des procédures, le référendum, ajoutera à la qualité de ce nouvel espace démocratique que, ce faisant, ils auront créé.

Je suis bien conscient de ne guère apporter de «preuves», académiques ou autres, à une affirmation qui pourra paraître relever de la fabulation idéaliste. Après tout, un déclic démocratique, ça ne fait pas très sérieux. C'est une idée raisonnable mais sûrement pas rationnelle. Au moment où j'écris ces lignes (mars 1995), l'air du temps est à la déprime au Québec. Il ne se passe rien et il ne s'y passera jamais rien, semble être le nouveau mot d'ordre. Et compte tenu de l'arrivée hâtive du printemps, on ne peut mettre cet état d'esprit sur la faute du temps. Le mal est plus profond et atteint même les partisans intelligents de l'option fédéraliste. Le discours de l'incompétence et de l'incapacité s'est installé partout et je n'oserais jamais aborder cette idée d'un déclic avec mes collègues. On ne sait même pas si le gouvernement tiendra ou non son référendum dans les délais prévus et s'il sera porteur d'une message clair. De temps à autre, un petit sursaut agite le corps politique, comme lorsque le sénateur Jean-Louis Roux a déclaré que le Québec d'aujourd'hui lui faisait penser à l'Allemagne nazie. Même là, l'insulte a porté et a été intégrée. On attend la suivante. Et elle viendra sûrement.

Pour me remonter le moral, je demande à tous ceux et celles que je croise s'ils seraient heureux d'une victoire du oui au référendum. Ils me répondent invariablement que cela ne changerait rien ou, au contraire, que tout serait bouleversé. «Non, mais vous, personnellement, serez-vous heureux ou triste d'une telle victoire?» Une autre réponse suit alors : «Cela dépend.» Je m'impatiente : «Je ne veux pas savoir si ça dépend, mais si cela vous fera plaisir.» Il est rare alors de ne pas distinguer le début d'un sourire complice.

Ce pacte démocratique proposé par référendum, c'est d'abord avec eux-mêmes qu'ils doivent en convenir et non pas avec le reste du Canada. Et pour qu'un tel pacte ait une quelconque valeur, il faut aussi qu'ils puissent y dire non, ce qui pose évidemment toute la question des conséquences d'un tel non.

L'autre problème, c'est ce que le reste du Canada fera ou ne fera pas à la suite d'une décision du Québec de revoir en profondeur sa relation politique avec lui. Le Québec sera ultérieurement appelé à commenter cette réaction, et de cette interaction dépendra en bonne partie la qualité de la phase de transition ainsi que les relations ultérieures entre les deux États : l'État fédéral du Canada et l'État souverain du Québec. C'est durant cette phase de transition que prendront forme les relations futures entre les deux communautés politiques.

Vont-ils négocier ?

Dans une large mesure, la qualité de la transition vers la souveraineté dépendra de la décision du Reste-du-Canada (ROC) — l'expression prendrait alors tout son sens — de négocier avec le Québec les modalités d'accession et de mise en œuvre de la souveraineté. Même si je ne m'y arrête pas, je suis convaincu que la transition vers une nouvelle Union fédérale — le scénario d'une réforme en profondeur du fédéralisme canadien — se trouve à peu près dans la même situation. Compte tenu de la rupture de 1982, je suis prêt à penser qu'une reconfiguration de l'Union fédérale exige elle aussi une décision démocratique d'importance de la part des Québécois. Mais cela est une autre question. Revenons à l'attitude du ROC.

Une décision unanime des autorités constituées du Canada anglais de laisser filer les jours et de ne rien faire qui puisse accorder une quelconque crédibilité à la décision référendaire québécoise serait tout simplement insoutenable. La présence du Canada, sous une forme ou une autre à la table des négociations, est une condition préalable à une transition démocratique. C'est la meilleure façon d'éviter les débordements, bien qu'ils soient toujours possibles, même pendant que les parties négocient. Par ailleurs, il ne faut pas non plus faire d'équation entre l'absence de négociations formelles et la violence et l'appel à l'armée canadienne. Ne rien faire et laisser traîner les choses, c'est souvent la meilleure façon d'en arriver à un règlement *de facto*.

Mais revenons au ROC. On connaît la litanie de raisons invoquées pour tenter de nous convaincre qu'il ne négociera jamais avec un Québec ayant déclaré son intention de devenir un État souverain[8] :

• Le gouvernement fédéral n'aurait pas le mandat de le faire.

• Le ROC n'acceptera jamais qu'Ottawa négocie en son nom.

• Le ROC n'a pas d'organisation politique qui lui soit propre et ne pourrait donc pas se présenter à la table des négociations.

• Le gouvernement fédéral et ceux des autres provinces ne pourraient jamais s'entendre sur une position commune.

• Les autochtones voudront être à la table des négociations, ce qui est inacceptable pour les autres membres de l'Union fédérale.

• Le ROC sait que le gouvernement du Québec bluffe et qu'il ne déclarera jamais unilatéralement l'indépendance, alors pourquoi se présenter à la table des négociations?

• Le ROC n'a rien à gagner dans cette négociation.

Pris un à un, ces arguments apparaissent fort plausibles, certains sont même raisonnables. C'est en les examinant dans leur ensemble qu'on constate que quelque chose cloche. Ainsi, la meilleure façon pour les autres gouvernements provinciaux de s'assurer qu'Ottawa ne parle pas en leur nom à la table des négociations, c'est de s'y présenter eux-mêmes. Ou encore, si la position d'Ottawa est si forte sur le plan du droit international, pourquoi refuserait-il de le signifier à sa province rebelle, la ramenant ainsi à la raison? En refusant de négocier, Ottawa ne contribuerait-il pas à donner des bases sinon juridiques du moins morales aux prétentions souverainistes, une situation que le gouvernement central cherche par ailleurs à éviter à tout prix?

Le nombre élevé de raisons pour Ottawa et le ROC — et il y en a des dizaines d'autres — ne signifie qu'une chose. Non seulement il y aura des négociations en cas de oui au référendum, mais ces négociations ont déjà commencé. C'est ce qui explique pourquoi on met de l'avant autant de raisons, et des raisons contradictoires, pour justifier que l'on ne négociera pas. Il en est toujours ainsi lorsqu'une des parties à une prochaine négociation tente de se donner une position de force en vue du jour où les négociations commenceront vraiment. Il s'agit pour elle d'arracher le plus de concessions préalables pour compenser celles qu'elle devra ultérieurement faire à la table des négociations. Plus ces concessions sont évaluées, à tort ou à raison, comme élevées et plus cette partie au conflit voudra s'assurer auparavant de gains, et de gains importants.

Pour l'Union fédérale canadienne, le plus gros des compromis — la mère de tous les compromis pourrait-on dire —, ce sera évidemment d'accepter que le Québec se retire de la Fédération de 1982. Tout le reste est secondaire et de l'ordre de la rationalisation. En ce sens la position du Canada ressemble à celle des Israéliens face aux Palestiniens, du moins à celle qui prévalait encore il y a quelques mois. Pour les Israéliens, accepter de s'asseoir à la même table que les Palestiniens constituait une acceptation de la légitimité de l'interlocuteur palestinien et de sa prétention à devenir un État souverain. Une fois cette acceptation donnée, les Israéliens savaient très bien qu'elle ne pourrait plus être reprise. Israël n'a donc eu d'autre choix que de maximiser, avant même que la négociation ne débute, les bénéfices qu'il comptait tirer du processus. Le même calcul prévaut aujourd'hui en ce qui concerne ses «relations» avec la Syrie. Paradoxalement, les Israéliens eux-mêmes ont intérêt à ce que cette phase de prénégociation se continue le plus longtemps possible, car elle accroît leur marge de manœuvre et maintient la pression sur les autres partenaires de la région. C'est maintenant qu'ils font leurs gains les plus importants ou, du moins, qu'ils réduisent au minimum l'impact de leurs concessions ultérieures.

Pour le Canada, il importe donc de déterminer dès maintenant quelles seront les questions à l'ordre du jour et de tenter de rejeter celles où le Canada pourrait être éventuellement appelé à faire des concessions trop importantes, du moins en regard de l'opinion publique et des électeurs canadiens. C'est le cas, par exemple, de la double citoyenneté ou des institutions d'une nouvelle union économique. Très judicieusement — j'allais dire astucieusement —, le gouvernement québécois a reconnu que ces questions étaient entièrement du ressort de la future stratégie canadienne et que lui, le gouvernement du Québec, devait se contenter de se dire prêt à recevoir toute proposition que le Canada voudrait bien lui acheminer en ce sens.

Il faut bien comprendre ici qu'au lendemain d'un référendum victorieux pour le oui, la principale pression en faveur de la double citoyenneté, d'une union économique ou d'une union politique ne viendra pas des partisans de la souveraineté ou du gouvernement du Québec, mais bien des anciens adversaires de la souveraineté, notamment les anglophones et les ex-fédéralistes du Québec. À la limite, que monsieur Parizeau se voie retirer son passeport canadien ou qu'on exige qu'il le retourne à Ottawa (à qui, est-il écrit dans le document, ledit passeport appartient) ne troublera sans doute pas le premier ministre outre mesure. Au contraire, on pourrait même penser qu'il fera tout pour que ce résultat se produise, allant sans doute jusqu'à ne pas exiger de remboursement pour les mois où il n'aura pas utilisé son passeport. Il se trouvera même quelques spécialistes des relations publiques pour suggérer au premier ministre du Québec d'organiser une petite cérémonie de «remise du passeport». En effet, la meilleure façon de s'assurer que le Québec obtienne rapidement sa reconnaissance juridique internationale est de faire en sorte que les citoyens de ce territoire obtiennent à leur tour rapidement une identité juridique qui leur soit propre. Quelle meilleure façon d'y arriver que de leur enlever leur identité canadienne et le bout de papier la confirmant. Si les Québécois ne sont plus des Canadiens et qu'à ce titre ils n'ont plus droit au passeport canadien, alors que sont-ils ? De quelle entité sont-ils les citoyens ?

Se pourrait-il que les quelques millions d'ex-Canadiens deviennent alors des apatrides ne jouissant d'aucune identité ? La question est intéressante. Il s'en trouvera certainement plusieurs — et j'avoue que l'idée est séduisante — pour se satisfaire de cette situation. Enfin, ils pourront se considérer comme de véritables citoyens du monde et réclamer une pièce d'identité émise par les Nations unies. C'est tout ce qu'il faut pour voyager et, à l'intérieur d'un Québec souverain, un passeport en bonne et due forme ne sera pas plus nécessaire qu'il ne l'est actuellement à l'intérieur de la Fédération canadienne.

D'autres en profiteront certainement pour réclamer le «retour» de leur citoyenneté française, en exigeant par le fait même l'extension européenne qui accompagne dorénavant la citoyenneté française. Je ne sais pas si cette idée serait populaire au Québec, j'ai toujours pensé que la seule idée qu'un Québec souverain puisse s'intégrer à la France serait assez pour faire perdre 30 points aux appuis à la souveraineté. Par contre, la France qui a vu son importance démographique relative considérablement réduite avec l'intégration de l'ex-Allemagne de l'Est à l'Allemagne pourrait se montrer intéressée, sur une base temporaire, à se voir attribuer quelque sept millions de nouveaux citoyens, d'autant que le niveau de vie plus élevé de ces derniers contribuerait à hausser (et non pas à réduire comme en Allemagne) la moyenne nationale du pays. L'idée d'obtenir un passeport français me laisse plutôt indifférent, mais j'avoue que je serais sensible à la possibilité d'obtenir, par ce biais, un passeport de l'Union européenne.

Toute cette question de la citoyenneté a d'ailleurs un côté surréaliste qui n'est pas sans analogie avec cet air du temps postmoderne que nous respirons. Il s'agit selon moi du faux problème par excellence. Ainsi, il serait très facile — trop facile peut-être — de distinguer la question de la citoyenneté de celle de nationalité. On pourrait même envisager que les Québécois de l'après-référendum continuent d'être des citoyens de l'Union fédérale canadienne tout en se proclamant désormais de nationalité québécoise.

Si je pousse ainsi la question du passeport, ce n'est pas tant pour «prouver» une thèse en rapport avec la future nationalité québécoise ou avec une éventuelle double citoyenneté que pour illustrer à quel point le contexte stratégique sera différent une fois que la décision d'accéder à la souveraineté aura été ratifiée par la population (sans pour autant être mise à exécution par le gouvernement du Québec). Ceux qui ont trop tendance à l'oublier se condamnent nécessairement à produire des scénarios aussi inutiles qu'embarrassants pour leur réputation future de prospectivistes. Risquons cependant une autre fantaisie.

Il se peut aussi que, au lendemain d'un vote référendaire favorable à la souveraineté du Québec, ce soit le gouvernement du Canada lui-même qui insiste pour compter les Québécois parmi ses citoyens et qu'il procède alors rapidement à une distribution gratuite de passeports aux habitants du Québec. Un peu comme ces compagnies de câblodistribution qui vont «offrent» une nouvelle programmation et une nouvelle tarification à partir d'une certaine date, sauf si vous demandez expressément de ne pas vous prévaloir de cette offre généreuse. Il se pourrait bien que le gouvernement canadien décide de nous faire une offre de citoyenneté que nous ne saurions refuser.

Cette approche aurait plusieurs avantages. Par exemple, le maintien d'un lien de citoyenneté pourrait être utilisé par Ottawa pour appuyer ses prétentions quant au caractère illégitime, illégal ou tout simplement inopérant d'une éventuelle décision québécoise en faveur de la souveraineté. Ou encore Ottawa pourrait choisir d'interpréter cette décision des Québécois de ne pas «retourner» leur passeport canadien non pas tant comme un signe de leur volonté de demeurer dans l'Union fédérale — ce qui exigerait d'Ottawa de trouver une ligne de conduite face à ceux qui le retourneraient — mais de leur acceptation d'une certaine subordination de la citoyenneté québécoise à la citoyenneté canadienne qui continuerait à les englober. Un processus similaire est déjà à l'œuvre en Europe. Ainsi, il se pourrait bien qu'à l'avenir, il ne soit plus possible pour les habitants du Québec d'être citoyens du Canada sans aussi être citoyens du Québec, et à l'inverse d'être citoyens du Québec sans aussi être citoyens de l'Union canadienne. Si une telle situation devait se produire, on peut penser que cette Union serait toujours canadienne, mais qu'elle ne serait plus fédérale, du moins pas au Québec. À ce sujet, on remarquera que c'est ce qui correspond à peu près au désir d'une grande majorité de Québécois. C'est du moins ce que les sondages révèlent.

Finalement, Ottawa, les autres provinces et Wall Street pourraient exercer des pressions pour qu'un lien de citoyenneté soit maintenu entre le Québec et le Canada afin de conserver intact le lien de responsabilité des Québécois au chapitre de la dette. En effet, pourquoi devrions-nous nous considérer comme responsables d'une dette contractée en notre nom de citoyens canadiens alors que nous cesserions de l'être ? Cette dette dont on parle tant pourrait se révéler plus utile, ou embarrassante selon le point de vue, qu'on ne l'estime habituellement.

En bout de piste, c'est parce qu'il a entre les mains l'un des bouts du bâton, le bon ou le moins bon selon encore une fois le point de vue, que le gouvernement fédéral se présentera à la table des négociations. C'est là qu'il pourra le plus facilement réaliser ses objectifs, que ceux-ci concernent la reprise en main de « sa » province de Québec ou la création d'une nouvelle communauté politique à l'intérieur de laquelle le Canada anglais pourra se retrouver.

Au lendemain d'un oui des Québécois — peu importe s'il s'agit d'un oui à la souveraineté pure-et-dure ou à la souveraineté-dans-l'union —, tout sera remis sur la table. Si on s'arrête à y penser, ce n'est pas tant le contenu de ce oui qui importera que la force avec laquelle ce mot sera prononcé. Je sais pertinemment qu'il serait de mise pour le politologue que je suis d'y aller d'une longue réflexion sur le fossé qui sépare l'option de la souveraineté de celle d'une nouvelle union Québec-Canada. Ces distinctions sont importantes, d'autant qu'elles correspondent à des partis et à des hommes qui en ont fait les bases de leur action. Mais aux yeux du Canada anglais, ces nuances ont à peu près l'importance de celles qui séparent Jean Chrétien de Daniel Johnson. Ils n'y accordent aucune crédibilité. À la limite, je serais plutôt porté à croire qu'un oui à une nouvelle union Canada-Québec nécessitera une plus forte approbation pour les amener à la table des négociations qu'un oui à la simple souveraineté.

Mais dans un cas comme dans l'autre, ils viendront car c'est autour de cette table qu'ils seront le mieux en mesure de défendre leurs intérêts. La transition du Québec vers un nouveau statut constitutionnel se fera donc de façon démocratique et ordonné, car c'est encore ce qu'il y a de plus facile à réaliser. Pourquoi les Québécois et les Canadiens se priveraient-ils d'une telle efficacité ?

CHAPITRE 11

La juste taille des démocraties

Ce n'est pas d'hier que les politiciens, les économistes et les politologues se préoccupent de la taille que devraient avoir les sociétés politiques pour offrir les meilleures conditions d'épanouissement à leurs citoyens. Aristote avait même mis au point une méthode de calcul lui permettant d'arriver au nombre idéal de citoyens qu'une cité ne devrait pas dépasser.

Apparemment, ce chiffre n'a guère impressionné les contemporains du grand philosophe et toute l'histoire de l'Antiquité tient à un va-et-vient entre deux extrêmes, celui de la petite taille des Cités-États grecques d'une part et la majesté gargantuesque de l'Empire romain d'autre part. Les historiens débattent toujours des causes de la grandeur et surtout de la déchéance de ces deux modèles d'organisation politique et il est probable que, selon que l'on favorise ou non l'accession du Québec au statut d'État souverain, on aura une opinion différente sur le sujet. Les souverainistes diront que l'Empire romain s'est effondré à cause de son poids et de ses contradictions internes, tandis que les antisouverainistes insisteront sur la petitesse et la mesquinerie des cités grecques pour expliquer leur déchéance. On est toujours trop gros ou trop petit.

Mais peut-on être trop petit pour être démocratique? La question est importante, car un Québec souverain, à l'intérieur ou à l'extérieur de l'Union fédérale, sera nécessairement plus petit que l'actuelle province du même nom.

Le bonheur d'être (pas trop) gros

Aucun doute n'est possible : depuis que les sociétés occidentales ont recommencé à réfléchir à la taille que chacune devrait avoir, soit environ depuis le XIIIᵉ siècle, elles ont en général préféré l'embonpoint à l'amaigrissement. Le réflexe est donc bien ancré et il est peu probable que les tenants de la vie dans un grand pays changent d'idée.

Depuis les Communes italiennes de la fin du Moyen Âge, toutes les formes d'organisation politique ont été caractérisées par une volonté constante d'agrandissement. Les républiques princières de l'époque de Machiavel, les ligues de villes marchandes comme la Ligue hanséatique, les duchés, celui de Bretagne ou de Bourgogne, les principautés, les royaumes, les dictatures, les républiques, les empires, les fédérations, les confédérations, tous ces régimes ont connu des phases d'expansion. Par ailleurs, toutes ces sociétés politiques ont aussi connu des périodes de contraction, volontaires ou non. Il fallait s'y attendre puisque les agrandissements des uns ont le plus souvent signifié un rétrécissement pour les autres. Qu'on songe par exemple à la France, à l'Allemagne et à l'Alsace.

Il existe quelques cas de sociétés politiques ayant choisi volontairement de réduire ou du moins de maintenir leur taille. La Suisse, l'Islande, Monaco, le Luxembourg n'ont guère bougé dans leurs frontières depuis des générations. Il arrive aussi à l'occasion qu'un État se défasse d'une partie de ses citoyens et même d'une partie de son territoire jugé indésirable. Ce fut le cas de Singapour, littéralement mis à la porte de la Fédération de la Malaisie dans les années 1960.

Mais ce sont des exceptions. En général — et les souverainistes québécois devront se faire à l'idée —, les pays ont tenté d'étendre leurs frontières plutôt que de les réduire. C'est d'ailleurs cette volonté d'agrandissement qui est la cause de la majorité des guerres. Cela par contre, les fédéralistes n'en parlent guère. Tous les types d'États s'y sont adonnés : les dictatures, les démocraties, les théocraties, les régimes laïques, les fédérations, les États unitaires, les petits pays comme les grands, les anciens comme les nouveaux.

Encore aujourd'hui, les questions territoriales sont à la source de la majorité des conflits meurtriers : la guerre Iran/Irak, celle du Golfe, le conflit israélo-arabe, la guerre civile yougoslave. Il s'est tué davantage de personnes pour permettre aux États de s'agrandir que pour toute autre raison.

L'obsession de la taille a changé de nature depuis quelques années et il suffit de comparer les arguments mis de l'avant en 1980 avec ceux qui circulent aujourd'hui pour réaliser que le front de l'obésité et de la minceur étatique n'est plus ce qu'il était. En 1980, à la boutade « Mieux vaut être gros et en bonne santé que petit et malade », on se contentait de répondre *Small is beautiful*. Dix ans plus tard, on constate que la question de la taille des États dépend davantage du contexte géostratégique dans lequel les pays ont à évoluer que d'une quelconque carte des « tailles étatiques idéales ». C'est par rapport aux autres qu'on est gros ou petit.

L'arrivée massive des petits pays sur l'échiquier diplomatique et économique a modifié le regard que l'on portait sur la taille. Depuis quinze ans, les *success stories* ont été dans l'ensemble le cas de petits pays. Ceux qu'on a appelé les « quatre petits dragons » — Singapour, Hong-kong, la Corée et Taiwan — ont ainsi rejoint l'Autriche, la Suisse et le Danemark dans le club sélect des petits pays dits riches[1]. De plus, non seulement ces quatre nouveaux pays industrialisés sont relativement petits — bien que la population de la Corée du Sud atteigne 42 millions, 64 millions avec la Corée du Nord —, mais ils possèdent tous des statuts politiques et géographiques peu orthodoxes. On y trouve en effet un pays divisé (Corée), une Ville-État (Singapour), une colonie (Hong-kong) et une île (Taiwan) qui ne sont reconnus par aucun autre pays.

Depuis quinze ans, la majorité des nouveaux pays faisant leur entrée aux Nations unies ont été des petits pays. Il s'agit même le plus souvent de micro-États. De sorte que, aujourd'hui, 32 États membres des Nations unies ont une population inférieure à un million. Ce groupe comprend l'Islande[2] (200 000 habitants), Saint-Kitts et Nevis (47 000), les Seychelles (100 000), le Vanuatu (200 000) et le Qatar (300 000). Et ce n'est pas terminé puisqu'on compte encore près de 30 sociétés possédant un minimum d'organisation étatique ainsi qu'un territoire défini, mais qui attendent toujours dans l'antichambre la reconnaissance d'un statut international. De fait, leur nombre varie entre 23 et 40 selon qu'on inclut ou non certains îlots dont on peut raisonnablement douter de la viabilité diplomatique. C'est le cas de Pitcairn Island (68 habitants), de Johnston Atoll (300) ou de Wake Island (1 600)[3]. À l'exception de Puerto Rico (3,3 millions), Hong-kong (5,5 millions) et Taiwan (20 millions), les principaux candidats à la souveraineté ont des populations qui ne dépassent guère les 200 000 habitants[4].

De toute évidence, l'État-nation dont certains ne cessent d'annoncer la disparition prochaine se porte bien — dangereusement bien même — et demeure l'instrument privilégié de participation directe à l'activité internationale. L'expansion de la société internationale n'est pas un phénomène récent et a toujours été accompagnée d'une augmentation et non d'une réduction du nombre d'acteurs nationaux. L'inclusion successive du Moyen-Orient, de l'Afrique, de l'Asie et de l'Amérique dans ce qu'il est convenu d'appeler l'économie-monde s'est opérée uniquement sur la base de l'État-nation qui demeure la principale «contribution» de l'Europe — peu importe qu'on s'en félicite ou qu'on le déplore — au développement politique de la planète. C'est un fait de civilisation au même titre que l'invention de l'hôpital ou de la guerre éclair. Même après quelques siècles, l'universalité, réelle ou imposée, et la permanence de cette forme d'organisation collective demeurent surprenantes[5].

La mondialisation a mis en lumière les faiblesses des moyens d'action dont disposent les États-nations. Aucun État ne peut régler à lui seul des problèmes tels le sida, le trafic des narcotiques, la protection de la couche d'ozone ou les migrations illégales. Mais dans bien des cas, l'incapacité des États à résoudre certains problèmes tient moins à la nature internationale de ces problèmes qu'à l'incapacité de ces mêmes États à agir dans les limites de leur propre territoire national. Même avant que la criminalité n'ait des ramifications internationales, les gouvernements n'arrivaient pas à s'en débarrasser et il est trop facile de prétexter d'une mondialisation de certains problèmes pour créer de nouvelles organisations supranationales. Par un raisonnement dont ils ont le secret, les bureaucrates supposent que des gouvernements et des États-nations incapables d'agir par eux-mêmes trouveraient au sein d'une organisation supranationale un regain d'intelligence et de volonté. On aimerait pouvoir les croire.

Poussé à son extrême, l'argument de la taille conduit à annoncer, sinon à souhaiter, la disparition de l'État-nation au nom d'une plus grande efficacité. Ce n'est pas réaliste et on peut même se demander si c'est souhaitable. La domestification, selon l'expression de Wolfram Hanrieder, de certains problèmes qui auparavant relevaient exclusivement des relations entre États n'a pas facilité leur résolution[6]. Au contraire, ces problèmes se trouvent alors imbriqués dans des réseaux de plus en plus serrés d'intérêts, de calculs et de stratégies. En poussant une question vers le haut, on ne s'assure pas nécessairement d'une solution. C'est d'ailleurs ce que le Mexique vient de découvrir avec l'ALENA.

Selon John Naisbitt, discuter de *Small is beautiful* est une pure perte de temps. La question ne se pose même plus[7]. Il faudrait plutôt se demander comment faire pour devenir plus petit. Selon l'auteur célèbre de *Megatrends,* personne, pas plus les entreprises que les sociétés ou les unions fédérales, ne pourra échapper à ce qu'il appelle le «paradoxe du global». En voici, dans l'ordre ou le désordre, les dix principaux «commandements:

1. Plus l'économie mondiale étend ses frontières et plus le pouvoir de ses plus petits acteurs s'accroît proportionnellement.

2. Plus un système est étendu et plus ses composantes doivent gagner en efficacité.

3. Plus l'économie mondiale s'intègre et plus le nombre, la «petitesse» et l'importance de ses composantes s'accroissent.

4. Les télécommunications nous «mondialisent» en même temps qu'elles nous «tribalisent».

5. La mondialisation fait en sorte que dorénavant, l'on «pense localement tout en agissant globalement (*Think locally, act globally*).

6. Plus l'anglais devient la deuxième langue universelle et plus la langue locale devient importante.

7. Plus l'importance et le pouvoir des États-nations décroissent et plus il s'en crée de nouveaux.

8. Plus la démocratie se répand et plus le nombre de pays augmente.

Il y avait 172 pays représentés aux Jeux olympiques de Barcelone. On en attend 200 à ceux d'Atlanta.

9. Ce n'est pas le supranationalisme à l'européenne qui menace les États-nations, mais l'implosion de ceux-ci et surtout leur manie de vouloir se réunir en des structures toujours plus lourdes.

10. Plus les politiciens sont importants dans la hiérarchie décisionnelle et moins on s'attend à ce qu'ils puissent livrer la marchandise.

Prises une à une, ces intuitions ne sont pas particulièrement originales. Ce qui l'est par contre, c'est la conclusion qu'en tire l'auteur. Cessons d'avoir peur, suggère-t-il, de 200, de 500 ou même de 1 000 États-nations. Nous disposons déjà des technologies nous permettant d'organiser une planète composée de quelques milliers de centres économiques de décision. Pourquoi insister pour remettre entre les mains d'un quelconque G-7 la gouverne de nos affaires politiques? Pourquoi n'y aurait-il pas sur le plan international des lois antitrusts empêchant les États de s'agrandir et même forçant certains d'entre eux à se diviser en unités plus performantes et plus ouvertes?

Insister pour ne conserver que 150 ou 200 États-nations ressemble à ces discussions des années 1970 alors qu'on se demandait si le Pentagone pouvait se permettre d'augmenter de 30 à 40 le nombre de ses ordinateurs tout en maintenant son degré d'efficacité et de sécurité. Et tandis qu'on tentait de contenir la croissance du parc d'ordinateurs, l'orthodoxie administrative de l'époque conseillait de doubler l'ensemble des systèmes en place, de sorte que si l'un venait à flancher, son « remplaçant », et éventuellement le remplaçant de son remplaçant, pouvait prendre la relève. Cette façon de penser aboutit nécessairement à l'élaboration de systèmes et de procédures dont la complexité et la lourdeur croissent de façon géométrique.

Loin de moi l'idée de faire un quelconque rapprochement avec le fédéralisme, surtout le fédéralisme canadien.

Lorsque IBM décida de ne pas se lancer trop rapidement dans la fabrication de microordinateurs et de s'en tenir aux *mainframes,* les raisons qu'elle invoqua témoignent bien de cette incapacité de comprendre qu'à l'heure des réseaux, le « grand » est en fait une collection de « petits ». Voici, en résumé, ce qu'on disait encore en 1980 aux plus hauts échelons d'IBM.

• Une fois que chaque ménage se sera équipé d'un micro-ordinateur, le marché se tarira et deviendra un marché de revente. «Nous risquons de devenir le réparateur Maytag de l'avenir», avait coutume de dire un des vice-présidents de la compagnie.
• Plus le nombre de microordinateurs augmentera et plus grand sera le besoin pour des ordinateurs centraux de plus en plus puissants. Mieux vaut donc continuer à se spécialiser dans ce secteur.
• Plus les microordinateurs feront leurs preuves et plus les entreprises en achèteront. C'est sur elles qu'IBM doit concentrer ses efforts.
• Plus les gens utiliseront des ordinateurs au bureau et moins ils seront portés à en posséder un à la maison.

Et pendant ce temps, les gourous de la gestion moderne s'émerveillaient de la capacité d'IBM d'imposer à ses 75 000 employés masculins le même code vestimentaire. Quinze ans plus tard, IBM tente toujours de rattraper son retard sur le marché des ordinateurs et espère pouvoir revenir au troisième rang des entreprises informatiques vers la fin de 1996.

Les bons onguents et les petits pots

Oui, mais à l'inverse les petits pays sont-ils nécessairement plus démocratiques? Il s'agit, comme aiment à le rappeler nos politiciens, d'une question à deux volets.

Il y a d'abord l'effet négatif absolu de la taille. On pose souvent comme principe qu'un petit pays est plus enclin à sombrer dans les solutions non démocratiques qu'un grand. Il est censément plus facile à manipuler puisqu'il est forcément moins diversifié et plus «tricoté serré». Le sentiment de groupe y est plus développé et on aurait davantage tendance à s'y méfier des «autres». Qu'on le veuille ou non, l'esprit de clocher y prédomine. Le nationalisme s'y installe. Le fascisme guette.

L'autre volet de l'argument veut que les petits pays soient plus vulnérables aux aléas de la vie économique. Le moindre choc pétrolier, financier, boursier ou autre y a rapidement des répercussions importantes. Bref, un petit pays absorberait moins bien les coups.

Pour les petites sociétés, une des façons de se protéger contre elles-mêmes et de diminuer leur vulnérabilité aux coups des autres est évidemment de s'intégrer dans une union politique et économique plus large. C'est ce que nous proposent les partisans de l'Union fédérale actuelle. Je suis cependant d'avis qu'une telle intégration n'a plus la valeur protectrice qu'on lui accordait il y a encore quelques années. Dès le tournant du millénaire, ce protectionnisme politique — car c'est bien de cela qu'il s'agit — ne sera plus efficace. On ne compte plus les exemples nous indiquant que c'est déjà le cas.

Ainsi, au printemps de 1995, l'Espagne a dû payer un très fort prix pour s'en remettre à l'Union européenne afin de régler son conflit «poissonnier» avec le Canada. Ne parlant et n'agissant qu'en son seul nom, le Canada a rapidement réussi à isoler l'Espagne des autres membres de l'Union européenne. Ayant jugé bon de ne pas demander l'appui des États-Unis et encore moins de l'ALENA, le Canada a eu les coudées franches pour faire des gestes qui lui auraient été interdits s'il avait agi dans un cadre politique et économique plus vaste.

Toutes les études empiriques montrent d'ailleurs que la taille n'est pas en soi une variable très importante. Par exemple, selon Robert Harmel et John Robertson qui ont étudié plus de 400 sociétés politiques depuis le début du XIXe siècle, il est vrai qu'une plus grande population réduit les chocs d'une catastrophe venue de l'extérieur (guerres, famines, etc.), mais elle le fait au prix d'une inertie bureaucratique de plus en plus grande. De façon générale, une augmentation de population entraîne un engagement plus actif des gouvernements dans la vie économique et sociale. Par ailleurs, dans les plus petits États, les dirigeants politiques doivent davantage tenir compte des groupes et des associations d'intérêts qui ont souvent un accès direct au pouvoir politique[8].

L'important n'est pas tant de savoir si un Québec souverain serait un petit pays — il le serait — que de déterminer à quelle famille de «petits pays» il appartiendrait.

En tant que pays souverain, le Québec aura trois caractéristiques. D'abord et avant tout, il fera automatiquement partie du groupe des sociétés économiquement et politiquement avancées. Peu importe qu'il se situe au 12e, au 10e ou au 15e rang, on le retrouvera dès la première année dans le bloc des quelque 30 pays qui constituent ce groupe. Ce sera aussi — encore une fois sans qu'il y puisse grand-chose — une société de petite taille démographique. En dernier lieu, un Québec souverain constituera, pendant un certain temps tout au moins, un «nouvel» État-nation sur la scène internationale.

Dans le débat qui fait actuellement rage au Québec, on confond très souvent ces trois caractéristiques. À ceux qui soulignent la petitesse du Québec, certains répliquent en mettant de l'avant son statut de pays hautement développé alors que d'autres s'amusent à confondre les contraintes d'un nouveau pays avec celles d'un petit État.

Les travaux de Peter J. Katzenstein[9] et d'autres chercheurs ont pu démontrer non seulement l'existence d'un modèle théorique capable de décrire et d'expliquer les performances économique et politique d'un certain nombre de petites démocraties européennes, mais aussi l'importance relative des différents éléments de ce modèle et expliquer ainsi pourquoi la Suisse, l'Autriche, le Danemark, les Pays-Bas, la Belgique, la Suède et la Norvège s'en tirent aussi bien sinon mieux que des pays plus gros. Reste à savoir si le Québec peut être considéré comme un aspirant à ce groupe[10]?

Ce modèle que nous qualifierons de «démocratie de partenariat[11]» comprend les éléments suivants :

1. Des économies très ouvertes et hautement dépendantes de la conjoncture économique internationale.

2. Un système organisé, englobant et concentré de groupes d'intérêts économiques et sociaux.

3. Un large consensus quant à la primauté du marché et à la compétition entre les divers acteurs.

4. Un régime permanent de négociation entre tous les principaux acteurs socio-économiques.

5. Une volonté indéfectible de maintenir les consensus sociaux et la solidarité par-delà les divisions sociales.

6. Le rôle important joué par l'État et ses agents dans le développement de la démocratie de partenariat.

La façon dont chaque pays applique ce «modèle» varie énormément. Constater que le Québec n'y correspond pas exactement ne signifie donc pas grand-chose. La Suisse et l'Autriche non plus. En

Suisse, on se fie davantage au marché pour pratiquer les arbitrages requis. En Autriche, l'État est parfois coercitif. C'est surtout au chapitre de l'organisation des groupes d'intérêts que le Québec traîne de la patte à cause en partie de son statut de province, de sa tradition syndicale nord-américaine et de son attachement au régime parlementaire britannique[12]. Cependant, pour son ouverture internationale, le Québec ne le cède en rien à l'Autriche ou aux Pays-Bas. Pas plus à Québec qu'à La Haye ou à Vienne, il ne saurait être question de tenter de contrer certaines tendances de l'économie mondiale comme le font les États-Unis. Pas plus d'ailleurs que d'organiser la réponse nationale dans un réflexe de mobilisation étatique des ressources, comme furent tentés de le faire les Français durant les premières années de la décennie Mitterrand. Quant à la méthode japonaise de se préparer, sous la gouverne du MITI, à la prochaine vague de compétition internationale, il s'agit d'une option exigeant un mélange d'autoritarisme et de résignation, ainsi que des ressources incroyables.

Pour les petites économies de partenariat, le protectionnisme commercial ne fait pas partie de la liste des options disponibles. Mais leur appui à la libéralisation des échanges est davantage qu'une constatation inévitable. Il s'agit dans la plupart des cas d'un élément central des dynamiques politique et économique de ces pays. Premièrement, à cause de l'étroitesse de leur marché, tout protectionnisme, le leur et celui des autres, accroît de façon appréciable les coûts de production des biens et des services qu'ils exportent à l'étranger. Les petites économies ne disposent pas de ressources de remplacement auxquelles elles puissent faire appel rapidement pour substituer des importations devenues subitement trop coûteuses. Deuxièmement, leur petitesse les rend particulièrement vulnérables à toute course aux subventions et aux tarifs temporaires. Elles n'ont guère la possibilité de bluffer ou de laisser poindre la possibilité de représailles. Et finalement, le recours au protectionnisme constitue un fort dangereux précédent pour toute économie de petite taille puisque ni les dirigeants ni les institutions politiques n'ont les reins assez solides pour conserver un contrôle étroit sur le nombre de secteurs qu'il faudrait chercher à protéger.

Ces petites économies ne peuvent se payer le luxe de reporter de façon même temporaire les coûts d'une adaptation aux nouvelles conditions internationales. Elles doivent s'adapter le plus rapidement possible à tout changement de leur environnement. Leur vulnérabilité et leur sensibilité à ces changements sont en fait leur principal atout.

Elles ne peuvent pas non plus s'offrir le luxe d'un laisser-faire politique et social interne. La concertation qu'elles pratiquent toutes à des degrés divers leur est imposée par les arbitrages difficiles que ces sociétés sont forcées de faire. Qui dit s'adapter dit nécessairement distribuer de la façon la plus équitable et la moins onéreuse possible les coûts de cette adaptation. On ne parle pas ici uniquement des programmes de sécurité du revenu ou d'aide sociale, mais du recyclage et de la formation continue de la main-d'œuvre qui constitue, dans toutes ces sociétés, l'un des «avantages sociaux» les plus recherchés.

La force d'une petite économie est de constamment réagir et agir. Il n'y a rien comme un sentiment d'urgence pour faire cesser les palabres inutiles et pour éliminer les solutions qui ne sont que théoriques.

Sans une idéologie de coopération et de consensus largement partagée, bien qu'à des degrés divers, par l'ensemble des acteurs sociaux, le partenariat social est impensable. Contrairement à une vision simpliste des choses, coopération et partenariat n'excluent pas oppositions et conflits. Au contraire, ceux-ci indiquent que des choix cruciaux concernant des enjeux importants sont sur le point d'être faits. Ce qui importe, c'est la manière de résoudre ces conflits. Voilà où la petite taille de ces sociétés entre en ligne de compte.

Toutes choses étant égales d'ailleurs, la petite taille d'une société tendra à réduire les distances entre ses diverses composantes. C'est une question de géométrie, dirons-nous. Cependant, un coup d'œil sur l'Irlande du Nord devrait suffire à rappeler qu'il ne s'agit pas d'une loi. La proximité peut aussi intensifier des conflits séculaires. Ce n'est pas tant la distance physique qui importe ici. En effet, à l'heure des communications électroniques, il est parfois plus facile de se parler d'un bout à l'autre d'un continent qu'à l'intérieur d'un même édifice. Le problème vient du fait que l'éloignement physique est souvent conjugué avec une appartenance territoriale différenciée. Dans l'Union canadienne actuelle, nous sommes particulièrement bien placés pour mesurer l'impact de ce type d'éloignement, puisque la distance physique séparant les citoyens d'une même province est souvent supérieure à celle qui les sépare de leurs voisins. Bref, la distance entre Hull et Québec, entre Edmonton et Calgary n'est pas de même nature que celle qui sépare Hull de Montréal ou Calgary de Regina. Il est même tentant de suggérer qu'à mesure que l'on réduit le temps requis pour communiquer entre deux points, on augmente la pertinence et surtout les conséquences des différences d'appartenance territoriale entre ces deux points.

La proximité sociologique entre des individus ne suffit pas non plus à créer des liens. Tout au plus facilite-t-elle — et c'est déjà beaucoup — le double processus d'agrégation des intérêts et de conciliation politique des divergences à la base du partenariat social. L'expérience des petites démocraties européennes montre en effet que le consensus n'est possible que si les groupes d'intérêt ont d'abord fait leur travail, c'est-à-dire identifier, rassembler et ordonner les intérêts des uns et des autres. Rassembler des porte-parole autour d'une table ne suffit pas. Il faut des relations très fluides entre des représentants ayant une marge de manœuvre suffisante pour donner leur accord informel ou formel. La clé du succès, nous rappelle Katzenstein, c'est cette coexistence sans cesse renouvelée d'une très grande ouverture à la représentation des intérêts et d'une oligarchie efficace lorsque vient le temps de prendre des décisions et de les imposer.

Rien ne permet d'affirmer qu'un Québec souverain utiliserait à bon escient toutes les occasions offertes pour suivre les traces des petites démocraties européennes. On voit cependant mal pourquoi cette société refuserait systématiquement de le faire puisqu'elle s'est déjà largement engagée dans cette voie et que son actuel statut de province, s'il ne lui rend pas la vie impossible, l'empêche cependant d'aller plus loin dans cette voie.

À un moment où il se fait entendre de plus en plus de voix dans le ROC pour suggérer de suivre l'exemple du Québec dans la voie de la concertation, il serait pour le moins paradoxal que le Québec, lui, s'engage à fond dans la voie canadienne. Certes, malgré l'attrait que représente le modèle du partenariat démocratique, il n'est pas certain qu'un Québec souverain trouverait les ressources pour s'y engager plus à fond. Pourtant, l'autre voie bien balisée et déjà fréquentée, soit celle d'être une grosse province dans un grand pays, offre la quasi-certitude d'une impasse[13].

CHAPITRE 12

La démocratie
au jour le jour

Admettons, pour les fins de la discussion, que le Québec réussisse sans trop de mal sa transition vers son nouveau statut constitutionnel et que sa démocratie, éprouvée à ce moment difficile, s'en trouve renforcée. Pour les opposants au changement il s'agit, on en conviendra, d'une admission de taille avec laquelle ils ne seront sans doute pas d'accord.

Comment se présentera la vie politique dans cette nouvelle communauté politique? De quoi son quotidien sera-t-il fait? Allons-nous enfin aborder les «vraies» questions? Qui précisément va définir ces fameuses questions?

Dans le cas d'interrogations de cet ordre, il est tentant de couper la poire en deux et de s'en tenir à des affirmations du genre: «Ce ne sera pas aussi terrible que les fédéralistes le laissent entendre et pas aussi rose que les souverainistes l'espèrent.» Malheureusement, comme le savent très bien les parents qui ont déjà eu à couper des poires pour satisfaire des enfants «revendicateurs», réussir à satisfaire les principaux intéressés est à peu près impossible. Il y a toujours plus de pépins d'un côté que de l'autre. Ainsi, bon nombre de lecteurs considéreront sans doute cette série d'hypothèses

« raisonnables » comme hautement suspecte. Mais, comme il ne s'agit pas de les convaincre, poursuivons quand même tout en tenant compte de leurs soupçons et considérons-les comme une sorte de protêt permanent.

J'ai déjà souligné que le poids de l'expérience canadienne et les contraintes de la géopolitique amèneraient le Québec et le Canada à réussir leur transition vers un nouveau régime constitutionnel. Cette fois, mon argument s'appuie sur une autre logique, celle de la vie démocratique comme telle. Ma thèse est relativement simple : un Québec souverain a de bonnes chances d'être une société démocratique, non seulement parce que sa transition vers la souveraineté aura été elle-même le résultat d'un processus démocratique, mais aussi parce que la démocratie est l'état naturel vers lequel tendent toutes les sociétés politiques. Non seulement la démocratie est plus efficace, comme je le mentionnais au premier chapitre, mais elle présente aussi la forme de gouvernement la plus facile à mettre en place et à administrer sur une longue période. Que cette souveraineté s'exerce isolément ou dans le cadre d'une nouvelle entente Québec-Canada ne change guère l'argument.

À ce sujet, constatons jusqu'à quel point une certaine pensée janséniste a fait des ravages chez nous. Pourtant, il est tout à fait possible de faire de la démocratie sans pour autant transformer celle-ci en idéal mystico-religieux impossible à atteindre mais devant quand même illuminer nos vies. Derrière cette vision — et le mot est bien choisi — se profile ce préjugé, très occidental, pour l'effort, le dépassement et le déchirement. On ne dira jamais assez à ce sujet toute l'influence, négative quant à moi, que Luther et saint Ignace ont eue sur notre pensée politique. En comparaison, saint Thomas était un joyeux luron.

Cette approche jésuitique de la démocratie me semble aujourd'hui dépassée.

La démocratie n'est pas un état de grâce

John Mueller est professeur de science politique à l'Université de Rochester, dans un département connu pour son préjugé favorable envers l'approche rationaliste et positiviste des phénomènes sociaux. À cause de cet environnement, il a pu constater les apparentes « normalité » et « simplicité » de la démocratie (qu'il définit comme la propension des gouvernements à répondre de façon satisfaisante aux demandes de leurs citoyens). Si la démocratie est aujourd'hui aussi répandue, suggère-t-il, ce n'est pas tant une question de supériorité morale que de facilité. Ce régime relativement simple à comprendre a tendance à s'autoperpétuer et n'exige pas de conditions exceptionnelles pour se maintenir[1].

Même les gouvernements les plus autoritaires font habituellement preuve d'une certaine capacité d'écouter et de répondre aux demandes de leurs concitoyens. Mais une telle attention dépend uniquement de la bonne volonté de ces gouvernements. Par opposition, le régime démocratique est dans une position d'écoute routinière et obligatoire. Puisque les citoyens sont libres de critiquer et de s'organiser pour se faire entendre, les gouvernements les écoutent, ceux-ci ne choisissent pas de le faire. Tous les gouvernements ont donc un réflexe démocratique, certains davantage que d'autres, surtout si leurs citoyens ne leur en laissent pas le choix.

Avec le temps, l'élection est devenue le moyen de prédilection permettant aux citoyens de faire connaître leurs préférences. Mais ce n'est pas le seul. D'ailleurs, le jugement électoral n'est pas l'unique méthode de changement d'équipe gouvernementale qui puisse être compatible avec une vie démocratique saine. En effet, un gouvernement peut être renversé, modifié, changé à cause de scandales, de démissions, de la mort d'un individu, d'un boycottage, de manifestations, d'une émigration massive, de grèves, d'une menace d'invasion, de rumeurs, de chantage économique et de toute une série de moyens de pression non violents.

Non seulement l'élection n'est pas le seul moyen d'action démocratique, mais dans bien des cas ce sont précisément les gens choisissant de ne pas participer aux élections qui réussissent à «convaincre» les gouvernements d'être plus attentifs. Sur une base quotidienne, la plupart de nos gouvernements agissent de façon démocratique non parce qu'ils respectent le résultat des élections et qu'ils se préparent en conséquence, mais parce qu'ils sont l'objet des sollicitations les plus diverses (pétitions, demandes, pressions, etc.).

La grande force de la démocratie — et ce qui explique en partie pourquoi cette forme de gouvernement est si populaire — tient au fait qu'elle s'appuie sur la propension naturelle des gens à se plaindre lorsqu'ils ne sont pas satisfaits. Elle accepte les citoyens comme ils sont sans exiger d'eux les qualités d'autodiscipline, de tolérance, d'esprit de sacrifice, de compétence et de générosité qu'on associe habituellement à l'esprit démocratique.

Une seule condition semble absolument requise à l'existence d'un régime démocratique : l'absence de gangsters et de brutes utilisant des armes et d'autres formes de violence pour atteindre leurs objectifs. En l'absence de tels bandits, les régimes démocratiques ont une propension à naître d'eux-mêmes. S'ils ont aussi tendance à survivre — malgré les nombreuses exceptions que l'on connaît —, c'est qu'il est généralement plus difficile et plus coûteux d'empêcher les gens de se plaindre que de tenir compte de leurs plaintes. Un gouvernement attentif aux demandes de ses citoyens exige moins d'efforts qu'une dictature.

La démocratie est une méthode de gouvernement. Elle ne peut garantir que les décisions de ce gouvernement seront justes, équitables, fraternelles, progressistes, conservatrices, efficaces ou désintéressées. La démocratie n'implique pas nécessairement un choix rationnel et réfléchi de la part des citoyens, surtout lorsque le processus choisi est celui d'une élection ou d'un référendum. Prétendre décoder un mandat ou un message clair dans des résultats électoraux tient de la fumisterie. Que les gouvernements tentent le plus souvent de «faire plaisir à Dieu et à son père à la fois» ne devrait pas nous surprendre. Pourquoi agiraient-ils autrement? De la même façon, pourquoi les électeurs se priveraient-ils d'espérer disposer «du beurre et de l'argent du beurre»?

Si cette approche a un quelconque mérite, on voit immédiatement son «utilité» dans le cas d'un Québec postréférendaire. Il y a fort à parier que ce nouvel État sera hautement démocratique parce qu'il lui serait difficile d'être autrement et qu'à moins d'une irruption de violence et de gangstérisme, la démocratie sera pour lui la voie déjà toute tracée. D'ailleurs, ni le Québec ni le Canada n'ont guère connu d'interruption dans leur vie démocratique récente. On peut donc penser, nous dirait John Mueller, qu'ils ne sauraient même pas comment être antidémocratiques.

À ce sujet, Mueller rappelle que le *Bill of Rights* américain, l'étalon-or des chartes des droits, ne contient aucun article encourageant les citoyens à se dépasser et à s'intéresser aux affaires de la République. Il ne serait pas venu à l'esprit des Pères de la République américaine d'avoir à imaginer des mécanismes permettant aux citoyens de se plaindre de leur gouvernement. C'est une chose qui vient naturellement, aurait répondu Jefferson. On s'est donc contenté d'imposer des règles très strictes pour empêcher les gouvernements de réduire ou de contrôler ce penchant naturel des citoyens à « chialer ».

Et en matière de « chialage », souverain ou non, nous avons une certaine expérience.

La normalité peut-elle tuer l'intérêt ?

Il ne fait aucun doute que ce que l'on a appelé la « question constitutionnelle » a servi d'aiguillon à la vie politique et démocratique du Québec et, dans une moindre mesure, à celle du Canada. Dans certains cas, le rapprochement est direct. Dans d'autres, il l'est moins. Ainsi, le gouvernement fédéral en serait encore à se demander s'il doit oui ou non se donner une loi pour encadrer la tenue de référendums pancanadiens, n'eût été les accords de Charlottetown et de la nécessité politique de les faire approuver par l'ensemble des citoyens du pays. Quant aux nombreuses réformes électorales qu'a connues le Québec après l'élection du Parti québécois en 1976, il est permis de penser que celles-ci n'auraient jamais vu le jour si ce parti ne les avait pas crues indispensables à sa marche vers la souveraineté. Des initiatives comme la commission Bélanger-Campeau ou les Commissions régionales sur l'avenir du Québec ont aussi été motivées par une crise constitutionnelle qu'on devrait cesser de vilipender.

Mais il faudra bientôt s'habituer à d'autres enjeux et s'il est une transition qui devrait être « difficile », c'est bien celle-là. Surtout pour cette génération qui a fait de la constitution et des relations Canada-Québec un mode de vie, sinon de pensée.

Ces nouveaux enjeux seront de deux types : certains seront de nature systémique, c'est-à-dire reliés étroitement à l'intégrité et à l'orientation générale du nouveau régime ; d'autres seront plus prosaïques et concerneront l'orientation des politiques publiques dans un Québec souverain. Pendant une période de transition plus ou moins longue, ils seront tous largement conditionnés par les termes des accords de transition entre le Québec et le

Canada. Puis l'impact de ces accords de transition sera appelé à diminuer.

Depuis bientôt trente ans, les politologues, toutes tendances confondues, ont été poussés au pied du mur par les économistes et les sociologues, et ils ont tenté de démontrer que le politique, malgré toutes les intrusions du marché, demeurait une sphère d'activités relativement autonome. Si on se fie à l'histoire canadienne et québécoise depuis une génération, cette autonomie est probablement plus que relative. Il s'agirait plutôt d'un cas de souveraineté à tout le moins partagée!

Rien n'illustre mieux cette autonomie que la capacité d'autoreproduction des structures et des institutions qui donnent vie au politique. Contrairement à la vieille image marxiste, les dirigeants politiques n'agissent pas simplement à titre de «comité exécutif» de la bourgeoisie. Ils ont des intérêts personnels, de classe ou systémiques qui leur sont propres. D'ailleurs, le divorce de plus en plus grand que l'on observe entre les espaces économique et politique le confirme. Paradoxalement, plus les frontières économiques disparaissent, plus le politique prend de l'importance.

Il ne faut pas en déduire que dans un Québec souverain, la sphère du politique sera à l'abri des soubresauts et des développements dans le monde de l'économique, du social et du culturel. Bien au contraire. La création d'un espace politique sur lequel s'exercera prioritairement une seule autorité nationale agrandira les zones d'interaction entre le politique et les autres sphères de l'activité humaine. N'est-ce pas là précisément le but? Ceux qui affirment qu'un Québec souverain sera nécessairement plus «connecté» sur le reste du monde, et qu'à ce titre il sera plus interdépendant, ont tout à fait raison. Ils ont même encore plus raison qu'ils ne le croient eux-mêmes. Le fait que cette priorité d'un pouvoir étatique sera partagée et encadrée ne fera qu'ajouter à l'interdépendance.

Premièrement, la politique québécoise verra subitement apparaître des nouveaux enjeux sur lesquels les politiciens, les partis, les éditorialistes et même les politologues pourront diverger d'opinions. Le champ du calcul politique s'en trouvera nécessairement accru, et ce ne sera pas toujours à partir des plus nobles considérations. De vulgaires préoccupations électoralistes feront irruption dans des domaines qui, jusque-là, n'avaient pas connu de tels débordements d'impureté. Ce sera notamment le cas des questions entourant l'immigration, le commerce extérieur et même les relations internationales de ce nouveau Québec souverain. Bref, les choses vont se complexifier.

Et c'est tant mieux ainsi, serions-nous tentés d'ajouter. Premièrement, un des problèmes importants auxquels font face nos institutions politiques est précisément qu'elles ont été trop protégées et surtout trop compartimentées. C'est l'un des avantages d'un pays relativement petit, les interactions s'y font plus facilement et les différents secteurs d'activités sont moins protégés de ce qui se passe dans le secteur voisin ou dans le reste du monde. Il faut donc s'attendre à ce que la souveraineté sorte quelque peu la politique québécoise des sentiers battus et qu'elle se bute à de nouvelles difficultés.

Deuxièmement, la disparition progressive de l'enjeu national risque fort de priver le Québec et ses politiciens de l'un de leurs thèmes favoris. Cette question aura profondément divisé les Québécois pendant plus de trente ans. Les séquelles de ces divisions ne disparaîtront pas pour autant (nous y reviendrons). Ce qui risque de disparaître par contre, c'est l'espèce d'hégémonie qu'aura exercée cette question. Comme nous l'avons déjà mentionné, la question nationale n'aura certes pas eu que des conséquences négatives pour la vie démocratique du Québec. Qu'une société s'interroge ainsi sur le pourquoi et le comment de son existence collective est un signe de maturité, à condition, évidemment, de ne pas s'éterniser sur la question. Le premier passage du Parti québécois au pouvoir, entre 1976 et 1985, en est une illustration. Jusqu'au référendum de 1980 la question dite nationale a servi d'aiguillon à l'action gouvernementale, d'autant que les stratèges péquistes avaient décidé de faire du «bon gouvernement» leur arme secrète pour remporter l'adhésion référendaire. La stratégie n'a pas donné les résultats escomptés, mais ceux obtenus au chapitre de la performance gouvernementale ont été appréciables et apparemment appréciés puisque, à l'élection de 1981, le Parti québécois a été facilement réélu. En 1985, l'appréciation a été fort différente.

Le Parti libéral a lui aussi connu les effets dévastateurs de cette hégémonie de la question nationale. En 1989, il a été facilement réélu sur la base d'une performance plus qu'honorable en regard de l'économie et de la constitution. Puis en quelques semaines, tout s'est écroulé. La décision, prévisible, de la Cour suprême à propos de la loi 101 a forcé le gouvernement à prendre des dispositions impopulaires auprès de son électorat anglophone — l'utilisation de la clause nonobstant pour mettre à l'abri ce qui restait de la loi 101 —, et l'édifice si patiemment construit lors d'une rencontre historique autour d'un certain lac s'est lamentablement écroulé. Sans exagération, on peut dire que le Parti libéral et monsieur Bourassa ne s'en sont jamais remis.

La période qui va grossièrement de 1984 à 1989 en a été une d'apaisement constitutionnel et national relatif. Avec quelques retards, le Parti québécois a dû s'ajuster à la nouvelle situation. Le moins que l'on puisse dire, c'est que ça n'a pas été facile. On peut croire que la même situation se répétera au lendemain de l'accession du Québec à la souveraineté. Une chose est certaine, les partis qui refuseront de s'ajuster à la nouvelle réalité politique seront les grands perdants. Et cela vaut autant pour le Parti québécois que pour le Parti libéral. On peut même penser que l'ajustement sera plus difficile pour les péquistes que pour les libéraux.

Une éventuelle défaite référendaire ne passera pas inaperçue au Parti libéral. Des voix s'élèveront, nombreuses, pour souligner que c'est l'absence d'un programme constitutionnel crédible qui aura causé la défaite. Le chef libéral actuel n'aura d'autre choix que de démissionner ou de réagir à ces critiques en relançant son parti sur la voie d'un néo-libéralisme où il sera enfin libre de s'exprimer sans la contrainte de la question nationale. Paradoxalement, il sera plus facile pour ce parti de faire la promotion de son message néo-libéral dans un Québec opérant dans un nouveau cadre constitutionnel, surtout durant les premières années, qu'actuellement. Rappelons-nous le débat sur Québecair. Il y a belle lurette que cette entreprise aurait dû être liquidée. Il est même probable que dans une société politique «normale», elle n'aurait jamais vu le jour. Il a cependant fallu un acharnement idéologique sans précédent de la part du gouvernement libéral pour réussir à s'en débarrasser.

Non seulement ce nouveau cadre constitutionnel va débarrasser le Parti libéral de l'épée de Damoclès du nationalisme, mais il pourra alors ramener à l'ordre du jour certaines questions, des nouvelles comme des anciennes, sur lesquelles ce parti aura l'avantage de présenter des positions claires s'inscrivant dans le nouvel ordre des choses.

Plus le Parti libéral acceptera de reconnaître les nouvelles règles du jeu constitutionnel et plus rapidement il sera reporté au pouvoir, avec ou sans son chef actuel. On peut même penser qu'il sera le grand gagnant de la première élection à se tenir dans ce nouveau Québec. Il est déjà arrivé que des partis politiques remportent la bataille de leur vie pour ensuite perdre la première lutte électorale. C'est arrivé à Winston Churchill, les électeurs britanniques ayant témoigné fort peu de reconnaissance à celui qui avait défait l'ennemi nazi. De Gaulle a remporté haut la main la victoire contre les contestataires de mai 68 pour perdre de façon lamentable son référendum sur la décentralisation. Les sandinistes ont réussi leur révolution nationale pour perdre l'élection subséquente aux mains d'une femme qui avait largement contribué à leur propre victoire contre Somoza. George Bush se demande encore comment il a pu perdre l'élection après avoir fait mordre la poussière à l'Irak. Il n'y a rien de plus ingrat qu'un électorat, et s'il se trouve des péquistes pour s'imaginer que celui du Québec est différent, la déception risque d'être grande.

On peut aisément prédire que le Parti québécois et son chef actuel ne survivront pas à un Québec souverain, à moins évidemment que le Parti libéral n'insiste pour lui rendre la vie facile et qu'il ne s'entête à ne pas voir d'où vient le vent. Les raisons, autant structurelles que conjoncturelles, stratégiques que tactiques militant en faveur de cette interprétation, laissent peu de place à la prédiction contraire.

Même si le passage à la souveraineté a des répercussions positives appréciables et immédiates sur l'économie du Québec, des conflits surviendront inévitablement quant à la meilleure façon de répartir les bénéfices de cette nouvelle situation. Ces conflits ne seront pas moins importants que ceux pouvant découler de la nécessité de répartir les coûts de transition. L'exemple de l'Allemagne de l'Est est à ce propos riche d'enseignements. Il ne fait aucun doute que, dans l'ensemble, les bénéfices de la réunification ont été largement supérieurs, du moins pour l'ex-Allemagne de l'Est, aux coûts de celle-ci (d'autant plus qu'une bonne partie de ces coûts ont été réglés par les citoyens de l'Allemagne de l'Ouest). Malgré tout, l'électorat est-allemand est venu bien près de faire preuve d'une ingratitude sans précédent en redonnant, lors des élections de 1994, le beau rôle à l'ancien Parti communiste. À des degrés divers, la même situation est en voie de se reproduire dans toutes les démocraties issues de la chute du Mur.

À cela s'ajoute le caractère hétéroclite de la coalition souverainiste — un caractère qui ne pourra que s'accentuer à mesure que le camp souverainiste s'approchera et dépassera la barre fatidique des 50 %. Rares ont été les partis pouvant contrôler longtemps une coalition électorale comprenant plus de la moitié de la population, surtout si celle-ci vient de perdre son principal agent intégrateur. Avec la souveraineté, le Parti québécois remporte la victoire finale, celle de sa raison d'être. C'est une victoire dont on ne revient pas. Une défaite permet au moins de se dire que la stratégie n'a pas été la bonne; le moment non plus; le chef n'a pas été à la hauteur; les opposants, malhonnêtes. Bref, elle permet tous les espoirs. Une victoire référendaire ne laisserait aucune place à de telles interprétations. Certes, il pourrait bien y avoir quelques rappels, question de s'autosatisfaire et de profiter des feux de la rampe. Mais contrairement à ce qui se passe dans le monde du spectacle, ces tournées d'adieux ne durent jamais bien longtemps.

Ne parlons même pas des divergences idéologiques profondes qui n'ont jamais cessé de diviser les membres de ce parti, divergences que même René Lévesque n'a pas toujours réussi à aplanir. Parti du changement, le Parti québécois a toujours réussi à attirer sous sa tente les causes les plus diverses. La souveraineté ne fera pas disparaître ces divisions, bien au contraire, elle les ramènera au grand jour en donnant aux uns et aux autres des arguments nouveaux.

On peut déjà se risquer à déterminer quels seront les clivages importants au sein du Parti québécois, surtout si on tient compte de la contribution de chacun de ces groupes à la victoire «finale». En effet, on oublie trop facilement qu'une victoire référendaire implique du camp souverainiste qu'il soit capable d'aller chercher l'appui de personnes pour qui la question constitutionnelle n'est pas la plus importante et qui voient dans un vote pour le oui une étape nécessaire pour obtenir satisfaction sur des questions plus préoccupantes. Après un vote favorable, ils voudront «passer à la caisse», surtout s'ils sont convaincus que leur vote a pesé lourd. Les femmes, les minorités, l'environnement et la question régionale ne sont que quelques-unes de ces pommes de discorde auxquelles le Parti québécois ne pourra probablement pas survivre.

Supposons aussi que le Québec profite de cette transition pour faire un peu le ménage dans ses institutions politiques. Il pourrait se retrouver non seulement avec une constitution écrite et une charte des droits, mais aussi avec un régime électoral comprenant des éléments de représentation proportionnelle ainsi qu'un président appelé à jouer parfois le rôle d'arbitre, mais qui se contenterait pour l'essentiel de son rôle de chef d'État et de garant de la constitution.

Un Tocqueville qui débarquerait dans cette petite république du Nouveau Monde serait probablement frappé par l'existence d'une vie politique à la fois plus «idéologique» qu'elle ne l'est actuellement et plus décontractée, moins polarisée que celle que nous avons connue depuis une génération.

CHAPITRE 13

Y a-t-il des provinces heureuses?

La souveraineté du Québec, ce n'est pas tant que nous deviendrons un pays — être souverain, c'est ressembler ennuyeusement à tant d'autres — mais que nous cesserons d'être une province, même une Belle Province. On peut en dire autant d'une nouvelle union Canada-Québec.

C'est la seule chose qui compte vraiment. À la rigueur, je ne sais pas trop si je vivrai heureux dans ce pays, mais je souris déjà à l'idée de ne plus vivre dans une province. De là à penser que je ne serai plus provincial, il y a un pas que j'aime bien franchir. Chacun son rêve.

Je donnerais gros pour ne plus vivre dans une province. N'importe quel statut, sauf celui de province.

Mais comment diable devient-on province?

D'où viennent les provinces?

L'appellation de «province» n'est pas utilisée sous le régime français[1]. Lorsqu'il s'agit de décrire l'entité juridique qu'est le Canada ou la Nouvelle-France, on utilise le plus souvent le terme de «colonie» et, dans un langage plus familier, celui de «pays». À l'occasion, on parle de «territoire», de «possession» et même le terme «État» est employé.

En anglais par contre, le terme «province» est souvent utilisé pour décrire les colonies de la Nouvelle-Angleterre et de la Virginie ainsi que celle de la Nouvelle-Écosse. En 1755, on trouve de nombreuses références à la nécessité de chasser les Français — il s'agit ici des Acadiens — de cette «partie de la province». Colonie contre province, déjà à l'époque, nous étions différents.

Dans les textes de la Capitulation de Québec (1759) et de Montréal (1760), il n'est pas fait mention du territoire nouvellement conquis autrement que sous son appellation de colonie ou de possession française. Il en va de même quelques semaines plus tard lorsque le général Amherst précise les modalités de cette capitulation. On parle de paroisses et de districts, et on sent bien à la lecture du texte que les nouvelles autorités militaires n'ont pas encore une idée précise de la nature du territoire dont elles viennent d'hériter. Bref, elles hésitent.

Le Traité de Paris du 10 février 1763 se borne lui aussi à parler du «pays françoy», mais la Proclamation royale d'octobre de la même année nous fait accéder au rang de province au sein des colonies d'Amérique britannique. Très rapidement, l'usage se répand et on en vient à distinguer la colonie du Canada de la province de Québec. C'est d'ailleurs en tant qu'habitants de «Notre dite province de Québec» que les «Nouveaux Sujets catholiques Romains» se voient conférer leurs premiers droits.

Notre première citoyenneté a donc été celle du Québec et, sans les Anglais, le Québec n'aurait sans doute jamais existé. Comme province, belle ou pas[2].

Notre statut de province devait connaître trois changements. Le premier survient au moment de l'Acte constitutionnel de 1791 séparant — c'est le premier cas connu de ce genre de processus — «la province de Québec en deux provinces distinctes qui s'appelleront la province du Haut-Canada et la province du Bas-Canada». L'idée d'avoir plusieurs Canada n'est donc pas nouvelle.

Le deuxième changement est évidemment celui de 1840, alors qu'on revient à un seul Canada, du moins en théorie car même après l'Union, les deux Canada continuèrent d'exister sous la forme de «sections». Cependant, ce terme ne fut guère utilisé. Heureusement d'ailleurs, car je préfère encore l'appellation de «provincial» à celle de «sectionnaire» ou «sectionné».

Cette réunification du Canada fit disparaître la province de Québec et, cette fois, c'est le Canada en entier qui devint une province. Curieux renversement.

Le troisième changement survint en 1867. Nous redevenons une province tandis que le Canada passe au rang de dominion.

Il n'y a pas de doute, depuis 1760, le statut de province nous colle à la peau. Selon les périodes, nous sommes une province du Canada, la Province du Canada, une partie de la province des Canada, etc. Nous ne sommes pas une région, un département, un canton, un Länder, un *stato*, un district ou un État (State), mais une province.

L'expression de province a une double origine, militaire et religieuse. Dans sa première incarnation, il s'agit essentiellement d'un territoire situé hors de la péninsule italienne et qui, après une conquête militaire, se retrouve sous l'emprise de la Rome impériale. L'Empire romain fut la première structure politique occidentale à posséder ses provinces et à les administrer par l'intermédiaire d'un magistrat et sous le contrôle ultime de la force militaire[3]. Les Grecs, par contre, n'avaient guère utilisé la technique de la province (Alexandre non plus), préférant les alliances, les confédérations, la tutelle ou la simple occupation[4].

Avec l'écroulement de l'Empire romain, le terme de province tomba quelque peu en désuétude (la réalité aussi). La transformation de la chrétienté en véritable empire, du moins dans l'esprit de l'Évêque de Rome, le fit renaître. Les provinces ecclésiatiques étaient nées et, encore aujourd'hui, l'Église catholique est principalement organisée selon un mode provincial. D'ailleurs, ce n'est que dans les ordres religieux que l'on retrouve l'appellation «provinciale» pour désigner un poste d'autorité.

Qui dit province dit habituellement conquête. Au Québec, ce terme est chargé d'un tel poids historique qu'on a fini par oublier que, à travers l'histoire, il s'agit d'une forme très fréquente de changement politique. Il n'y a qu'ici que ce mot s'écrit avec une majuscule et qu'il occupe encore une place aussi grande dans l'imaginaire collectif et la réalité politique[5].

Voilà bien le problème avec les provinces. Toutes ne sont pas le résultant d'une conquête, mais l'élément de domination n'est jamais très loin. Ce sont surtout les empires qui se donnent des provinces et les plus célèbres de l'histoire, les Provinces-Unies des Pays-Bas, sont à l'origine des provinces de l'empire de Charles Quint.

Qui dit province dit non seulement territoire conquis et intégré dans un empire, mais aussi territoire possédant une certaine antériorité historique par rapport à son statut actuel. On n'invente pas des provinces, on les nomme. *Once a Province, always a Province,* dirait-on à Paris où l'on s'y connaît pourtant en matière de provinces et de provinciaux. À cette antériorité s'ajoute une volonté de permanence dans l'administration du territoire. Une province, c'est déjà plus qu'une zone (comme la Zone de Vichy) ou un territoire (comme les Territoires occupés). C'est un statut qu'on accorde pour longtemps et, lorsque les colons israéliens parlent de la province de Judée, leur intention est sans équivoque.

La province, c'est la distance et l'éloignement. C'est lorsqu'on est loin qu'on est en province. D'ailleurs, en politique comme en littérature, les provinces sont toujours des «provinces éloignées» et parfois même «profondes». Une province rapprochée, cela n'existe pas.

Finalement, la province n'a de sens que par rapport à un centre qui la définit dans son essence même. On est toujours la province de quelque chose alors qu'on peut être la ville de rien du tout. On ne peut être le centre et une province en même temps[6].

Une image vient à l'esprit lorsqu'on parle de province, celle de cercles concentriques où la province devient à son tour un petit empire avec sa capitale et ses propres provinces. Au Québec, on appelle ces entités des «régions» et elles ont leurs capitales bien à elles, les «capitales régionales[7]». Celles-ci auraient même leurs propres royaumes dirigés par des «sous-centres». Cela fait long pour atteindre l'universel.

Une image certes, mais aussi quelque chose d'autre. Une couleur? Une odeur peut-être? Une cuisine? Pourquoi pas.

Et si la province était surtout affaire de goût et de bouffe? La cuisine n'est-elle pas l'activité spécifique des pays qui n'ont rien trouvé de mieux pour exister? En plus d'avoir John Macdonald comme père, le Québec aurait donc Jehane Benoît comme mère.

Ce provincialisme qui nous tue

On a tous nos raisons pour parfois désespérer du Québec et

vouloir jusqu'à en oublier le nom. Les miennes ont toutes à voir avec ce provincialisme triomphant dont on a fini par faire une marque de commerce. Et quel triomphe! Il n'y a rien à notre épreuve et si on nous y force, nous sommes même capables d'inventer nos propres règles politiques.

C'est le cas par exemple de cette idée typiquement québécoise qu'un référendum sur la souveraineté devrait recueillir davantage d'appuis que la simple majorité des votants pour devenir exécutoire. On parle de 55 % et même de 60 % des suffrages exprimés, et certains ont même pris la peine de spécifier que le pourcentage devrait s'appliquer à l'ensemble des inscrits sur les listes électorales, ce qui revient à faire enregistrer un non pour tous ceux qui auront choisi de ne pas exercer leur droit de vote.

Il y aurait donc trois types de majorité: la majorité absolue, la majorité relative et la majorité québécoise.

Ce qui m'intéresse ici, ce ne sont pas tant les motivations purement tactiques derrière ces suggestions — elles sont cousues de fil blanc — que les raisons mises de l'avant pour les justifier. «Une simple majorité est peut-être nécessaire pour créer un pays, mais il faut davantage que 50 % des votes pour en détruire un» est sans doute la justification la plus souvent avancée. Sans une très forte majorité, conclut-on, (1) les autres pays ne vont pas nous reconnaître, (2) le Canada non plus, (3) les anglophones et les «fédéralistes» du Québec n'accepteront pas le résultat, (4) les Québécois continueront à hésiter et ne seront pas prêts à faire les sacrifices qui s'imposent.

Voilà bien un exemple de logique provinciale. Seuls les provincialistes que nous sommes peuvent s'imaginer que les «autres pays» vont exiger du Québec des conditions qu'ils ne voudraient surtout pas qu'on leur applique. Imaginez un peu si on avait exigé du Parti socialiste français que son candidat à la présidence reçoive 55 % des votes avant d'être déclaré élu.

Le coup est classique: pour démontrer hors de tout doute qu'ils sont des «gens bien» et dignes d'être fréquentés, les provinciaux aiment prouver qu'il leur est tout «naturel» d'en faire davantage que le client en demande. On veut montrer que l'on est digne d'être fréquenté. Relisez Balzac, le plus grand écrivain politique du XIXᵉ siècle, c'est rempli de comportements de ce genre[8].

Le provincial s'imagine toujours que les gens du centre sont plus exigeants qu'ils ne le sont en réalité. Il aime bien se les imaginer ainsi, en plus grand que nature. C'est en s'appuyant sur ces exigences très élevées qu'il arrive d'ailleurs à expliquer pourquoi il ne fait pas (encore) partie de leur club (le provincial a toujours de bonnes raisons pour expliquer sa situation).

Peu importe le champ d'activités, l'argent, la littérature, le pouvoir, les femmes (et les hommes), les manières de table, les voyages, les autres, ceux du centre et de la capitale, en ont toujours plus. C'est d'ailleurs pour cela qu'ils sont les autres et qu'ils ne sont pas provinciaux. C'est pour cela aussi que le provincial aspire à devenir comme eux. S'il fallait qu'il découvre que les autres ne sont que d'autres provinciaux, tout son plaisir s'en trouverait gâché.

Alors le provincial met toute son énergie à démontrer que l'autre est vraiment différent et que seul un dépassement de sa part justifie son éventuelle participation à ce club sélect. Ne comptez surtout pas sur le provincial pour dénigrer ou rabaisser les autres. Ils sont comme ils sont parce qu'ils font partie de l'ordre des choses. Par ailleurs, il faut se méfier de ceux qui resteront derrière. Ils pourraient bien être jaloux. La frustration, inévitablement, les gagnera.

La simple mention que le prix d'entrée au club où il demande à être admis pourrait être abaissé fait frissonner le provincial. Tous les stratagèmes sont bons pour démontrer qu'il n'en est rien et qu'avec un effort supplémentaire il pourra, lui aussi, y arriver.

C'est une ratiocination dont la subtilité m'a toujours échappé. Pourquoi investir autant d'énergie à démontrer notre propre insuffisance si c'est seulement pour avoir le plaisir de prouver que nous sommes capables de nous dépasser? Mon sens inné de la paresse et du moindre effort m'interdit d'emprunter de tels détours de pensée. Je préfère toujours les solutions de facilité.

La logique et le raisonnement n'ont jamais été les points forts des provinciaux. Ainsi, on voit mal pourquoi les anglophones du Québec et les «fédéralistes» du *statu quo* en général accepteraient plus facilement les résultats d'un oui référendaire si ce dernier atteignait les 65 % ou s'il devait se contenter d'un maigre 51 %. Non seulement un oui est un oui, mais, personnellement, j'aimerais mieux vivre dans une communauté politique où près de 50 % des gens partagent mes idées que dans une autre où nous ne serions

plus que quelques-uns à être convaincus d'avoir eu raison. Si 65 %
ou 75 % de l'ensemble des Québécois appuient le projet de souveraineté, on peut croire en effet que rien ne sera fait pour que les
«dissidents» se sentent par la suite à l'aise.

Provincialisme et interculturalisme

Pouvons-nous être des provinciaux multi ou pluri, multiculturels
ou pluriethniques cela s'entend, ou le provincial n'est-il heureux
que lorsqu'il est seul à partager son provincialisme ?

Comme je fais de la coexistence des cultures et du partage
interculturel l'une des principales exigences d'une mondialisation
qui serait autre chose que l'affaire du marché, on comprendra que
j'attache une grande importance à cette question. Ma préférence
pour le statut d'État souverain (ou de partenaire dans une union
fédérale ou confédérale) est en bonne partie fondée sur la nécessité
et l'enrichissement que procure un tel partage.

Ma préférence n'a rien à voir avec Montcalm — cet incapable
de premier ordre — ou avec la satisfaction d'avoir un siège aux
Nations unies. Elle est entièrement motivée par l'espoir de voir le
Québec créer un nouveau type de communauté politique. Si en
même temps ou pour y arriver, on peut aussi donner un sens
nouveau à l'Union fédérale canadienne et au contrat moral qui nous
lie à elle, tant mieux. Cela fera d'une pierre deux coups. Mais si
j'ai à choisir, je sais quel coup je garderai.

Le véritable défi n'est pas d'accéder à la souveraineté à l'intérieur ou à l'extérieur du Canada. Yvon Deschamps a depuis
longtemps trouvé la solution à ce dilemme. Le défi est plutôt d'y
accéder en profitant de l'occasion pour se débarrasser du bagage
d'ethnocentrisme, de nombrilisme et d'intolérance que nous traî-
nons encore avec nous. La nouvelle moralité du contrat politique,
c'est ici que je la trouve. Pendant longtemps, j'ai cru que le projet
souverainiste n'avait de sens que s'il permettait de trouver des
appuis à l'extérieur du cercle des Canadiens français d'origine.
Apparemment, on m'a pris au mot et les «autres» se refusent
toujours à embarquer de façon significative. Peut-être était-ce placer
la barre trop haut ? Je me refuse encore à le croire. Je me console
cependant en découvrant, au hasard des sondages, que le simple
fait d'avoir le français comme langue d'usage les rend plus

sympathiques à notre cause et à nos... hésitations. La langue et la culture peuvent vraiment déplacer des montagnes.

Je n'ai jamais été particulièrement impressionné par ces combats d'arrière-garde pour tenter de prouver que le Québec des années 1930 n'était pas plus «frileux», plus antisémite, plus porté sur l'autoritarisme et la pureté identitaire que le reste du Canada ou même de l'Amérique. C'est un des traits du provincial que de toujours prétendre qu'il y a plus provincial que lui. Bref, je n'ai jamais été un fervent admirateur du chanoine Groulx et s'il faut débaptiser une certaine station de métro pour ramener la paix dans les chaumières du Québec, j'en suis bien volontiers[9]. Que Mordecai Richler et d'autres chantres de l'universalisme *Made in Canada* dénoncent le penchant fascisant et antisémite du nationalisme canadien-français ou même québécois ne me semble pas déplacé. Ce n'est sûrement pas un crime de lèse-majesté et la majorité de ces attaques est appuyée sur des faits bien réels. Se référer à l'air du temps ou à un mystérieux «contexte» m'apparaît une bien mauvaise défense, et qui d'ailleurs ne convainc personne, même pas «nous autres».

Dire du nationalisme québécois qu'il a souvent fait preuve d'étroitesse d'esprit et qu'il n'a pas toujours été capable de résister aux dérives identitaires relève de la simple constatation. D'ailleurs, on voit mal comment il aurait pu être autre chose qu'un nationalisme provincial. Le *nous* sur lequel il s'est construit a été un *nous* ethnique replié sur le Saint-Laurent et l'appel de la race. On ne peut quand même pas demander rétroactivement aux Canadiens français catholiques, pauvres, ruralistes et agriculturistes des années 1930 de se redécouvrir autres que ce qu'ils étaient, c'est-à-dire anglais, protestants, riches, urbains et industriels. Certes, ils n'étaient pas tous ainsi et l'un des plaisirs de revoir notre histoire est de pouvoir y découvrir nos différences, mais c'était ainsi que la majorité d'entre eux se percevaient, ce qui, d'ailleurs, n'était pas sans fondement.

Être provincial est une situation, ce ne peut être le fondement d'une citoyenneté et je vois mal comment on pourra s'affranchir du poids de notre ethnicité si nous nous privons de l'un des seuls outils nous permettant d'y arriver. Certes, il y d'autres façons de se débarrasser de la dérive ethnique, la religion et le messianisme par exemple, mais je doute que nous voulions emprunter cette voie. Dans un cas comme dans l'autre, nous avons déjà donné.

Regardez autour de vous. Chaque jour, des intégristes religieux en appellent au dépassement de l'identification ethnique et à l'unification des tribus — l'Arabie Saoudite est d'ailleurs fondée sur ce principe —, et dans la mesure où il est possible de juger, certaines religions d'aujourd'hui réussissent aussi bien en la matière que le christianisme des croisades. Quant au messianisme politique à l'américaine, il ne donne plus les mêmes résultats qu'autrefois, mais on ne doit pas en sous-estimer les capacités pour autant. L'«exceptionnalisme» américain est encore bien vivant et aucun politicien américain n'oserait suggérer que les États-Unis n'ont pas une mission particulière sur notre planète. On ne s'entend pas sur la définition de cette mission — faut-il donner l'exemple, être le chef ou le premier entre les égaux —, mais le sens de la mission n'est jamais très loin. Cela donne parfois des résultats intrigants, qui n'ont de sens en tout cas que si on connaît bien l'histoire américaine. C'est le cas, par exemple, de cet éditorialiste américain suggérant que la véritable mission des États-Unis était de demeurer le dernier État-nation dans un monde de plus en plus dominé par les Villes-États[10].

Mais avons-nous besoin d'un nouveau contrat politique pour fonder cette citoyenneté d'appartenance qui, seule, permettrait de nous faire «voir le monde»? Je le crois. Je crois même qu'il faut faire vite.

Marie McAndrew du Centre d'études ethniques de l'Université de Montréal a plusieurs fois insisté sur les mythes qui entourent la politique québécoise d'interculturalisme. Selon un discours largement répandu, dit-elle, cette politique québécoise se serait définie contre la politique canadienne du multiculturalisme. Alors que nous pratiquons déjà la convergence interculturelle dans un esprit de tolérance et d'ouverture, le multiculturalisme canadien, lui, déboucherait sur la folklorisation des différences et leur ghettoïsation. L'accent serait ici mis sur la culture d'origine et sur le relativisme des cultures qui seraient toutes égales parce que toutes également folkloriques[11].

Si au moins c'était vrai, pourrions-nous conclure. Si au moins le gouvernement fédéral et les bien-pensants du multiculturalisme canadien en étaient restés à l'époque où leur principal objectif était de gagner des votes dans les circonscriptions multi-ethniques de l'Ontario et de banaliser la différence québécoise.

Dans les années 1980, la politique fédérale et canadienne du multiculturalisme a laissé tomber le folklore pour se préoccuper de la lutte contre le racisme et la discrimination. On est passé ainsi du culturel au social et, rapidement, on a constaté que, pour traiter des questions de racisme et de discrimination, il fallait aborder de front les attitudes et les comportements de la société majoritaire. Au cœur du débat actuel sur le multiculturalisme canadien, on trouve aujourd'hui un questionnement sur le sens qu'il faut donner à l'identité et à la citoyenneté canadiennes, sur les limites du pluralisme et du relativisme culturel, sur les droits et les obligations des citoyens, anciens et nouveaux, sur la contribution de ce pluralisme culturel à la création d'une société de consensus mieux armée pour affronter les défis de la mondialisation[12].

Bref, rien ne ressemble davantage aux questionnements et aux politiques interculturelles québécoises que la «nouvelle» approche multiculturelle du ROC. Tant qu'Ottawa se contentait de vouloir isoler le Québec en prétendant que la différence politique de la Belle province était du même ordre que celle séparant les Ukrainiens de Winnipeg des Chinois de Vancouver, la coexistence était assez facile. D'autant plus facile que cette vision de la réalité donnait le beau rôle au Québec qui pouvait alors draper sa différence dans de nobles sentiments. On répétait ainsi la tactique utilisée dans d'autres dossiers où, en bons provinciaux que nous sommes, nous avons toujours cherché à excuser notre différence en prétextant des objectifs supérieurs, c'est-à-dire plus sociodémocrates, plus communautaires ou même plus libéraux que ceux qui motivent le reste de la Fédération. On l'a fait dans les dossiers de la Caisse de dépôt et placement dans celui de la santé communautaire, des garderies et même du décloisonnement des institutions financières. Il est rarement suffisant de proclamer simplement notre différence.

Des politiques de plus en plus identiques mais qui, toutes deux, prétendent vouloir occuper la même voie ferrée, voilà où nous en sommes avec le pluralisme culturel canadien et québécois. La confrontation est inévitable, à moins bien sûr d'aiguiller différemment l'un des deux trains.

Le multiculturalisme ancienne manière avait ceci de particulier qu'il ne dérangeait personne — sauf ceux qui n'apprécient guère les danses folkloriques — et qu'il permettait toutes les interprétations. À la limite, il se nourrissait de sa propre différence et il importait finalement assez peu de savoir si les Canadiens anglais voyaient dans cette idéologie une façon de ramener le Québec à sa place ou de se distinguer du *melting pot* américain.

La perspective change du tout au tout lorsqu'on cesse de faire du multiculturalisme un simple support à des différences individuelles pour le transformer en affaire d'État, l'une des seules où nos États-nations et les gouvernements qui en ont la charge peuvent encore imposer des décisions. Rien n'illustre mieux le changement d'attitude survenu dans le multiculturalisme canadien que les critiques acerbes que lui a portées récemment Neil Bissoondath dans son livre *Le Marché aux illusions. La méprise du multiculturalisme*[13].

Ce livre fétiche des interculturalistes et des transculturalistes québécois reprend en fait tous les clichés des Canadiens anglais «ouverts à la réalité québécoise». Non, les Québécois ne sont pas plus racistes que les autres Canadiens. Oui, René Lévesque était un grand démocrate. Oui, les Québécois sont capables de contrôler leur impulsion nationaliste. Oui, les Québécois nationalistes sont des êtres d'une grande complexité. Mais au-delà de ces bonnes paroles, ce que Bissoondath nous propose n'est ni plus ni moins que la vision pancanadienne de John Diefenbaker, la vision d'un Canada sans trait d'union. Comme il le dit si bien lui-même, la culture québécoise s'abreuve maintenant à un nationalisme ouvert, un nationalisme d'affirmation et non de rejet. Cette culture d'ouverture et de tolérance doit non seulement être maintenue, mais «s'inscrire dans la culture canadienne».

Et nous voilà revenus à cette vieille idée du Québec-comme-police-d'assurance et gage-de-la-diversité-canadienne. Dans le passé, il était de mise dans l'intelligentsia canadienne-anglaise progressiste de proclamer bien haut que le Canada avait besoin du Québec pour établir sa différence avec les États-Unis. Cela nous faisait plaisir et l'on a fini par croire que nous étions indispensables et que «leur» culture était incolore, inodore et sans saveur. Nous reprenions ainsi sans le savoir le vieux slogan de monseigneur Paquette : «À eux l'argent, à nous la culture.»

Au début des années 1980, notre caractère indispensable a changé de forme. Cette fois, c'est le modèle du Québec inc. qu'on s'est mis à nous envier. Nous avions le goût d'entreprendre et de faire tomber les barrières. Quel bel exemple pour des Canadiens anglais frileux et repliés sur eux-mêmes. Et nous l'avons cru de nouveau car cela nous faisait plaisir.

Voilà que, cette fois, on nous annonce que c'est notre culture de tolérance et d'ouverture qui est devenue indispensable. Les mots changent, mais l'esprit demeure.

Ce que Neil Bissoondath nous propose, c'est une «citoyenneté et une culture d'inclusion» (ce sont ses mots) qui ressemblent à s'y méprendre au contrat d'inclusion décrit plus haut par Wayne Norman. L'objectif final, conclut-il, est d'en arriver à «une société cohérente, efficace et agrémentée de diversité culturelle. Il nous faut une diversité raisonnable dans une unité vigoureuse». Dans cette culture canadienne, il n'y aura pas de trait d'union : «Chaque individu y sera unique, chaque individu y sera distinct, chaque individu sera un Canadien, indivisible et indélibile[14].»

Il ne fait aucun doute que si le Québec souhaite demeurer une simple province dans l'édifice étatique canadien, il ne pourra continuer à pratiquer une politique de convergence interculturelle dont l'un des fondements est la construction de sa propre citoyenneté «civique». Le projet interculturel québécois a fait de la langue française un bien collectif, une démarche qui n'a d'intérêt que si ce bien collectif fait partie d'un cadre politique distinct. Jusqu'ici, les gouvernements du Québec ont toujours réussi, souvent au moyen d'habiles acrobaties judicieuses, à dé-ethniciser les questions de langue. Dans une large mesure, la loi 101 et son ancêtre la loi 22 ont été des lois de francisation et non des lois de francophonisation. Pour y arriver, la majorité culturelle québécoise s'est volontairement privée de certains droits, dont celui d'envoyer ses enfants à l'école publique anglaise. Je ne crois pas qu'il existe beaucoup d'autres endroits dans le monde où la majorité possède ainsi moins de droits que sa minorité.

Je ne pense pas que cette situation soit tenable pendant très longtemps. Elle ne l'est déjà plus. Face à son propre ethnicisme, le nationalisme québécois est à bout de souffle[15]. Il fuit de toutes parts et ces nombreuses fissures l'éloignent de plus en plus de son projet initial, celui d'être porteur de modernité. Le féminisme, l'écologisme, les autochtones et le pluralisme culturel l'assaillent aussi sur tous les fronts. Ces contre-identités travaillent toutes à défaire ce que Régine Robin a appelé la corporéité et l'organicité des liens que nous imposent nos origines[16]. En ce sens, ces forces travaillent à nous libérer en créant du jeu, de l'espace et de l'écart. C'est cet espace qu'il importe de constitutionnaliser.

Le Québec est provincial et son nationalisme civique s'essouffle à force de vouloir maintenir la fiction de son unité. L'ethnicité nous guette et depuis l'imposition du carcan constitutionnel de 1982, cette menace s'est encore accrue. Il faut lui porter un coup final.

Lorsqu'on me demande d'indiquer trois bonnes raisons pour lesquelles je crois que la souveraineté et une nouvelle union avec le reste du Canada sont nécessaires à l'amélioration de notre vie démocratique, j'en reviens toujours à ce couple maudit de l'ethnicisme et du provincialisme. J'y oppose la citoyenneté et l'universalisme qui me semblent de bons antidotes pour éviter de tomber dans le double piège du sirop d'érable et de la xénophobie (très collant dans les deux cas[17]). Je suis de ceux qui croient que la liberté commence à la fois par le pays et par la nécessité d'aller voir ailleurs... pour voir si on y est.

CHAPITRE 14

Il y a bien des façons de compter

Ce livre tire à sa fin et je ne sais toujours pas s'il se terminera sur une note optimiste. J'ai l'impression que, pour ce qui est de la démocratie, cela va encore aller, mais pour le reste... Ce n'est cependant qu'une impression et j'ai encore un chapitre pour préparer l'issue.

Le chapitre 12 était pourtant relativement rose. Il laissait entrevoir que la politique dans un nouveau Québec reprendrait (enfin) ses droits, dont celui de nous ennuyer à mourir. Peut-on imaginer un scénario plus optimiste?

Le chapitre 13 a quelque peu renversé la vapeur. Nous y parlions de province et d'ethnicité. Pas un mot sur la démocratie, comme si celle-ci n'avait plus sa place lorsqu'on aborde la question des liens du sang et des ancêtres. C'est vrai qu'on ne choisit pas ses parents et qu'on ne décide pas du sort de ses enfants. En conséquence, rares sont ceux et celles qui ont choisi leur langue maternelle. La famille comme la langue ne sont pas des espaces de liberté. Ce sont des «donnés», c'est-à-dire qu'elles s'imposent à nous.

Je n'aime pas l'idée de continuer à édifier une nation où l'on se retrouverait entre nous, anciens Canadiens français devenus québécois le temps de se payer une Révolution tranquille. Nous serons bientôt sept millions à partager cette identité douteuse. C'est déjà quelques millions de provinciaux en trop. On ne va quand même pas en augmenter la masse en y incorporant, à coups de loi 101, des Grecs, des Italiens, des Vietnamiens et quelques Turcs qui s'accommoderaient très bien d'un simple statut de Canadiens. Ce sont des immigrants, ils n'ont que faire de notre errance. Ils ont fait un choix et notre hésitation ne les dérange même plus.

Je serai canadien ou français, mais certainement pas les deux à la fois. Tiens ! Redevenir français, quelle curieuse idée. Il faudra faire vite car, bientôt, il n'y aura plus que des Européens et la France sera devenue une province de l'Europe. Quoi de plus normal, elle qui est déjà la Fille aînée de l'Église. Entre provinciaux, on va bien s'entendre.

Et si on devenait une «vraie» province, une province comme les autres, avec sa cuisine et ses souvenirs. Nous aurions aussi une architecture. On dit que les architectures provinciales nous ont donné des choses fort utiles, le bungalow par exemple. Et puis, on est toujours moins sévère pour les architectes provinciaux, et les nôtres auraient bien besoin d'un peu de répit. Nos chanteurs, nos urbanistes, nos savants, nos politologues, nos dentistes et nos politiciens aussi.

De plus, c'est souvent dans les provinces qu'on trouve les meilleurs écrivains, les meilleurs poètes et les meilleurs cinéastes. Probablement parce qu'ils partent de très loin. À Paris, New York ou Berlin, tout est trop facile. On a un accès direct à l'universel. À Denver, Montréal ou Turin, on a encore le choix, tout au moins celui du détour qu'on empruntera.

Nous serons donc une province heureuse. Et les Canadiens, pour une fois, seront fiers de nous.

Pour ce qui est de la fin optimiste, je le concède, c'est plutôt mal parti. Mais je compte bien récupérer l'affaire en route.

Un nouveau contrat moral

Revenons pour un instant à Wayne Norman, celui-là même qui, au chapitre 3, nous a fourni cet outil fort utile qu'est le concept de contrat de consensus. Un tel contrat, avons-nous dit, exige de la part des parties contractantes qu'elles donnent suite à leurs décisions. Cet engagement clair implique de réduire au minimum, soit en les anticipant, soit en les éliminant, les irritants qui risquent d'empêcher l'émergence d'une identité «pannationale» que tous nous pourrions partager. C'est aussi ce que Neil Bissoondath nous propose.

Norman utilise l'expression *potential federation-busters* pour décrire ces irritants. C'est ce qu'on appelle mettre les points sur les *i*. Ceux que j'utiliserai pour explorer notre nouveau statut de province heureuse.

La langue, ou plutôt l'absence de langue commune, constitue selon lui un de ces irritants potentiels. En effet, l'existence de deux ou plusieurs langues rend plus difficile le développement d'une culture commune et accroît les chances d'incompréhension. Les parties à un contrat de consensus, rappelle-t-il, ont l'obligation de pallier ces inconvénients. Leur responsabilité n'est pas d'encourager une langue, surtout pas au détriment d'une autre, mais de multiplier les occasions d'intégration linguistique.

Selon cette grille, tous les gouvernements du Québec depuis Robert Bourassa ont très certainement failli à la tâche en établissant un cadre linguistique qui a divisé plus qu'il n'a rapproché les deux groupes linguistiques du Québec et du Canada. En ce sens, le Québec n'a pas fait face à ses obligations au chapitre du contrat d'inclusion. D'ailleurs il s'agit de bien davantage qu'un simple irritant. Après tout, c'est la politique linguistique de monsieur Bourassa qui a servi de prétexte à l'échec des propositions de Meech, et qui, partant, a ravivé la fureur séparatiste.

Mais les obligations des parties contractantes ne s'arrêtent pas là. Selon Norman, il est fondamental que les parties à un contrat moral de type fédéral fassent tout en leur pouvoir pour empêcher le développement d'attitudes «nationalistes» dans leur population. Agir autrement, surtout si c'est pour obtenir d'éventuelles concessions au profit d'un groupe minoritaire, serait agir de mauvaise foi. À ce chapitre aussi, on ne peut pas dire que les gouvernements du Québec, depuis celui d'Antonio Barrette, aient été au-dessus de tout soupçon. Tous les premiers ministres du Québec depuis 1960 y sont allés de leur petit irritant nationaliste. Même Daniel Johnson fils qui ne s'est pas gêné pour répondre à Ottawa que lui aussi voulait que le Québec ait sa propre politique nationale de formation professionelle.

Comment un gouvernement «provincial» québécois pourrait-il agir et, surtout, comment devrait-il agir pour éliminer ces irritants nationalistes? se demande Norman. Il y a toujours la politique de l'assimilation forcée ou encouragée, mais celle-ci exige beaucoup de temps et risque finalement d'être contre-productive. En effet, des mesures coercitives pourraient nourrir plutôt qu'éteindre les passions nationalistes. De plus, et Norman insiste sur ce point, il ne serait pas raisonnable moralement (*morally unreasonable*) de demander à un gouvernement du Québec de travailler activement à la disparition de la langue et de la culture de sa population. Il serait plus juste et raisonnable de s'attendre à ce qu'il asphyxie — le mot est de lui — toute tentative de résurgence du nationalisme en éliminant l'insécurité à laquelle il s'abreuve. Car pour Norman, tout phénomène de nationalisme de la part d'une minorité témoigne toujours d'une peur de l'inconnu et d'une crainte de disparaître. Bref, le nationalisme est une maladie psychologique qui attaque la fibre morale des pays.

Mais heureusement cela se traite. Il suffit de faire preuve de respect et de bonne volonté à l'égard de la minorité pour qu'immédiatement le sentiment d'insécurité s'étiole. Il faut aussi qu'elle accepte de jouer le jeu.

Je crois qu'il a raison. Nous ne pouvons continuer indéfiniment à faire sentir aux Canadiens que nous ne faisons que passer et que nous participons à la Fédération parce que nous y trouvons notre compte. S'il est vrai, comme nous l'avons suggéré, que le contrat moral sur lequel s'est construit l'Union fédérale canadienne a été rompu, alors nous avons l'obligation de tenir compte de cette rupture. Nous ne pouvons pas continuer à faire semblant que la rupture n'existe pas.

Nous avons, nous aussi, une obligation de résultat, entre autres celle de nous accommoder de notre propre choix démocratique. Cela ne devrait pas être trop difficile, d'abord parce que les souverainistes et ceux rêvant de réformer le fédéralisme canadien en ont l'habitude, ensuite parce qu'il restera toujours du temps pour panser les états d'âme et tirer d'autres plans sur la comète. Je n'envisage donc pas le problème majeur à la suite d'un vote négatif lors d'un référendum. Cela entraînerait évidemment la disparition du Bloc québécois à très court terme, et probablement aussi celle du Parti québécois, mais cela est une autre question.

Un seul scénario m'apparaît hautement improbable, celui d'une explosion de violence systématique ou même sporadique de la part d'éléments désabusés dans le camp souverainiste. Mais, comme l'a si bien expliqué Jean-Pierre Derriennic, le degré de frustration de ces souverainistes défaits ne serait tout simplement pas assez élevé pour susciter de tels comportements.

À la limite, la question de la transition vers le statut de province ne se pose pas puisque c'est un statut que nous connaissons bien. Sur le plan du quotidien politique, il n'y pas de catastrophe en vue et le jeu normal des dynamiques partisanes devrait pouvoir faire le reste.

Les bénéfices secrets de la non-souveraineté

La chasse aux irritants nationalistes pourrait même se révéler assez rentable économiquement. J'en ai pour preuve l'examen du dernier budget du gouvernement du Québec (1995-1996). Au moment où je rédige ce chapitre, le ministre des Finances du Québec ne nous a pas encore informé de la façon dont il comptait s'y prendre pour réunir les quelque 42 557 milliards de dollars qu'il entend dépenser en 1995-1996. Ce n'est pas un obstacle insurmontable car il n'y a, après tout, qu'une seule façon de recueillir des fonds : piger dans nos poches. Il y a par contre des milliers de façons de dépenser. Ce sont ces dépenses qui nous intéressent.

L'étude des crédits pour l'année 1995-1996 révèle que 27 organismes et ministères du gouvernement sont responsables de ces dépenses et que celles-ci se répartissent dans 404 programmes et éléments de programmes. C'est le cas, par exemple, du Programme 4 du ministère de l'Agriculture, Pêcheries et Alimentation, le programme Assurances agricoles, qui lui-même se répartit en quatre éléments de programmes, chacun disposant de ses propres crédits. On y trouve l'élément de programme Assurance-récolte (21,3 M $), celui de l'Assurance stabilisation des revenus agricoles (186,3 M $), l'élément de programme assurant la Gestion interne et le soutien (18,1 M $) et les Programmes nationaux tripartites (37,4 M $). C'est donc 263,4 M $ qu'il nous en coûte pour «compenser les pertes de rendement dans les récoltes et garantir un revenu annuel aux producteurs agricoles selon certaines modalités[1]». Quelque 330 fonctionnaires sont assignés à cette tâche et si on déduit les 18,1 M $ nécessaires pour administrer l'ensemble de ce Programme 4, c'est 245 M $ (93,2 % de l'ensemble du budget affecté à ceprogramme) qui retournent directement dans la poche des agriculteurs.

D'autres programmes sont moins connus, comme celui de l'Administration des ressources informationnelles (17,4 M $) au ministère de l'Éducation ou le programme des Subventions aux associations d'établissements (9,9 M $) du ministère de la Santé et des Services sociaux. La lecture de ces différents programmes et des budgets leur étant alloués est fort instructive et chaque citoyen devrait s'obliger, ou être obligé, de le faire au moins une fois dans sa vie.

La plupart de ces programmes sont issus des responsabilités incombant au gouvernement du Québec selon la constitution canadienne et, d'année en année, les gouvernements reprennent pour l'essentiel le modèle de dépenses que leur ont légué leurs prédécesseurs. Sauf lorsqu'il y a changement de gouvernement, rien ne ressemble plus à un budget provincial qu'un autre de l'année précédente. De fait, le taux de ressemblance est d'environ 95 %. Lorsqu'il y a changement de gouvernement, le taux de ressemblance chute habituellement aux environs de 90 %.

Les changements de priorité sont rares dans la ventilation des dépenses gouvernementales. Pour les administrateurs de l'État, la solution de facilité consiste à augmenter l'ensemble des dépenses gouvernementales en respectant plus ou moins les ventilations existantes. À l'avenir, il est possible que l'on assiste au même phénomène, mais en sens inverse, c'est-à-dire que les gouvernements choisiront de réduire de façon plus ou moins uniforme leurs dépenses. C'est ce que le gouvernement d'Ottawa a choisi de faire dans son budget 1995-1996 et dans ses prévisions de dépenses pour les années subséquentes. Mais durant les prochaines années, le gouvernement d'Ottawa continuera vraisemblablement de dépenser notre argent de la même façon.

Le Québec a connu, au cours des 50 dernières années, une seule période d'augmentation massive de ses dépenses, soit entre 1960 et 1965, années correspondant à la période de la Révolution tranquille. Contrairement à une image largement répandue, le gouvernement de Jean Lesage a alors utilisé la marge de manœuvre disponible à la suite de l'inaction fiscale des gouvernements unionistes pour augmenter considérablement ses capacités d'intervention, mais en respectant de façon surprenante les priorités que les gouvernements de Maurice Duplessis avaient eux-mêmes établies.

L'objectif majeur du gouvernement Lesage était alors de permettre à l'État du Québec de remplir pleinement ses responsabilités en tant que seul véritable gouvernement national des francophones du Canada et d'Amérique. Mais ce n'était pas le seul objectif, et tout le discours budgétaire des gouvernements de cette période est marqué au coin de la modernisation et du rattrapage. «Il faut que le Québec prenne ses responsabilités et devienne un gouvernement moderne», avait coutume de rappeler Jean Lesage.

Cette double volonté d'affirmation nationale et de modernisation du Québec a signifié pour la seule année 1965 une augmentation de 51 % dans les dépenses gouvernementales du Québec par rapport à ce qu'elles auraient vraisemblablement été si le gouvernement unioniste avait continué sur sa lancée des années 1945-1960. En d'autres mots, le budget réel du Québec a été de 1 391 millions en 1965 alors qu'il aurait probablement été «seulement» de 923 millions si Maurice Duplessis et son équipe étaient demeurés au pouvoir[2]. Dans un cas comme dans l'autre cependant, les priorités de dépenses auraient été à peu près les mêmes.

Le temps est maintenant venu pour le Québec de considérer le chemin inverse, c'est-à-dire de redevenir un simple gouvernement provincial sans responsabilité particulière au chapitre du développement du Québec comme État-nation. Ce serait une façon non seulement d'économiser, mais aussi de cesser d'irriter nos amis des autres provinces. Ce serait aussi une décision raisonnable. En effet, pour ce qui est du rattrapage et de la modernisation, on peut penser que le gros du travail a été réalisé. Le gouvernement fédéral pour sa part a pris plusieurs des responsabilités, notamment celle du développement culturel et scientifique, qu'il refusait encore d'assumer dans les années 1960. Pourquoi prétendre le faire à sa place?

On peut donc, théoriquement, prévoir une réduction de 50 % dans l'ensemble budgétaire du Québec, ce qui voudrait dire des réductions importantes — environ 20 milliards de dollars — pouvant aussi être réalisées sur un intervalle de cinq ans, soit le même intervalle qui a prévalu à l'augmentation de 50 % qu'a connue le Québec entre 1960 et 1965. Le chiffre peut sembler énorme, mais si l'on tient compte de l'inflation et de l'augmentation de la population, il s'agirait d'une somme à peine plus élevée (en dollars constants) que l'augmentation de 1965. En d'autres mots, les 400 millions de «surcharge» financière entre 1960 et 1965 sont du même ordre qu'une révision à la baisse de quelque 20 milliards entre 1995 et 2000. Sur papier, tout au moins. Sur une période de cinq ans, cela veut dire une réduction de 15 % par année. On ne pourrait malheureusement réduire de façon aussi magique le service de la dette, de sorte que l'on obtient un budget global d'environ 25 milliards de dollars. C'est ce que nous avons appelé le scénario de dénationalisation brutale (scénario 1 du tableau de la page 216).

L'exercice est cependant artificiel. En effet, de l'avis même du gouvernement de l'époque, les dépenses effectuées entre 1960 et 1965 n'avaient pas toutes une connotation «nationaliste». Dans bien des cas, il s'agissait simplement de permettre au gouvernement provincial de remplir son rôle de façon honnête en prenant de façon efficace les responsabilités incombant à toute administration provinciale moderne.

Comme il est impossible de répartir cette augmentation de 51 % survenue entre 1960 et 1965 en dépenses de modernisation et en dépenses dites nationalistes, nous avons repris tout l'exercice en examinant un à un chacun des 404 éléments de programme du gouvernement du Québec pour l'année fiscale 1995-1996. Retenons simplement le chiffre de 20 milliards comme ordre de grandeur. Selon la perspective de chacun, on y verra soit le coût d'un certain nationalisme, soit le bénéfice de la dénationalisation[3].

Pour chacun des éléments de programme identifié, nous avons cherché à déterminer si cette responsablité:
• incombait prioritairement ou exclusivement au gouvernement fédéral ou encore si elle relevait du bon fonctionnement de l'union politique et économique canadienne;
• relevait de l'exercice normal du pouvoir fédéral de dépenser et de l'extension qu'il a pris avec les années;
• relevait d'une initiative du gouvernemnt du Québec de «compenser» ou de «suppléer» à une responsabilité fédérale;
• serait mieux assumée par le gouvernement central en vertu du principe de subsidiarité;
• était le résultat d'une volonté délibérée de Québec d'occuper un champ de juridiction déjà envahi par Ottawa;

• relevait d'une volonté de Québec de jouer le rôle de gouvernement national pour des raisons symboliques ou autres.

Si l'élément de programme en question correspondait à l'une ou l'autre (ou à plusieurs) de ces catégories, il était classé comme dépense «nationaliste» et sujet à des compressions de dénationalisation. Pour donner tout son sens à l'exercice, j'ai cependant été sévère dans l'attribution de l'étiquette nationaliste et limité à quelques cas exemplaires les réductions de plus de 50 % dans les éléments de programme. Les scénarios 2a et 2b représentent une fourchette réaliste pour ces réductions.

La fourchette supérieure constitue en fait une approximation minimale de ce que nous «sauverions» si le Québec décidait de prendre le chemin de l'Alberta, et les chiffres qu'on y trouve s'appuient sur une comparaison avec le dernier exercice financier albertain[4]. Avec deux milliards de dépenses en moins, c'est une bonne partie du déficit qui disparaît.

Dans la majorité des programmes, les coupes étaient relativement aisées à faire. Ainsi, j'ai pu éliminer à peu près tout le budget du ministère de la Culture et des Communications (ce qui malheureusement n'a pas permis d'épargnes importantes) ainsi que du ministère des Affaires internationales. Une province, même une grosse province comme le Québec, n'a pas besoin de petits ambassadeurs à l'étranger qui, on le sait bien, passent leurs journées à rêver du jour où ils seront les vrais ambassadeurs d'un vrai pays. L'Ontario, l'autre grosse province canadienne, a compris cela depuis longtemps. Le même raisonnement s'applique évidemment à Radio-Québec, à la Cinémathèque québécoise, à la Bibliothèque nationale, au Conseil des arts et des lettres, à la SODIC et à toutes ces agences qui ont le terme «national» inscrit dans leur appellation[5].

Le scénario 3 propose des compressions beaucoup plus importantes puisqu'il comprend à la fois celles de la dénationalisation complète (scénario 2a) et un estimé des compressions additionnelles que le Québec devra effectuer après la décision du gouvernement fédéral de réduire ses paiements de transfert aux provinces. Dans le cas du Québec, cela représente probablement un manque à gagner de 1,6 milliard de dollars dans la base fiscale du Québec (il s'agit d'une évaluation minimale).

Comment intégrer cette réduction additionnelle dans notre

«modèle[6]»? Une partie de ces coupes concerne la part fédérale des programmes que le Québec aura vraisemblablement déjà réduits à cause de sa cure de dénationalisation. On ne peut donc appliquer la réduction des transferts fédéraux à des dépenses qui n'existent plus. Paradoxalement, plus vite le Québec redeviendra une province comme les autres, moins il sera pénalisé par les futures compressions fédérales. En d'autres mots, il n'y a rien comme s'arracher soi-même une dent si on ne veut pas que le dentiste nous fasse mal.

De plus, la formule des *block grants* à laquelle Ottawa songe, c'est-à-dire donner aux provinces une enveloppe globale (réduite il va sans dire) en les laissant libres d'utiliser ces fonds selon leurs priorités, donne aux provinces une certaine latitude. La province de Québec pourrait donc choisir d'absorber les compressions fédérales, ce qui en réduirait d'autant l'impact (mais augmenterait les dépenses générales). Mais la nouvelle approche d'Ottawa permet aussi au gouvernement central de «punir» plus efficacement une province qui ne remplirait pas les conditions «nationales» édictées par Ottawa[7]. En bout de piste, il est probable que les provinces ne gagneront ni ne perdront de marge de manœuvre. C'est cette hypothèse que j'ai retenue. Cette fois, c'est 3,5 milliards que nous allons épargner en redevenant une province.

N'ayant pas les «compétences» de ces économistes qui, depuis des années, exercent leur talent à prédire les coûts de la souveraineté du Québec, je me garderai d'engager ma réputation sur des calculs aussi sommaires. Je crois cependant que mon raisonnement est juste et mériterait une étude plus approfondie. Ainsi faudrait-il sans doute augmenter les dépenses pour certaines responsabilités strictement provinciales que le Québec n'exerce actuellement que fort imparfaitement et qu'il a décidé de sacrifier à ses ambitions nationalistes. C'est le cas de la voirie par exemple.

Mais il ne fait aucun doute qu'il en coûterait relativement moins cher d'administrer un gouvernement provincial qui cesserait de se prendre pour un gouvernement national-en-émergence. Au minimum, on parle de «gains» de 1,7 milliard de dollars et même de 3,5 milliards de dollars.

Les silences complices de l'actuel gouvernement du Parti québécois et des forces fédéralistes à ce sujet sont particulièrement inquiétants. On comprend que monsieur Parizeau ne veuille pas se faire accuser de terrorisme économique à rebours et qu'il hésite à livrer au grand jour le fruit de ses réflexions en la matière. On comprend aussi que les forces fédéralistes ne veulent pas, quant à elles, montrer l'allure que pourrait prendre un gouvernement provincial «ratatiné». Mais dans un cas comme dans l'autre, il y va de leur responsabilité de nous parler des coûts de la non-souveraineté. C'est un élément essentiel du dossier et c'est à la population qu'il reviendra de juger.

Le silence des forces fédéralistes est particulièrement intrigant puisque toutes partagent l'idéologie néo-conservatrice d'une réduction massive et de la présence de l'État et de l'étendue du filet de sécurité sociale. Or, ces chiffres démontrent hors de tout doute que le meilleur moyen pour le Québec d'arriver à un résultat qui ferait pâlir d'envie madame Thatcher est de revenir à une stricte définition provincialiste de son rôle.

Je crois même que nous aurons l'obligation morale de le faire, et je ne vois pas en raison de quels principes les élites nationalistes québécoises, les artistes et les culturels de toutes sortes se donneraient des petits prix de consolation pour protéger leur steak. Répétons-le encore une fois : si nous décidons de nous contenter de notre statut de Province tranquille et belle, il faudra cesser de prétendre être autre chose.

En matière de démocratie, il faut s'accommoder et être de «bons» perdants. Mais si on peut, par la même occasion, payer moins d'impôts «nationalistes», pourquoi s'en priver?

Je me doute bien qu'on ne parlera pas de ces chiffres lors du débat référendaire. Les souverainistes et en général tous ceux qui veulent briser le carcan constitutionnel de 1982 sont mal à l'aise avec les chiffres. C'est donc chacun d'entre nous qui devra y réfléchir.

Tableau — Estimation du budget du Québec comme province: crédits et «compressions» (en millions de dollars)

Ministères et organismes	Crédits 1995-1996	Scénario 1 Dénationalisation brutale	Scénario 2a Dénationalisation tranquille	Scénario 2b Dénationalisation complète	Scénario 3 Normalisation totale
Assemblée nationale et personnes désignées	163,0	77,4	14,2	14,2	14,2
Affaires internationales et Immigration	233,5	43,0	150,9	163,1	163,1
Affaires municipales	1 341,6	682,8	27,9	46,3	46,1
Agriculture	662,0	334,1	19,4	38,8	38,5
Conseil du Trésor	63,3	29,7	6,1	12,2	12,2
Conseil exécutif	34,4	13,7	8,0	13,3	13,3
Culture, Communication	399,1	55,5	292,4	335,2	335,2
Éducation	9 466,8	4 906,3	31,6	46,6	346,6
Emploi	316,3	156,2	15,9	29,6	35,6
Environnement, Faune	250,6	119,7	20,5	24,6	24,6
Finances	6 596,0	6 000,0[2]	35,6	66,5	66,5
Industrie, Commerce, Technologie	517,0	245,3	45,3	67,5	67,5
Justice	454,5	230,6	11,0	19,0	119,0
Administration, Fonction publique					
Affaires intergouvernementales, Régions	1 184,6	606,3	18,6	19,7	219,7
Ressources naturelles	348,1	171,0	19,2	25,3	25,3
Revenu	315,7	157,6	12,7	25,3	25,3
Santé et Sécurité du revenu[1]	10 022,1	9 190,5	831,6	831,6	1 831,6
Sécurité du revenu	4 263,5	2 522,2	18,9	22,2	22,2
Sécurité publique	712,5	330,1	77,6	155,2	155,2
Tourisme	85,4	39,1	10,2	20,4	20,4
Transports	1 927,1	1 001,2	1,7	3,5	3,5
Total des crédits[3]	39 915,1	25 910,0	(1 668,7)	(1 980,1)	(3 586,1)

Source: Conseil du Trésor, *Budget 1995-1997: Crédits*, Québec, 1995.

1. Excluant l'assurance-maladie, mais incluant les services de garde.
2. Le service de la dette n'a pas été réduit.
3. Les chiffres ont été arrondis.

ÉPILOGUE

Le pain et le beurre de l'accommodement

La décision politique définit l'espace dans lequel se construisent (et s'effilochent) nos rêves. Elle fonde notre possible et définit les règles de notre vie en société. Sans un tel espace, une société ne peut prétendre accéder à l'universel et y contribuer, même avec des moyens limités. Refuser de décider, c'est se condamner au silence de ceux qui n'ont rien à dire. Mais décider, c'est nécessairement se partager en une majorité et une minorité. C'est oublier pour un temps cette unité qui, prétendument, ferait notre force. C'était vrai en 1867, ce le sera aussi en 1995 et en 2010.

La décision référendaire est l'une des décisions les plus importantes que nous puissions prendre. Il est donc normal qu'elle occupe toute la place, surtout dans l'espace médiatique. Or, celui-ci n'a pas l'habitude de traiter de décisions aussi importantes. Pour ce faire, les médias n'ont d'autre choix que d'utiliser la technique du téléroman avec son obsession des personnages bien campés et des rebondissements segmentés. Il n'est donc pas toujours facile de découvrir l'espace politique qui se cache derrière un espace médiatique qui a besoin d'intrigues et de vilains pour exister. Néanmoins, on le sent présent un peu partout. Champ privilégié du pouvoir, de l'autorité, du long terme et des valeurs, le politique reprend alors ses droits et son autonomie.

Cette décision, comme l'hésitation qui l'accompagne, donne tout son sens au mot «constitution». Nous sommes actuellement à nous constituer, c'est-à-dire à établir la liste des similitudes et des différences qui sont au cœur de tout projet politique et dont on retrouve la trace dans ces textes écrits qu'on nomme effectivement «constitutions». Bref, nous sommes à nous donner une identité constitutionnelle et les moyens que nous prenons pour y arriver seront tout aussi importants, pour situer la démocratie dans cette identité, que le résultat du choix référendaire comme tel. La mondialisation exige peut-être que nous devenions un pays souverain. La question demeure ouverte. Elle nous impose cependant de placer la démocratie au cœur de notre identité. Comment faire en sorte que cette dernière, avec tout ce qu'elle comprend nécessairement de différenciation et de séparation, débouche à la fois sur la préservation de nos différences et sur une unité retrouvée? Cette question est centrale dans toute entreprise constitutionnelle moderne et le Québec n'y échappe pas.

Sans contrat, la communauté politique québécoise ne peut guère espérer survivre, que ce soit comme membre de l'Union fédérale canadienne ou comme pays souverain.

C'est ainsi qu'elle est venue au monde, d'abord en arrachant les conditions de sa survie à l'occupant britannique, en le faisant de nouveau en 1840, puis en 1867. Notre histoire en est une d'engagements où toujours se retrouve la même préoccupation: dégager un espace politique où il sera possible de prendre les décisions permettant d'améliorer la vie de tous les citoyens. C'est à cela que sert la démocratie, disions-nous au premier chapitre.

Mais dans quel cadre le Québec est-il mieux à même de trouver cette communauté morale? Comment peut-il s'y dépasser et sortir du ghetto identitaire où il se trouve enfermé? Que doit-il investir dans cette communauté morale? Sa différence? Sa modernité? Que peut-il exiger en retour? Voilà bien les «vraies» questions qui se posent à nous en cette fin de siècle et de millénaire.

Combien de fois devrons-nous le répéter: rien d'autre que le sens donné à l'expérience politique fédérale canadienne ne nous sépare de nos compatriotes des autres provinces. Ils sont rares en effet ceux et celles qui veulent devenir souverains pour redresser le cours de l'Histoire. Rares aussi sont ceux et celles qui pensent encore que les Canadiens sont des êtres à ce point exécrables qu'il convient de s'en éloigner. Le fossé qui nous sépare du reste du Canada n'est pas très large. Une simple enjambée suffirait et on ne compte plus le nombre de propositions qui permettraient de remettre en marche l'Union fédérale canadienne.

Mais les adeptes de la marche en montagne savent très bien que les crevasses d'un mètre sont souvent les plus dangereuses, car ce n'est pas la largeur du gouffre qui importe, mais sa profondeur.

Un tel gouffre nous sépare de nos compatriotes de l'Union fédérale canadienne. Il n'est certes pas infranchissable mais il existe et se creuse non pas tant en largeur qu'en profondeur.

Les questions, surtout les «vraies» questions, exigent que les membres d'une communauté politique reconnaissent que des choses les séparent. Ils doivent s'entendre sur les préalables et sur le sens à donner à leur histoire. Il faut au moins être deux pour signer un nouveau contrat ou pour renégocier l'ancien.

Cette entente préalable existe-t-elle entre le Québec et le Canada? Existe-t-elle même à l'intérieur du Québec? J'en doute. Plusieurs d'entre nous continuent à voir le fédéralisme canadien comme une simple question de comptabilité ou comme un obstacle à une meilleure gestion des politiques publiques. C'est vrai, comme s'acharnent à le répéter les fédéralistes, que l'établissement d'une armée québécoise va entraîner des coûts; c'est tout aussi vrai, comme leur répondent les souverainistes, que sans le rapatriement des pouvoirs législatifs en matière d'assurance-chômage, nos politiques de formation de la main-d'œuvre demeureront toujours de l'ordre du bricolage.

Le bricolage, c'est bien joli, mais c'est rarement solide et, surtout, c'est temporaire. Ceux qui entrevoient la possibilité pour le régime fédéral canadien de s'autoréformer de l'intérieur, en dehors même de la volonté des gouvernements et des populations, le savent très bien. Le Canada est le pays le plus décentralisé du monde, ne cesse-t-on de répéter, comme si la répartition des capacités fiscales d'un État constituait un quelconque argument. Si c'est vrai, alors on ne doit guère s'attendre à ce qu'il se décentralise encore davantage. D'ailleurs, je ne comprends pas très bien le sens de cet argument dans la bouche des partisans du *statu quo* évolutif. Tentent-ils de dire que l'énervement des souverainistes est une perte de temps et que l'évolution naturelle de l'Union fédérale va livrer la marchandise qu'ils n'auront alors plus qu'à cueillir comme un fruit mûr? Je ne demande qu'à les croire.

Je serais plutôt enclin à penser que la mondialisation économique impose aux pays de tirer le maximum de leurs réseaux sociaux et de leur créativité culturelle. La mondialisation impose aux gouvernements qu'ils cessent de se prendre pour les meneurs du jeu. Ils ne le sont plus depuis déjà longtemps. Elle exige que ces gouvernements se mettent au diapason des sociétés et des cultures dont ils sont issus. Cela va requérir une véritable révolution copernicienne et il s'en trouvera sûrement encore plusieurs pour continuer de croire que le soleil tourne autour de la terre.

Il faut arriver à se passer le plus possible du gouvernement et de l'État. À ce titre, je ne comprends toujours pas pourquoi les défenseurs du *statu quo* tiennent à tout prix à conserver un ordre supplémentaire de gouvernement. Et moi qui croyais que la tendance lourde était à la réduction de la taille des appareils d'État et à l'élimination des frontières. D'où peut bien leur venir cette obsession pour un protectionnisme bureaucratique et politique? J'attends toujours une réponse satisfaisante quant à la nécessité absolue de conserver à Ottawa quelques milliers de fonctionnaires ou de les déplacer à grands frais en région.

La souveraineté et la reconfiguration de l'Union canadienne n'ont rien de la pensée magique. Ce n'est rien d'autre qu'une façon de voir le monde, mais avec les lunettes de la mondialisation et de l'interdépendance économique. Il n'y a pas si longtemps, on demandait aux politiciens de mettre leurs culottes, cette fois c'est de lunettes qu'ils auraient besoin. Le monde est de plus en plus petit — il faut donc de bonnes lunettes —, ce qui ne devrait pas défavoriser ceux qui en portent déjà, ils sont habitués à voir petit. Le monde est démocratique, de plus en plus démocratique, cela devrait donc faciliter la tâche de ceux pour qui la démocratie est le fondement même de l'engagement politique.

Un non référendaire remet évidemment en question cette vision du monde ainsi que la meilleure façon d'y accéder. Prétendre le contraire revient à nous faire passer tous pour une bande de daltoniens myopes. Cela ne veut pas dire qu'au lendemain d'un tel non, les Québécois se trouveront dans l'impossibilité de participer à la tâche de «penser» le monde. Cela veut tout simplement dire qu'ils ne pourront plus prétendre le faire à partir de leur base identitaire propre et de leurs aspirations à un nouveau type de citoyenneté.

Il faudra passer à autre chose et penser différemment. Remarquez que ce ne sera pas la première fois que nous aurons à faire face à ce dilemme. En 1760, nous nous sommes accommodés de notre nouveau statut en devenant non pas des Anglais mais des citoyens de l'Empire britannique. Je laisse à d'autres le soin d'évaluer si ce choix nous a bien servis. Une chose est certaine, il a grandement profité à l'Empire britannique qui est rapidement devenu le premier empire multiculturel de la planète, une transformation qui n'est sans doute pas étrangère aux succès économiques de la Grande-Bretagne au siècle suivant. À la limite, on pourra dire des «nouveaux sujets catholiques romains» qu'ils auront réussi là où les Américains avaient échoué : modifier la politique coloniale britannique.

Nous nous sommes de nouveau «accommodés» en 1791, en 1840 et en 1867. Ici aussi, les résultats sont matière à jugement, mais il est clair que notre volonté d'accommodement a permis l'émergence d'une nouvelle façon de considérer le phénomène d'union politique, en faisant place au contrat et à la moralité. Nouvel accommodement en 1980 et en 1982. Nouveaux gains pour notre vie démocratique.

Que ceux qui s'inquiéteraient de ce qui pourrait avoir l'air d'une apologie de l'échec se rassurent dès à présent. Je n'ai jamais donné au concept de «victoire morale» le sens qu'on aime bien lui donner habituellement. Une défaite est toujours une défaite, surtout lorsqu'elle restreint l'accès à des enjeux plus larges.

Ce ne sera évidemment pas la fin du monde. Celui-ci s'est toujours bien débrouillé sans nous et il continuera de le faire.

Pas la fin du monde certes, mais la fin d'une façon somme toute fort sympathique de le voir et d'y accéder.

Et tellement raisonnable.

NOTES

Introduction

1. Qui dit raison dit aussi référence à l'avis des autres et redécouverte de quelques classiques de la «littérature» en économie politique et en histoire, celle d'ici et celle d'ailleurs. Ne disposant d'aucune vérité révélée particulière, j'y ferai amplement référence. Le lecteur, que la vue de ces nombreuses notes impatiente, a le choix soit d'y voir une autre façon de poursuivre le dialogue, soit de simplement tourner la page. Il est souverain en la matière. Ce livre est un essai, mais il s'appuie sur des travaux réalisés dans le cadre de projets de recherche financés par plusieurs organismes, dont le Conseil de recherches en sciences humaines (410-91-1540) et l'ACDI (Projet Niger).

2. C'est à la lecture du dernier livre de John Rawls (*Political, Liberalism,* New York, Columbia University Press, 1993) que j'ai pris conscience de l'importance de cette distinction.

3. Notons tout de suite une exception, et elle est de taille. Il s'agit du livre d'André Burelle, cet ancien responsable du Bureau des relations fédérales-provinciales de l'administration fédérale (*Le Mal canadien. Essai de diagnostic et esquisse d'une thérapie,* Montréal, Fides, 1995). Enfin un plaidoyer intelligent qui vient lui aussi confirmer que la raison, quel que soit son camp, a encore des droits. C'est un véritable plaisir que de ne pas être d'accord avec lui.

4. Ainsi qu'une «collègue» bien spéciale, Hélène Laperrière qui a tout relu et tout commenté de façon fort démocratique et tellement raisonnable. Encore une fois, France Lamontagne et les membres du secrétariat de l'INRS-Urbanisation ont sauvé les meubles *in extremis*.

Chapitre 1 • À quoi sert la démocratie?

1. Ces idées et quelques autres ont été développées dans le cadre des travaux du Groupe de Lisbonne, dont on trouvera une première présentation dans *Limites à la compétitivité. Pour un nouveau contrat mondial,* Montréal, Boréal, 1995. Plusieurs des idées exprimées ici ont été «forgées» à la suite de sti-

mulantes discussions avec Ricardo Petrella et Pierre-Marc Johnson, deux membres du Groupe.

2. Au moment où j'écris ces lignes, le ministre fédéral du Patrimoine, M. Michel Dupuy, vient de qualifier la vice-présidente de Radio-Canada de «moutonne» sous prétexte qu'elle avait conclu, comme à peu près tous les observateurs, que le dernier budget fédéral allait entraîner des réductions dans son organisation. Je ne sais pas comment elle a réagi à l'appellation féminisée de «moutonne», mais cet incident me fait prendre conscience que j'utilise encore souvent le masculin pour englober le féminin. Ce n'est pas «grammaticalement correct» et je tâcherai de me corriger.

3. Je ne sais pas si la différence est significative, mais en anglais on parle plutôt d'un gâteau qu'on voudrait bien manger, sans le manger (*to have its cake and eat it too*).

Chapitre 2 • *La moralité de notre constitution*

1. Dans Garth Stevenson, *Unfulfilled Union. Canadian Federalism and National Unity*, 3e éd., Toronto, Gage, 1989, 38. Ce point de vue est largement partagé par l'ensemble des analystes canadiens-anglais qui se sont montrés en général plus sensibles à ces origines «douteuses» que leurs collègues du Québec. Ces derniers ont toujours cherché pour l'essentiel à savoir si l'AANB fut et est demeuré un «bon deal», démocratique ou pas, pour le Québec. Seul Pierre Trudeau a rappelé avec insistance le caractère antidémocratique de l'AANB, ajoutant par le fait même que c'était probablement mieux ainsi puisque les Canadiens français de l'époque n'entendaient rien à la vie démocratique.

2. La même question s'est d'ailleurs posée dans le cas de la Conquête. Les interprétations «fédéralistes» de cet événement ont habituellement tendance à en minimiser l'importance alors que les historiens plus nationalistes — curieusement connus sous le nom d'École de Montréal — ont eu tendance à en faire un événement cataclysmique. J'ai toujours pensé que cela aurait dû être le contraire. L'historienne Susan Mann Trofimenkoff, aujourd'hui présidente de l'université York de Toronto, a fort bien décrit la rupture dans la continuité que représentait la Conquête. Dans un livre fascinant, peut-être le meilleur livre d'histoire du Québec (*The Dream of Nation*, Toronto, Macmillan, 1982), elle conclut son chapitre sur 1760 par cette simple phrase: *And yet it was conquest. And conquest is like rape.*

3. Dans l'esprit des Pères de la Confédération, il était clair que la future belle province allait être une entité politique de deuxième catégorie, une province dans tous les sens du mot, et que cette entité allait être entièrement administrée à partir des institutions situées dans la ville de Québec. Dans leur esprit, et dans celui de l'AANB, le Québec c'était Québec. Les *Montrealers* acceptèrent d'autant plus facilement cette décision qu'elle leur rappelait l'époque où le gouvernement de Québec se référait à l'administration militaire en poste à Québec. Cette vision d'un Québec limité à Québec se trouve même inscrite dans l'AANB sous la forme d'un Conseil législatif dont l'une

des fonctions est de représenter les intérêts locaux au cœur même de l'appareil provincial. En Ontario, on s'objecta à la création d'un tel Conseil sous prétexte qu'il ne fallait pas empiéter sur les libertés et les juridictions des villes et des municipalités. Il ne serait venu à l'idée de personne d'appeler la nouvelle province Toronto. Autre province, autres mœurs... provinciales.

4. La constitution de l'Allemagne fédérale en 1948 est un autre cas intéressant de refus de référendum. En 1948, les Alliés voulurent soumettre la nouvelle loi fondamentale du pays à l'approbation populaire. Les Allemands s'objectèrent, prétextant qu'il ne pouvait être question de faire participer le peuple à l'approbation d'une loi qui leur était imposée de l'extérieur. Ils eurent finalement gain de cause.

5. Rappelons les faits. Le 18 juillet 1864, le gouverneur de la Nouvelle-Écosse, un certain MacDonnell, se sentit obligé de demander par écrit des instructions au Colonial Secretary de Londres concernant la lettre reçue le 30 juin de son homologue Lord Monck lui demandant la «permission» d'envoyer des représentants canadiens à la prochaine conférence des colonies de l'Atlantique portant sur le thème d'une union des Maritimes. Selon MacDonnell, il s'agissait d'une procédure hautement irrégulière et embarrassante, d'autant plus que personne n'était intéressé à organiser cette conférence. Mais si les Canadiens s'amenaient pour assister à une conférence, alors il fallait bien leur en organiser une. Pendant que MacDonnell attendait ses instructions à bord de son navire, le *Daring,* ce dernier fit escale à Charlottetown où le gouverneur local se dit intéressé à accueillir la conférence si jamais elle avait lieu. Il envoya immédiatement des invitations aux trois autres colonies (on oublia malencontreusement Terre-Neuve) leur indiquant que leurs «invités» étaient sur le point d'arriver, ce qui ne manqua pas d'engendrer une certaine inquiétude dans les autres capitales. Les Canadiens arrivèrent effectivement le matin du 1er septembre et l'après-midi même, la conférence débuta. Comme personne n'avait rien préparé sur le thème de l'union des Maritimes, on préféra laisser les Canadiens présenter leur plan pour une confédération. Si vous croyez que j'exagère, consultez P. B. Waite, *The Life and Times of Confederation, 1864-1867* (Toronto, University of Toronto Press, 1962, p. 60-74) pour vous convaincre que la réalité dépasse effectivement parfois la fiction.

6. Comme on peut s'en douter, il existe une vaste littérature sur les états d'âme canadiens-français à la veille de 1867. Avec le recul, ces interprétations prennent une valeur sociologique plus intéressante que celle des thèses qui y sont défendues. L'analyse la plus originale est sans doute celle de A. I. Silver, *The French-Canadian Idea of Confederation, 1864-1900,* Toronto, University of Toronto Press, 1982. Apparemment, G.-E. Cartier n'hésitait pas à vendre la Confédération en affirmant qu'elle consacrait l'indépendance du Québec. Un Québec souverain dans un Canada uni!

7. Marcel Bellavance, *Le Québec et la Confédération: un choix libre? Le clergé et la constitution de 1967,* Québec, Éditions du Septentrion, 1992.

8. Je suggère ici que la principale différence entre les deux fédéralismes n'est pas tant leur degré de centralisme originel, mais leur conception divergente de la démocratie (voir à ce sujet Gérard Bergeron, *Quand Alexis de Tocqueville et André Siegfried nous observaient,* Montréal, Presses de l'Université de Montréal, 1990). Pour un traitement quasi cinématographique des débuts de la démocratie américaine, on lira avec plaisir Catherine Drinker Bowen, *Miracle at Philadelphia,* Boston, Little, Brown and Co., 1966.

9. John Rawls est sans doute le plus important théoricien du libéralisme. Son livre (*A Theory of Justice,* Cambridge, Harvard University Press, 1971) est un classique.

10. Ma traduction. Cité dans Allen Buchanan, *Secession, the Morality of Political Divorce from Fort Sumter to Lithuania and Québec,* Boulder, Westview Press, 1991, p. 1.

11. Ces propos et bon nombre des commentaires qui vont suivre sont tirés du livre d'Allen Buchanan, *Secession,* cité plus haut. On trouvera une présentation en français de ses thèses, ainsi qu'une réponse de Guy Laforest dans Michel Seymour (dir.), *Une nation peut-elle se donner la constitution de son choix ?,* Montréal, Bellarmin, 1991.

12. Je n'ai d'autre choix que de les diriger vers quiconque pourra peut-être réussir à ébranler leur conviction profonde. Voir à ce sujet Bruce Ackerman, *Social Justice and the Liberal State,* New Haven, Yale University Press, 1980, et Will Kymlickq, *Liberalism, Community and Culture,* Oxford, Oxford University Press, 1989. Ces livres sont intéressants non pas parce qu'ils appuient le droit à la sécession mais pour la discussion qu'ils offrent de la question des droits collectifs et des autres fondements moraux de la vie en société.

13. «Towards a Philosophy of Federalism», dans Judith Baker (dir.), *Group Rights,* Toronto, University of Toronto Press, 1992, p. 79-100.

14. Ces «principes» empruntent à quelques réflexions similaires dont celles de James Tully, «Diversity's Gambit Declined» dans Curtis Cook (dir.), *Constitutional Predicament Canada After the Referendum of 1992,* Montréal, McGill-Queen's University Press, 1994, p. 149-199; Alain-G. Gagnon et Guy Laforest, «The Future of Federalism: Lessons from Canada and Québec», dans Stephen Randall et Roger Gibbins (dir.), *Federalism and the New World Order,* Calgary, University of Calgary Press, 1994, p. 113-133.

15. Charles Taylor, *Reconciling the Solitudes,* Montréal, McGill-Queen's University Press, 1993, p. 182-183.

Chapitre 3 • Le Québec et le contrat fédéral

1. La transformation de René Lévesque en «grand démocrate», surtout dans les médias anglophones, n'a vraiment commencé qu'au lendemain de sa défaite référendaire. Elle témoigne d'une certaine difficulté à accepter le fait que le nationalisme québécois n'est pas nécessairement hostile à l'expression d'un sentiment démocratique. Le fait que René Lévesque ait «bien» accepté sa défaite a été jugé de façon positive, comme si cette attitude était surprenante.

2. Nous avons quand même fait le livre. Il s'agit *d'Allaire, Bélanger, Campeau et les autres,* Montréal, Hurtubise-HMH, 1992.

3. Et j'en sais quelque chose compte tenu de ce que j'avais alors répondu à Philip Resnick dans notre échange épistolaire de l'époque (*Letters to a Québécois Friend,* Montréal, McGill-Queen's University Press, 1992). Ce livre a par la suite été traduit en français (*Réponse à l'ami canadien,* Montréal, Boréal, 1992), mais il avait été rédigé en anglais. Je ne sais pas pourquoi, mais j'ai toujours eu l'indignation plus virulente en anglais. Peut-être parce que je sais que je vais être compris. Écrirais-je la même réplique aujourd'hui? Probablement, et c'est bien ce qui m'attriste.

4. Quelques spécialistes du Canada anglais ont souligné à quel point les choses avaient changé après 1982 et 1988, comme si un ressort s'était cassé. Voir Serge Denis, *Le Long Malentendu* (Montréal, Boréal, 1992) et les nombreux écrits de Ken McRoberts, en particulier «English-Canadian Perceptions of Quebec», dans Alain-G. Gagnon (dir.), *Quebec: State and Society,* Scarborough, Nelson, 1993, p. 116-129.

Chapitre 4 • Le partage des coûts dans une démocratie raisonnable

1. J'avoue être venu relativement sur le tard à cette vision du caractère central de 1982 dans l'histoire de la démocratie canadienne. Comme bien d'autres, je me suis longtemps limité à l'aspect «rapport de forces» de cet épisode et des liens de causalité qui unissaient au référendum de 1980. La persévérance de Guy Laforest a fini par me convaincre. Voir son livre *De la prudence* (Montréal, Boréal, 1993).

2. On objectera qu'il s'agit là d'une simple formalité ou d'un rituel de langage sans conséquence aucune. Quel curieux endroit pour placer des mots vides de sens, en tête de l'édifice constitutionnel canadien.

3. Comme la Charte des droits a été pensée et discutée en anglais, cette langue en reflète mieux l'orientation. En rédigeant ce chapitre, j'ai pris conscience que le droit avait aussi une langue. À mon grand étonnement, des termes tels «citoyen», «personne», «individu», «chacun», «être humain» n'ont pas la même portée en anglais et en français, surtout si à la différence de langue on associe aussi la différence de philosophie qui sépare le droit civil du *Common Law.* Pour une vision éclairante de cette question, voir James T. McHugh, «Is the Law Anglophone in Canada?», *American Review of Canadian Studies,* 3, 1993, p. 407-424. Le problème, selon ce spécialiste, ce n'est pas celui de la transposition d'un système linguistico-juridique à un autre, mais plutôt qu'au Canada on refuse toujours d'admettre qu'un tel problème existe.

4. Sans compter l'Assemblée nationale du Québec. À la Chambre des communes, il s'est trouvé 23 députés pour s'opposer à l'entente de 1982 mais, dans la mesure où j'ai pu le vérifier, aucun d'eux ne l'a fait en mentionnant l'exclusion du Québec. Les livres d'histoire sont tellement silencieux à ce sujet que je n'ai même pas pu vérifier si ce qu'on rapporte à propos du sénateur Murray s'est vraiment passé. Il a d'ailleurs lui-même choisi d'oublier l'incident.

5. Je ne connais pas de *scholar* canadien à avoir conclu que l'entente de 1982 n'aurait pas dû être acceptée compte tenu de l'opposition du Québec. Plusieurs ont proclamé leur manque d'enthousiasme, mais leur opposition s'est arrêtée là. Voir à ce sujet les nombreux articles «réticents» rassemblés dans K. Banting et R. Simeon (dir.), *And No One Cheered. Federalism, Democracy and the Constitution Act,* (Agincourt, Methuen, 1983) dont celui de Donald Smiley, «A Dangerous Deed: The Constitution Act, 1982», p. 74-95. Après avoir fréquenté cette communauté de *scholars* durant plus de 15 ans, j'ai été particulièrement déçu de cette unanimité.

6. Cette vision a été exposée dans Roy Romanow, John Whyte et Howard Leeson, *Canada... Notwithstanding: The Making of the Constitution 1976-1982,* Toronto, Carswell-Methuen, 1984. Un point de vue similaire est exprimé dans R. Sheppard et M. Valpy, *The National Deal. The Fight for a Canadian Constitution,* Toronto, Macmillan, 1982.

7. Compte tenu de ce que j'ai écrit dans les chapitres antérieurs, j'aurais tendance à souscrire à cette thèse. En tant que nation (dans le sens politique du terme), nous ne sommes pas différents des autres nations. En ce sens, la souveraineté nous fera perdre notre différence. Le statut de province a quand même ses avantages.

8. Tout comme il importe peu de déterminer si le gouvernement fédéral a promis de rouvrir le dossier constitutionnel pour satisfaire ou non les demandes traditionnelles du Québec. La nature exacte de cette promesse n'est pas remise en question. Il y a bel et bien eu des négociations constitutionnelles et le Québec y a participé au même titre que tous les autres.

9. Vu sa chute vertigineuse dans les sondages, après la défaite référendaire, le Parti québécois n'avait d'ailleurs pas d'autre choix que de s'inscrire dans la mouvance constitutionnelle.

10. C'est pourquoi j'ai toujours considéré comme très suspect cet engouement de plusieurs politiciens canadiens-anglais envers le sens démocratique d'un René Lévesque. Cette admiration contredit leur comportement à la table des négociations et ne fait peut-être que confirmer leur propre malaise devant un comportement démocratique non seulement normal mais aussi tout à fait rationnel de la part d'un «nationaliste».

11. Ce fut effectivement le cas et on demanda au gouvernement fédéral et à son premier ministre de jouer le rôle d'intermédiaire.

12. C'est l'impression qui se dégage d'une relecture de ce qui demeure le classique de cet épisode (Edward McWhinney, *Canada and the Constitution, 1979-1982,* Toronto, University of Toronto Press, 1982). L'analyse de McWhinney ne laisse aucun doute à ce sujet: dès le lendemain de la défaite référendaire de 1980, le Québec n'était plus qu'un joueur parmi dix autres dans toute cette entreprise. Qu'il mît tant de mois à le réaliser est le signe d'une incapacité apparemment viscérale à comprendre que le Canada existe sans le Québec.

13. Est-ce à cause d'un réflexe tribal mal placé ou d'un penchant pour

l'excommunication des moutons noirs qu'au Québec on a facilement tendance à oublier à quel point Pierre Trudeau a toujours été considéré par le reste du pays comme un Québécois, susceptible lui aussi de succomber aux charmes des sirènes nationalistes ou capable, en bout de piste, de céder aux remords pour aider le Québec ? Nous aimons croire qu'il a été élu parce qu'on a pensé à Toronto ou à Calgary qu'il nous remettrait à notre place. C'est encore une fois nous donner beaucoup d'importance. Certes, Trudeau a toujours été apprécié parce qu'il incarnait l'image d'un Québécois non nationaliste, mais une telle image porte en elle-même son propre contraire. Si Trudeau est un être tellement extraordinaire qu'il a su résister à l'appel du nationalisme québécois, c'est que cet appel est suprêmement convaincant. Cela ne fait qu'accroître le danger qu'il puisse, d'autant que nous sommes en présence ici d'un homme extrêmement intelligent et capable de coups de tête (dans tous les sens du mot), choisir à son tour le Québec. Après tout, a-t-on toujours pensé, si René Lévesque est devenu nationaliste et séparatiste, tout en demeurant démocrate et même social-démocrate, pourquoi Trudeau ne le deviendrait-il pas ? À bien y penser, le Canada anglais n'est à l'aise qu'avec Jean Chrétien.

14. Voir son livre, Peter H. Russell, *Constitutional Odyssey: Can Canadians be a Sovoreign People ?*, Toronto, University of Toronto Press, 1992. À plusieurs reprises, le professeur Russell a été amené à suggérer qu'il serait impensable et carrément absurde pour le Canada anglais de négocier un nouveau pacte constitutionnel avec le Québec à la suite d'un vote référendaire négatif de ce dernier.

15. Janet Ajzenstat, « Constitution-making and The Myth of the People », dans Curtis Cook (dir.), *Constitutional Predicament: Canada after the Referendum of 1992.*

16. C'est l'argument de David M. Thomas sur l'impossibilité d'amendements « à la sauvette » : « Turning a Blind Eye : Constitutional Abeyances and the Canadian Experience », *International Journal of Canadian Studies*, 7-8 1993, 63-79.

17. Parmi les nombreux travaux d'Alain Cairns, citons *Disruptions. Constitutional Struggles, from the Charter to Meech Lake*, Toronto, McClelland & Stewart, 1991 ; *Charter versus Federalism*, Montréal, McGill-Queen's University Press, 1992. Plus que quiconque A. Cairns s'est fait le promoteur de la thèse voulant que la Charte des droits empêche toute réforme constitutionnelle au Canada.

18. Michael M. Atkinson, « What King of Democracy do Canadians Want ? », *Revue canadienne de science politique*, 27, 4, 1994, p. 717-745.

19. Michael Lustig ; « Constitutional Paralysis : Why Canadian Constitutional Initiatives are Doomed to Fail », *Revue canadienne de science politique*, 27, 4 1994, p. 747-771.

20. Ian Brodie et Neil Nevitte, « Evaluating the Citizens' Constitution Theory », *Revue canadienne de science politique*, 26, 2, 1993, p. 235-267.

Chapitre 5 • Le principe de l'accommodement et ses exigences

1. Cette vision de l'obligation démocratique a été élaborée à partir des travaux de Jon Elster et d'Adam Przeworki. On en trouvera un aperçu dans Jon Elster et Rune Slagstad (dir.), *Constitutionalism and Democracy. Studies in Rationality and Social Change,* Cambridge, Cambridge University Press, 1988.

2. Alain Noël l'a bien fait ressortir dans son essai «Deliberating a Constitution : The Meaning of the Canadian Referendum of 1992», dans Curtis Cook (dir.), *Constitutional Predicament, Canada after the Referendum of 1992,* p. 64-81.

3. Richard Simeon de l'Université Queen's, l'un des gourous du fédéralisme canadien, me faisait récemment remarquer que l'équivalent canadien-anglais de la métaphore du «couteau sur la gorge» était celle du «fusil sur la tempe» afin de décrire ce qu'il faudrait pour amener le reste du pays à négocier une nouvelle entente constitutionnelle. Compte tenu de l'habileté proverbiale des Canadiens et des Québécois en la matière, il aurait pu ajouter que, au Jour J, les Canadiens choisiront probablement de se présenter à la table des négociations avec le fusil sur la gorge et les Québécois avec le couteau sur la tempe.

4. Michael Mandel, *The Charter of Rights and the Legalization of Politics in Canada,* 2ᵉ éd., Toronto, Thompson Educational Publishing, 1994.

5. Cité dans le *New York Times,* 12 avril 1995.

Chapitre 6 • Le fédéralisme rend-il plus libre ?

1. Jusqu'au jour où je suis tombé sur deux articles montrant les antécédents religieux de l'attachement au fédéralisme : Bernard J. S. Hoetjes, «The European Tradition of Federalism : The Protestant Dimension», et Michael Burgess, «The European Tradition of Federalism : Christian Democracy and Federalism», dans Michael Burgess et Alain-G. Gagnon (dir.), *Comparative Federalism and Federation,* New York, Harvester Wheatsheaf, 1993, p. 117-138, p. 138-154.

2. Reg Whitaker a déjà souligné le haut degré d'ignorance mutuelle qui a toujours caractérisé les théoriciens du fédéralisme et les théoriciens de la démocratie (Reg Whitaker, *A Sovereign Idea. Essays on Canada as a Democratic Community,* Montréal McGill-Queen's University Press, 1992). À cela Donald V. Smiley a rajouté combien il était curieux de constater que bon nombre des théoriciens de la démocratie venaient de pays dits fédéraux et que la majorité des théoriciens du fédéralisme travaillaient dans des pays hautement démocratiques (Donald V. Smiley, *The Federal Condition in Canada,* Toronto, McGraw-Hill Ryerson, 1987).

3. *Le Rêve de la Terre promise,* Montréal, Stanké, 1995.

4. *Ibidem,* p. 49.

5. J'en tiens pour «preuve» le compte rendu, un parmi tant d'autres, de Petr Pithart, «L'asymétrie de la séparation tchéco-slovaque», dans Jacques Rupnik (dir.), *Le Déchirement des nations,* Paris, Le Seuil, 1995, p. 157-179.

6. «Mon appartenance nationale fait partie de mon chez-moi avec la même

évidence que par exemple mon appartenance au sexe masculin.» (Vaclav Havel, *Méditations d'été*, Paris, Éditions de l'Aube, 1992, p. 24.) Quant à sa description du nationalisme slovaque, elle fait largement usage de concepts comme celui de la crispation ethnique, de la xénophobie, du nationalisme primaire et de tendances suicidaires.

7. Je ne prétendrai pas être un expert de la situation slovaque, mais mon scepticisme habituel m'a conduit à me méfier de l'unanimité avec laquelle on évalue habituellement les conséquences du «divorce de velours». Mes sources sont les suivantes: Z. Butorova, *et al.*, *Current Problems of Slovakia after the Split of Czechoslovakia*, Bratislava, FOCUS, 1993; A. Michnik, «The Velvet Restoration», *The East & Central Europe Bulletin*, 5, 1, 1994.

8. En ce qui concerne le traitement de minorités (hongroise et tsigane particulièrement) le dossier slovaque n'est pas encore reluisant, même si le climat revanchard des premiers mois a rapidement cédé le pas à une attitude plus réaliste, compte tenu de la nécessité de coopérer avec l'Europe.

9. La question du passage d'un nationalisme ethnique à un nationalisme plus civique est au cœur de la consolidation démocratique dans les anciens pays communistes d'Europe de l'Est. Il s'agit d'une question fort complexe à laquelle je ne rends pas justice. Voir à ce sujet l'article récent de Maté Szabo, «Nation-State, Nationalism, and the Prospects for Democratization in East Central Europe», *Communist and Post-Communist Studies*, 27, 2, 1994, p. 377-399.

10. *Nationalisme et démocratie*, Montréal, Boréal, 1995. Je m'étais promis de ne pas trop personnaliser mes désaccords avec certains collègues. J'aurai quand même résisté jusqu'au chapitre 6.

11. C'est ce vieux complice, Édouard Cloutier, l'un des meilleurs spécialistes québécois de la comparaison interpersonnelle des valeurs, qui m'a mis au fait de cet argument.

12. Jonathan Lemco, *Political Stability in Federal Governments*, New York, Praeger, 1991. Son dernier livre a fait couler beaucoup plus d'encre (*Turmoil in the Peaceable Kingdom. The Québec Sovereignty Movement and Its Implications for Canada and the United States*, Toronto, University of Toronto Press, 1994).

13. Même les plus acharnés partisans du fédéralisme reconnaissent aujourd'hui que ce dernier, même sans tenir compte de l'Armée rouge ou du Parti communiste, n'a guère aidé la cause de la liberté ou de l'unité dans ces pays. Voir à ce sujet Philip G. Roeder, «Soviet Federalism and Ethnic Mobilization», *World Politics*, 43, 2, 1991, p. 196-232; Sabrina P. Ramet, *Nationalism and Federalism, 1962-1991*, 2ᵉ éd., Bloomington, Indiana University Press, 1992; Carol S. Leff, *National Conflict in Czechoslovakia. The Making and Remaking of a State, 1918-1987*, Princeton, Princeton University Press, 1988; Robert H. Dorff, «Federalism in Eastern Europe: Part of the Solution or Part of the Problem?», *Publius*, 24, 2, 1994, p. 99-114. L'intérêt de ces études réside en bonne partie dans les explications, parfois tourmentées, parfois très directes, qu'on y trouve du temps, pas si lointain, où l'on croyait que c'était le

fédéralisme et non la dictature du parti unique qui avait empêché ces pays de sombrer dans la violence ethnique.

Chapitre 7 • *Le fédéralisme est la seule voie de l'avenir*

1. Le fédéralisme possède aussi sa propre revue (*Publius. The Journal of Federalism*) ainsi que des groupes d'études internationaux. Plusieurs politologues québécois favorables à la souveraineté s'y retrouvent d'ailleurs fréquemment, probablement pour le plaisir et le frisson de s'y sentir « illégaux ». Daniel Elazar a publié pas moins d'une vingtaine de livres sur le thème du fédéralisme. J'ai largement utilisé celui qui m'est apparu le plus complet : *Exploring Federalism*, Tuscaloosa, University of Alabama Press, 1987.

2. Note infrapaginale qui n'a rien à voir : à une époque où je me passionnais pour la littérature de science-fiction, j'avais remarqué que si la formule politique préférée des auteurs américains était sans conteste le fédéralisme, celle des écrivains soviétiques était d'un tout autre registre. Je n'en ferais pas une théorie, mais j'ai toujours pensé que ces écrivains, les seuls peut-être à qui le pouvoir soviétique permettait de rêver officiellement, n'étaient guère impressionnés par la force libératrice du fédéralisme. Dans les films de science-fiction, le seul avantage — et il est de taille compte tenu des exigences du scénario — de la formule impériale semble être de nous offrir des « méchants » empereurs qui très souvent cependant ont des filles magnifiques qui ne manquent jamais une occasion d'attirer l'attention des jeunes pilotes de la Fédération.

3. Le cas de la Yougoslavie est bien connu, même si on ne parle pas assez de la Slovénie dont la transition vers le statut d'État-nation s'est accompagnée d'un renforcement de sa vie démocratique. Celui de l'Inde l'est moins. Par-delà la tentation trop facile de « scorer » des points, il faudrait s'inquiéter de l'ethnisation progressive de cette fédération. Voir à ce sujet Christophe Jaffrelot, « La dérive ethnique du nationalisme indien », dans Jacques Rupnik (dir.), *Le Déchirement des nations*, p. 213-238.

4. Cette vision du fédéralisme suisse et australien en fera sursauter plusieurs. Pourtant, dès qu'on dépasse les clichés sur les vaches et les kangourous, on constate à quel point le fédéralisme est la conséquence et non la cause des succès suisses et australiens. Joan Ryden (« The Australian Tradition of Federalism and Federation », dans M. Burgess et A.-G. Gagnon (dir.), *Comparative Federalism and Federation*, p. 203-226) a déjà souligné combien la force du fédéralisme australien résidait dans l'habitude des Australiens de n'y porter aucune attention et certainement de ne pas en faire un des éléments de leur vie démocratique. Quant à la Suisse, au-delà d'un questionnement sur l'usage que font les financiers internationaux du fédéralisme suisse, il n'est pas rare d'entendre dire que le fédéralisme tel qu'il a dû évoluer est devenu une « menace » au communalisme qui demeure après tout le véritable fondement des libertés démocratiques de ce pays (Max Frenkel, « The Commural Bases of Swiss Liberty », *Publius,* 23, 2, 1993, p. 61-70).

5. J'en ai pour preuve cette conviction largement répandue chez les spécialistes du fédéralisme que la Russie, si elle veut survivre et protéger sa liberté, n'aura d'autre choix que de demeurer une union fédérale. Pour une présentation de cet argument, on lira Robert Sharlet, « The Prospects for Federalism in Russian Constitutional Politics », *Publius*, 24, 2, 1994, p. 155-198.

6. Voir Richard Jay, « Nationalism, Federalism and Ireland » dans Murray Forsyth (dir.), *Federalism and Nationalism*, New York, St. Martin's Press, 1989, p. 209-249. On a oublié qu'en 1920, au moment où l'*Ireland Act* entra en vigueur, un *Conseil de l'Irlande* devait chapeauter les deux entités gouvernementales, celle de Dublin et celle de Belfast.

7. Daniel Elazar a été l'un des principaux partisans de cette option. Voir son recueil d'articles *From Autonomy to Shared Rule: Options for Judea, Samaria and Gaza*, Jerusalem, Jerusalem Center for Public Affairs, 1983.

8. Le désenchantement est particulièrement évident dans les écrits de Murray Forsyth (*Federalism and the Future of South Africa*, Johannesburg, 1984) et David Welsh, « Federalism and the Problem of South Africa », dans Murray Forsyth (dir.), *Federalism and Nationalism*, p. 250-279.

9. Il y avait, en 1987, exactement 83 237 entités gouvernementales aux États-Unis, une diminution importante par rapport aux 155 116 entités de 1942 (A. Lennkh et M.-F. Toinet, *L'État des États-Unis*, Paris, La Découverte, 1990, p. 37).

10. Comme bien d'autres Québécois, j'ai adopté à l'égard des Belges à peu près tous les préjugés des Français qui n'en manquent d'ailleurs pas. Ce livre m'aura au moins permis de constater qu'il arrive — combien rarement — que les Français se trompent. La Belgique est actuellement l'un des plus intéressants laboratoires politiques du monde occidental. Pour ma première rencontre avec le fédéralisme belge, je me suis servi des écrits d'un véritable « mordu » de la solution fédérale, Francis Delpérée, afin d'en donner le meilleur éclairage possible. Voir son article « Le fédéralisme sauvera-t-il la nation belge ? » dans Jacques Rupnik (dir.), *Le Déchirement des nations*, p. 123-138, et les contributions qu'il a réunies dans *La Belgique fédérale*, Bruxelles, Bruylant, 1994.

11. Du côté des francophones de Belgique, la Région et la Communauté ont leurs institutions dans deux villes différentes. J'avoue que beaucoup de choses m'échappent encore dans le cas belge.

12. Comme on peut s'en douter, cette façon de « canadianiser » la situation belge demeure un exercice quelque peu artificiel dans la mesure où la Belgique a conservé ses provinces — il y en a maintenant dix depuis la séparation du Brabant en deux — et y a juxtaposé ces Régions et ces Communautés. Une véritable transposition en termes canadiens impliquerait le maintien des provinces actuelles auxquelles on ajouterait des régions (Ouest, Maritimes, Nord, Québec, Ontario), chacune avec leurs propres institutions, ainsi que trois grandes communautés (anglaise, française et autochtone) disposant aussi d'institutions. En Belgique, la fusion de la Région et de la Communauté

flamande a été rendue possible parce que la majorité des Flamands vit dans la région et que cette région est presque exclusivement composée de Flamands. Ce n'est pas le cas pour les francophones du pays qui sont divisés entre ceux qui habitent la Wallonie et ceux résidant à Bruxelles. Il ne pouvait donc y avoir de fusion dans leur cas. Ce serait aussi le cas au Canada et au Québec. Ouf!

13. Voir à ce sujet l'article révélateur de Noel Malcom, «The Case Against Europe», *Foreign Affairs*, 74, 2, 1995, p. 52-68.

14. Pour l'Autriche, je me suis appuyé sur T. Ohlinger «Centralizing and Decentralizing Trends in the Austrian Constitution», dans C. L. Brown-John (dir.), *Centralizing and Decentralizing Trends in Federal States*, New York, University Press of America, 1988, p. 225-236.

15. Plusieurs auteurs ont souligné le vide institutionnel de l'ALENA. Voir à ce sujet les textes réunis par C. Deblock et D. Ethier (dir.), *Mondialisation et régionalisation*, Québec, Presses de l'Université du Québec, 1992.

16. Ce phénomène de centralisation a été très bien documenté par Leslie Delagran, «Conflict in Trade Policy: The Role of the Congress and the Provinces in Negotiating and Implementing the Canada-U.S. Free Trade Agreement», *Publius*, 22, 4, 1992, p. 15-30.

17. Le projet de loi fut adopté par la Chambre des communes en août 1988, mais ne put être approuvé à temps par le Sénat. Il fut finalement présenté à nouveau et adopté en octobre 1988, après l'élection fédérale.

18. C'est aussi l'avis d'Arthur B. Gunlicks («German Federalism After Unification: The Legal-Constitutional Response», *Publius*, 24, 2, 1994, p. 81-98) qui, malgré une sympathie évidente envers l'Union européenne et le fédéralisme allemand, a été amené à conclure que les États fédérés n'ont guère gagné en autonomie. Pour une vue contraire, on consultera les textes réunis dans C. Jellery et R. Sturm (dir.), *Federalism, Unification and European Integration*, Londres, Frank Cass, 1993.

19. C'est la thèse défendue par Conrad Weiler, «Foreign-Trade Agreements: A New Federal Partner», *Publius*, 24, 3, 1994, p. 133-155. Voir aussi Robert Stumberg, *The New Supremacy of Trade, NAFTA Rewrites the Status of States*, Washington, D.C., Center for Policy Alternatives, 1993.

Chapitre 8 • Le nationalisme et la démocratie font-ils bon ménage?

1. Il existe à ce sujet une imposante littérature et, contrairement à une idée fort répandue, tous les auteurs anglo-saxons ne sont pas viscéralement réfractaires à l'idée même de nationalisme. Parmi les ouvrages récents, il y a celui de William Pfaff, chroniqueur de l'*International Herald Tribune*, qui souligne que les trois idées les plus destructrices de ce siècle, le communisme soviétique, le nazisme et l'antisémitisme, étaient en fait des idées antinationalistes et prônant le dépassement des frontières nationales (William Pfaff, *The Wrath of Nations*, New York, Touchstone, 1993). Hannah Arendt avait déjà souligné l'importance des crimes commis au nom de l'internationalisme. Parmi les

antinationalistes féroces, le plus stimulant est sans doute Walker Connor (*Ethnonationalism. The Quest for Understanding,* Princeton, Princeton University Press, 1994). Son rejet du nationalisme est tel qu'il ne craint pas de critiquer toutes ces interprétations présumant que le nationalisme n'est pas un phénomène entièrement irrationnel. La vision traditionnelle du nationalisme comme étant essentiellement un phénomène de droite a atteint un sommet dans le dernier livre de E.J. Hobsbawn (*Nations and Nationalism since 1780,* Cambridge, Cambridge University Press, 1992). Pour une vision plus sociologique, on se référera à l'analyse comparative de Milton J. Esman (*Ethnic Politics,* Ithaca, Cornell University Press, 1994). Si intéressantes soient-elles, ces études se situent essentiellement dans le paradigme des sciences sociales. Pour une approche différente, on se référera à Benedict Anderson dont le livre *Imagined Communities* (New York, Verso, 1991) constitue sans doute la plus enrichissante contribution à l'étude du phénomène national depuis une génération. Dans le même courant narratif (c'est-à-dire qui considère le nationalisme avant tout comme une narration) on consultera aussi Edward Said, *Culture and Imperialism* (New York, Vintage Books, 1994) ainsi que les analyses rassemblées dans Homi K. Bhabha (dir.) *Nation and Narration* (New York, Routledge, 1990) et Andrew Parker *et al., Nationalisms & Sexualities* (New York, Routledge, 1992).

2.   Une telle affirmation comporte sûrement des exceptions, du moins je l'espère. La Prusse en constitue peut-être une. En devenant le cœur d'un empire grâce à l'impulsion de Bismark, ce royaume passablement autocratique s'est quelque peu démocratisé, du moins dans un premier temps.

3.   S'il est une sociologie qui mériterait qu'on s'y arrête, c'est bien celle des effondrements impériaux. Malheureusement, cette spécialité a mauvaise presse, surtout depuis Toynbee. Paul Kennedy (*The Rise and Fall of Great Powers; Economic Challenge and Military Conflict from 1500 to 2000,* New York, Random House, 1987) a quelque peu réhabilité le genre. Mais la démocratie n'occupe pas une place très importante dans son analyse (contrairement à Jean-François Revel qui, lui, ne craint pas d'annoncer tantôt la mort, tantôt la résurrection des démocraties). À ce sujet, le livre le plus intrigant demeure celui de Joseph A. Tainter (*The Collapse of Complex Societies,* Cambridge, Cambridge University Press, 1988). Après avoir jeté un regard anthropologique sur une vingtaine d'empires (Rome, les Hittites, les Mayas, l'Indus, etc.), il en vient à la conclusion que les causes généralement associées à de tels effondrements (invasion de barbares, dérèglement de la moralité, faillite financière) ne sont en général que la face visible de causes plus profondes. Face à une situation difficile dont on connaît la solution, ces empires ont le plus souvent choisi, de façon rationnelle, de s'effondrer parce que, devant un certain degré de complexité, il est parfois plus rationnel de reculer que de foncer.

4.   Pour une discussion de ce néo-nationalisme allemand, voir l'article de Michael Stürner, «Allemagne, une nation en quête d'elle-même», dans Jacques Rupnik (dir.), *Le Déchirement des nations,* 1995, p. 43-59.

5. Ce qui est probable si l'on se rappelle que la première utilisation du terme français n'avait d'autre objectif que de décrire les communautés d'étudiants à l'Université de Paris. C'est ainsi qu'on y retrouvait la nation de Picardie (les Hollandais), la nation de Germanie (Anglais et Allemands) et même la nation de France (Français, Italiens et Espagnols). Ces étudiants faisaient partie de «leur» nation uniquement lors de leur séjour à l'étranger. Dès qu'ils retournaient dans leur ville, ils perdaient ce statut national. Au Concile de Lyon en 1274, le terme de nation fut utilisé pour décrire non plus seulement les origines d'un groupe de participants, mais aussi une communauté d'opinion qui avait souvent des bases territoriales (Guido Zernatto, «Nation: The History of a Word», *Review of Politics*, 6, 1944, p. 351-366).

6. Le cas de la Serbie mériterait qu'on s'y arrête plus longuement. Comment expliquer que cette république qui a été l'un des ferments de la lutte pour la démocratie ait ainsi chaviré une fois ce résultat obtenu? Le nationalisme agressif dont se sont montrés capables les Serbes est-il le résultat d'un passage à la démocratie ou encore des difficultés associées à cette démocratisation, ou serait-ce l'inverse? Faut-il distinguer le nationalisme serbe tel qu'il s'exprime en Serbie de celui des Serbes de Bosnie? Le premier est national alors que l'autre s'exprime dans un cadre davantage «provincial».

7. Ce point de vue s'appuie sur l'analyse de Jack F. Matlock, ancien ambassadeur américain en URSS. Malgré le fait qu'il soit très sévère à l'égard de la révolte des Tchétchènes et qu'il soit convaincu de la nécessité d'utiliser la force pour régler de tels cas, il en conclut que c'est le pourrissement de la vie démocratique, en Russie et en Tchétchénie, qui doit porter le blâme de cette tragédie («The Chechen Tragedy», *New York Review of Books*, 16 février, 1995, p. 3-4).

8. Voici à ce sujet sa critique dévastatrice de certains ouvrages antinationalistes récents «Misunderstanding Nationalism», *Dissent*, hiver 1995, p. 130-137.

Chapitre 9 • *La modernité et l'égalité des nations*

1. Alain Minc, *La Vengeance des nations*, Paris, Grasset, 1990, p. 216-217.

2. Bertrand Badie, *L'État importé. L'Occidentalisation de l'ordre politique*, Paris, Fayard, 1992.

3. Dans son introduction à l'ouvrage collectif rédigé sous sa direction, Jacques Rupnick a brièvement traité de cette question (*Le Déchirement des nations*). Publié cinq ans après le livre-cataclysme d'Alain Minc, ce livre témoigne des progrès de la réflexion en matière de nationalisme. À force de se pencher sur le nationalisme québécois, un antinationaliste aussi acharné que Michael Ignatieff a même quelque peu révisé ses positions. Voir son article «Québec: société distincte, jusqu'où?» (p. 1339-1356 dans *Le Déchirement des nations*).

4. C'était le titre de son livre publié chez Grasset en 1987 (*La Machine égalitaire*).

5. Dans le grand débat sur l'avenir de la démocratie, cet argument me range irrémédiablement dans le camp de Michael Waltzer contre ceux prétendant

que seule la disparition des États et des nations permettra d'instaurer une véritable démocratie universelle. Ce raccourci mériterait d'être nuancé et à ce sujet, la littérature américaine est particulièrement riche. Je me suis inspiré, pour y mettre de l'ordre, de Carol C. Gould, *Rethinking Democracy* (Cambridge, Cambridge University Press, 1988) et de Davil Held (dir.), *Prospects for Democracy*, Stanford, Stanford University Press, 1993.

6. Ce débat est l'un des plus éclairants qui soient et je m'en suis très largement inspiré. Voir Ghia Nodia, «Nationalism and Democracy», *Journal of Democracy*, 3, 4, 1992, p. 3-22; Francis Fukuyama, «Nationalism & Democracy», *Journal of Democracy*, 3, 4, 1992, p. 23-28. Leur point de vue est évidemment tout à l'opposé de celui de Charles Taylor pour qui la modernité ne laisse guère de place à la nation.

7. Je me suis souvent demandé pourquoi Giddens, compte tenu de l'envergure de son regard, n'était pas un philosophe français. C'est dans l'un de ses derniers livres, le plus petit et le plus lisible, qu'il fait le point sur sa vision de la modernité comme brisure permanente. Voir *The Consequences of Modernity*, Cambridge, Polity Press, 1990.

8. Il n'est pas interdit de penser que l'accès à la souveraineté pourrait être l'occasion d'un grand ménage dans nos symboles. On pourrait alors se débarrasser de ce «Je me souviens» historico-pleurnichard pour une devise qui reflète la modernité de la démarche québécoise. Quant à l'hymne national, espérons qu'il évitera les allusions à l'hiver.

9. Dans l'un des livres les plus stimulants sur la nation, Jean-Yves Guiomar (*La Nation entre l'histoire et la raison*, Paris, Gallimard, 1990) souligne à quel point la nation est finalement une «forme de nature esthétique», avec tous les débordements que cela peut entraîner. L'analyse de Guiomar est particulièrement intéressante vu le cheminement de l'auteur. Fasciné par l'émergence des idées nationalistes en Bretagne (le bretonisme), il s'est d'abord montré très critique face à l'inévitable dérive droitière de ce régionalisme (*L'Idéologie nationale*, Paris, Le Champ Libre, 1974). Il en fait aujourd'hui un élément essentiel du champ démocratique contre les abus de l'État.

10. Ce qui soulève la question du caractère «inventé» de la tradition. Ce serait plutôt le contraire. Mais cette invention suppose une absence de recul. Elle est donnée par révélation.

11. Jean-Yves Guiomar, *op. cit.*, p. 189.

12. Liah Greenfeld, *Nationalism. Five Roads to Modernity*, Cambridge, Harvard University Press, 1992. Pour une vision positive du nationalisme à partir d'un point de vue libéral, on consultera l'ouvrage récent de la sociologue israélienne Yael Tamir, *Liberal Nationalism*, Princeton, Princeton University Press, 1993.

13. Voir son article, probablement l'un des meilleurs jamais écrits sur le fédéralisme, «The Challenge of New Politics and New Social Movements to the Future of Federalism», dans S. Randall et R. Gibbins (dir.), *Federalism and the New World Order*, p. 17-42.

Chapitre 10 • Une transition démocratique est-elle possible?

1. Tiré de Gary Goertz et Paul Diehl, *Territorial Changes and International Conflict*, Boston, Unwin Hyman, 1991.

2. On notera que les cas de «sécession» ont été aussi nombreux que les cas d'unification. Sur une longue période, la prétendue tendance lourde en faveur de l'unification serait donc simplement une vue de l'esprit.

3. Ces chiffres sont tirés d'Alan Day (dir.), *Border and Territorial Disputes*, 2e éd., Essex, Longman, 1987.

4. On en trouvera une présentation récente dans «The Problem of Peaceful Territorial Change», *International Studies Quarterly*, 38, 2, 1994, p. 219-254. Ceux que les études quantitatives n'effraient pas pourront aussi consulter P. Diehl et G. Goertz, «Territorial Changes and Militarized Conflict», *Journal of Conflict Resolution*, 32, 1, 1988, p. 103-122.

5. Je ne partage pas cette idée de l'existence de «préconditions» à la démocratie (sauf pour le refus de la violence évidemment). Il s'agit cependant d'un point de vue largement répandu en science politique. Voir à ce sujet le résumé magistral qu'en fait Seymour M. Lipset, «The Social Requisites of Democracy Revisited», *American Sociological Review*, 59, 1, 1994, p. 1-22.

6. Je me suis surtout inspiré des travaux de Guillermo O'Donnell, Philippe Schmitter et Laurence Whitehead (dir.), *Transitions from Authoritarian Rule*, 4 vol., Baltimore, John Hopkins University Press, 1986. Pour un résumé synthétique et une élaboration théorique, voir Terry Lynn Karl, «Dilemmas of Democratization in Latin America», *Comparative Politics*, 23, 1, 1990, p. 1-22. La référence au «moment démocratique» est en fait un emprunt à ses propres travaux sur la notion de pacte de transition. Voir T. Karl et P. Schmitter, «Modes of Transition in Latin America, Southern and Eastern Europe», *International Social Science Journal*, 43, 1991, p. 343-360.

7. Son livre, *Exit, Voice and Loyalty. Responses to Decline in Firms, Organizations and States* (Cambridge, Harvard University Press, 1970) demeure l'un des meilleurs outils conceptuels pour comprendre le «cas» du Québec.

8. Il n'existe à mon avis qu'une seule étude prospective récente qui mérite d'être lue sur l'avenir du Canada et du Québec au lendemain d'un vote référendaire positif. Il s'agit de *The Secession of Quebec and the Future of Canada* de Robert A. Young (Montréal, McGill-Queen's University Press, 1995). Contrairement à ce que plusieurs ont laissé entendre, l'auteur n'est pas favorable au projet souverainiste québécois, mais cela ne l'a pas empêché de produire une réflexion originale et surtout très respectueuse de la raison et de l'intelligence. On y trouvera aussi une recension complète de tous les travaux qui ont été produits sur le sujet. Il y a quelques années, Daniel Drache et Roberto Perrin ont fait paraître *Negotiating with a Sovereign Quebec* (Toronto, James Lorimer, 1992), un livre raisonné et raisonnable qui avait cependant le malheur de laisser entendre qu'un vote référendaire positif des Québécois serait peut-être l'occasion de remettre l'Union fédérale canadienne sur des rails plus démocratiques.

Chapitre 11 • *La juste taille des démocraties*

1. À l'inverse de l'obsession pour les gros et grands pays, il s'est développé une mystique pour les petits pays et pour cette «recette magique» dont ils disposeraient. C'est le syndrome du village gaulois et de sa fameuse potion.

2. Qui a aussi l'originalité de faire partie d'une alliance militaire (l'OTAN) sans disposer d'armée.

3. *L'État du monde 1993* (Paris, La Découverte, 1991) mentionne l'existence de 29 territoires non autonomes, tandis que la Banque mondiale et les Nations unies en mentionnent 23 (*World Development Indicators*, Washington, D.C., World Bank, 1991) et un traité de géographie politique, 40 (Martin Glassner et Harm de Blij, *Systematic Political Geography*, 4e éd., New York, Wiley, 1989).

4. Martinique (335 000), Guadeloupe (338 000), La Réunion (576 000) et Macao (442 000) sont parmi les plus «gros» candidats à la souveraineté.

5. On consultera à ce sujet les analyses comprises dans Hedley Bull et Adam Watson (dir.), *The Expansion of International Society*, New York, Oxford University Press, 1985. L'échec de la révolution iranienne et l'incapacité de l'intégrisme musulman ou juif à s'organiser sur une autre base que celle de l'État-nation est à ce sujet fort révélateur.

6. Wolfram F. Hanrieder, «Dissolving International Politics: Reflections on the Nation-State», dans Richard Little et Michael Smith (dir.), *Perspectives on World Politics*, 2e éd., London, Routledge, 1991, p. 143-157. On trouvera dans ce recueil plusieurs articles faisant le point sur la disparition de l'État-nation.

7. John Naisbitt, *Global Paradox*, New York, Avon Books, 1994.

8. Robert Harmel et John D. Robertson, *Societal Scale and Political Authority Traits: A Cross-National Analysis*, communication présentée au congrès annuel de l'American Political Science Association, San Francisco, septembre 1990. L'étude fut menée auprès de 425 sociétés politiques distinctes sur une période de 187 années (1800-1986). Voir aussi Robert Dahl et Ted Gurr, *Size and Democracy*, New Haven, Yale University Press, 1973.

9. Nous avons surtout utilisé son *Small States in World Markets*, Ithaca, Cornell University Press, 1985, et *Corporatism and Change. Austria, Switzerland and the Politics of Industry*, Ithaca, Cornell University Press, 1984.

10. En toute logique, il faudrait aussi établir que le passage du Québec au statut d'État souverain ne diluera pas ces caractéristiques permettant au Québec d'emprunter à ce modèle.

11. Plutôt que les expressions de néo-corporatisme ou de démocratie corporatiste qui relèvent en français d'une autre sémiotique politique.

12. Bien qu'il ne s'agisse pas d'un obstacle incontournable, l'absence d'un minimum de représentation proportionnelle dans notre système électoral n'aide en rien à la généralisation et à l'institutionnalisation de la démocratie de partenariat au Québec. Pour que la concertation ait quelque chance de réussir, il est essentiel que chaque groupe évalue bien ses forces et ses alliés, ce qui est impossible dans le bipartisme tel que nous le pratiquons.

13. Plusieurs des pages qui précèdent sont empruntées à l'article «Le Québec

est bien petit et le monde est bien grand», dans Alain-G. Gagnon et François Richer (dir.), *Réplique aux détracteurs de la souveraineté du Québec*, Montréal, VLB Éditeur, 1992, p. 345-372.

Chapitre 12 • La démocratie au jour le jour

1. Il a développé ce point de vue dans *Quiet Cataclysm: Reflections on Recent Transformation of World Politics* (New York, Harper Collins, 1995) et dans *Elections, Democratization, and Politics as Usual*, communication présentée à la conférence «Electoral Processes in Mexico, United States and Canada», Centro de Investigaciones Sobre América del Norte, Universidad Nacional Autonoma de México, 25-27 janvier, 1995.

Chapitre 13 • Y a-t-il des provinces heureuses?

1. Cette affirmation n'est pas appuyée sur une recherche rigoureuse, mais uniquement sur une lecture des textes officiels dont on trouvera un échantillon dans Guy Frégault, *et al.*, *Histoire du Canada par les textes*, Montréal, Fides, 1956.

2. Anecdote entre mille, en 1773, année précédant l'Acte de Québec, le premier Congrès continental des colonies «et provinces» américaines se réunit à Philadelphie et lance un appel aux Canadiens pour se joindre, du moins passivement, à leur mouvement. On leur suggère même de former un «Congrès provincial» afin de choisir des délégués qui agiront «comme les représentants de votre province, au Congrès général de ce continent qui doit ouvrir ses séances à Philadelphie, le 10 de mai 1775» (*Histoire du Canada par les textes*, p. 121).

3. L'empire perse avait des satrapies, naturellement dirigés par des satrapes. On pourrait les associer à des provinces bien qu'avec le temps c'est la dimension «luxe et débauche» de ces postes qui ait fini par s'imposer. S'agit-il d'un cas de déformation «orientaliste» comme l'a bien montré Edward Said? Le présent auteur n'a pas les compétences pour trancher.

4. Tous ces termes ne sont évidemment pas les termes d'origine. Celui de province, par contre, n'a guère changé.

5. Christian Dufour (*La Rupture tranquille*, Montréal, Boréal, 1992) a bien montré comment cette Conquête, une fois sortie de son carcan historiographique, demeurait toujours l'élément structurant de la réalité politique canadienne. Ma propre analyse emprunte souvent à ses intuitions et à ce seul livre écrit dans la mouvance de Meech mais qui demeure toujours d'actualité.

6. J'en ai pour preuve la correspondance que nous recevons tous du gouvernement fédéral et qui mentionne rarement dans son adresse qu'Ottawa est situé en Ontario. Lorsqu'on est le centre, la géographie postale ne nous concerne plus.

7. On aura compris tout ce que je dois à Luc Bureau et à ses deux merveilleux livres *Entre l'Éden et l'utopie* (Montréal, Boréal, 1984) et *La Terre et moi* (Montréal, Boréal, 1991).

8. Alain-G. Gagnon a bien saisi ce côté balzacien du Québec d'aujourd'hui. Voir son «Devenir maîtres chez nous: émergence d'une bourgeoisie balzacienne au Québec», dans A.-G. Gagnon et A. B. Tanguay (dir.), *Democracy with Justice. Essays in Honour of K.Z. Paltiel,* Ottawa, Carleton University Press, 1992, p. 318-339.

9. Alors que j'étais «animateur» au pavillon de la Jeunesse d'Expo 67, nous avions invité le bon chanoine à venir rencontrer les jeunes du Québec. Ce fut passablement houleux et très rock'n'roll. Une semaine plus tard, le chanoine Groulx mourait.

10. Michael Barone, «The Worth of Nations: A New Calculation», *U.S. News & World Report,* 12 juillet 1993. Cette analyse l'entraîne d'ailleurs à suggérer que le maintien ou non du Québec dans l'Union fédérale canadienne n'est d'aucune importance.

11. Elle aborde cette question principalement dans un texte à paraître dans les Actes du colloque 1995 de l'Association francophone d'éducation comparée, «Multiculturalisme canadien et interculturalisme québécois: mythes et réalités».

12. Il suffit pour s'en convaincre de consulter le «manuel de base» du multiculturalisme canadien: A. Fieras et J.L. Elliott, *The Challenge of Diversity: Multiculturalism in Canada,* Toronto, Nelson Canada, 1992.

13. *Le Marché aux illusions. La méprise du multiculturalisme,* Montréal, Boréal, 1995. *Selling Illusions. The Cult of Multiculturalism in Canada,* Toronto, Penguin Books, 1994.

14. *Ibidem,* p. 224. Ma traduction.

15. Louis Balthazar (*Bilan du nationalisme au Québec,* Montréal, L'Hexagone, 1986) a, le premier, suggéré ce thème de l'épuisement.

16. Régine Robin, «Sortir de l'ethnicité», dans Jean-Michel Lacroix et Fulvio Caccia (dir.), *Métamorphoses d'une utopie,* Montréal, Tryptique, 1992, p. 25-42. Micheline Labelle a longuement développé ces thèmes. Voir son «Pluralité ethnoculturelle et pluralisme à l'heure de la souveraineté», dans François Rocher et Alain-G. Gagnon (dirs), *Répliques aux détracteurs de la souveraineté du Québec,* Montréal, VLB Éditeur, 1992, p. 314-328.

17. L'image est empruntée à Mathieu-Robert Sauvé «Comme si le Québec existait», *Possibles,* 19, 1-2, 1995, p. 186-196. Tout ce numéro est d'ailleurs à lire. Quel plaisir pour la raison!

Chapitre 14 • Il y a bien des façons de compter

1. Ces chiffres sont tirés des renseignements fournis dans les trois cahiers du budget du Québec pour 1995-1996: *Crédits, Crédits: renseignements supplémentaires, Crédits: Addenda,* Québec, Conseil du Trésor, 1995.

2. Ces chiffres sont extraits d'une analyse publiée par l'auteur il y a plus de vingt ans: «La vraie nature de... la Révolution Tranquille», *Revue canadienne de science politique,* 7, 3, 1974, p. 525-536.

3. Ce vocabulaire s'inspire des travaux sur les coûts de la non-Europe que

Jacques Delors, alors président de la Commission européenne, avait demandé à une équipe d'économistes d'établir. Les résultats de ces travaux ont été publiés en 16 volumes sous le titre de *Research on the «Cost of Non-Europe»* (Bruxelles, CEE, 1992). On peut discuter de la pertinence de tout vouloir chiffrer de la sorte, mais on se prend quand même à rêver du jour où les partisans de l'Union fédérale canadienne nous feraient une démonstration similaire, même en raccourci. Mais je comprends leur dilemme. En effet, s'ils venaient à démontrer que le Québec et le Canada ont avantage à faire partie de la même union économique, leur argument des coûts de transition disparaît en fumée. De plus, comme l'exemple européen démontre hors de tout doute qu'on peut avoir une union économique sans avoir d'union politique et encore moins d'union fédérale, ils seraient alors dans la fâcheuse position de nous expliquer pourquoi il nous faut conserver tous les «désavantages» — car même les plus forcenés d'entre eux admettent volontiers qu'il en existe quelques-uns — d'une union politique alors que, sans cette union, il serait probablement plus facile de bénéficier des avantages de l'union économique. À bien y penser, cette idée des «coûts du fédéralisme» n'est pas une bonne idée.

4.　Government of Alberta, *Public Accounts 1993-1994,* Edmonton, 1994.

5.　Oups, je n'ai pas pensé à l'Institut national de la recherche scientifique! Nous pourrions peut-être changer de nom pour devenir l'Institut provincial de la recherche scientifique. Aux dernières nouvelles, il en existe toujours un semblable en Alberta.

6.　Seul un non-économiste comme moi peut qualifier ces élucubrations de «modèle». Mais on me dit que, mis à part le manque flagrant d'équations, c'est souvent de la sorte que les «vrais» économistes opèrent. Dites-moi que ce n'est pas vrai!

7.　En ce sens, ces enveloppes globales constituent un instrument de centralisation. Ainsi, une province qui ne respecterait pas les normes nationales en matière de soins palliatifs pourrait voir l'ensemble de son enveloppe sociale, et non pas seulement celle des soins palliatifs, remise en question. Mais cela est une autre histoire.

TABLE DES MATIÈRES

Mise en pages et typographie:
Les Éditions du Boréal

Achevé d'imprimer en mai 1995 sur les presses de AGMV inc.,
à Cap-Saint-Ignace, Québec.